重要事項 & 用語	図解

◆トラブル解決に役立つ◆

最新 民事訴訟・執行・保全 基本法律用語辞典

重要解説 + **用語辞典** の2つの機能を1冊に集約

弁護士 **森　公　任** 監修
弁護士 **森元みのり**

「難しい」「なじみにくい」
「わかりにくい」
訴訟に勝ち、権利を勝ち取るために
必要な法律や制度の全体像と知っておきたい
法律用語が短時間でわかる!
紛争解決に必携の書!

本書の特徴
【第1部】：
見開き構成で民事訴訟、執行、保全制度の
理解に必要な基本40項目を平易に解説
【ケース別】：こんなトラブルにはこの訴訟
【第2部】：
これだけは知っておきたい!
実務上重要な約680用語を厳選収録。

●本書で取り扱うおもな分野●
民事訴訟手続き／訴訟前の準備／管轄／訴状・答弁書の作成／口頭弁論
／控訴・上告／少額訴訟／手形訴訟・小切手訴訟／支払督促／労働審判
／家事事件／人事訴訟／強制執行／担保権の実行／仮差押・仮処分 など

三修社

本書に関するお問い合わせについて
　本書の内容に関するお問い合わせは、お手数ですが、小社あてに郵便・ファックス・メールでお願いします。お電話でのお問い合わせはお受けしておりません。内容によっては、ご質問をお受けしてから回答をご送付するまでに1週間から2週間程度を要する場合があります。
　なお、個別の案件についてのご相談や監修者紹介の可否については回答をさせていただくことができません。あらかじめご了承ください。

はじめに

　日常生活にトラブルはつきものです。土地・建物の所有や賃貸、金銭トラブル、家庭内のトラブルなど、日常生活の些細なことがきっかけで想定もしていないトラブルに巻き込まれてしまうこともあります。こういったトラブルが当事者どうしの話し合いで円満に済めばそれでよいのですが、解決に至らない場合は訴訟で決着をつけることになります。

　民事訴訟などで勝訴判決を得れば、一応権利があることが認められることになりますが、勝訴判決はそれだけでは権利が実現されるとは限りません。相手方が判決を気にしないような場合、訴訟で勝ち取った権利を実現するために強制執行をする必要がでてきます。また、強制執行が間に合えばまだよいのですが、訴訟が終了するまでの間に事情が変わり相手方の財産が散逸することもあり得ます。このような事態に備えて、実際の実務ではあらかじめ民事保全という手続きで相手方の財産を暫定的に確保することがよく行われます。民事保全は一般の方には聞きなれない言葉かもしれませんが、実務上は訴訟に備えて最初に行う重要な手続きということになります。

　訴訟・執行・保全を理解するためには各手続きをイメージできるようにすることが重要です。本書は民事訴訟・民事執行・民事保全の各手続きについて基本事項を学ぶための入門実務書です。第1部の訴訟知識編では手続きの流れを理解できるように訴訟・執行・保全の重要項目について図解で解説しています。家事調停・家事審判や労働審判といった訴訟とあわせて知っておくべき事項についても項目を設けました。第2部の用語解説編では基本から応用までキーワードとなる約680用語を選別し、初学者でも理解できるように平易に解説していますので、用語辞典としても活用していただけると思います。

　本書をご活用いただき、民事訴訟・民事執行・民事保全の理解に少しでも役立てていただければ監修者として幸いです。

監修者　弁護士　森　公任　弁護士　森元　みのり

Contents

はじめに

第1部 訴訟知識編

ケース別 こんなトラブルにはこの訴訟　14
1　訴訟手続きの種類　24
2　裁判所　26
3　管轄　28
4　民事訴訟手続き　30
5　訴訟を起こす場合の下準備　32
6　訴え　36
7　訴状の作成　38
8　答弁書の作成　40
9　口頭弁論　44
10　攻撃防御方法　48
11　当事者の欠席　50
12　弁論主義と釈明権　52
13　証拠調べと証拠能力・証拠価値　56
14　証明が必要な事実　58
15　裁判上の自白　60
16　自由心証主義と証拠共通の原則　62
17　証明責任　64
18　証拠調べの種類と文書提出命令　66
19　訴えの取り下げ、請求の放棄・認諾、和解　68
20　終局判決による訴訟の終了・判決の効力　70

21 控訴・上告	72
22 少額訴訟	76
23 少額訴訟の審理	80
24 手形訴訟・小切手訴訟	84
25 支払督促	86
26 労働審判	90
27 民事調停	92
28 家事事件	94
29 家事調停と家事審判の対象事件	98
30 人事訴訟	100
31 強制執行	102
32 強制執行の対象	106
33 強制執行をするための書類	108
34 不動産競売手続きの全体像	110
35 担保権の実行としての不動産競売	112
36 債権執行・少額債権執行	114
37 民事保全	118
38 保全手続きの流れ	120
39 仮差押	122
40 仮処分	124
Column　公正証書の活用法	128

第2部 用語解説編

あ
あっせん	130

い
異議権	130
異議申立て	130
遺産に関する紛争調停	130
移送	130
委託売却	130
一期日審理の原則	131
一部請求	131
一部認容判決	131
一部判決	131
違法執行	131
医療過誤	132
医療事故	132
インカメラ手続き	132

う
訴え	132
訴え提起前の証拠収集	132
訴えなければ裁判なし	132
訴えの客観的併合	133
訴えの提起	133
訴えの取下げ	133
訴えの取下げの擬制	133
訴えの併合	134
訴えの変更	134
訴えの利益	134

え
ADR	134
疫学的証明	135

お
応訴管轄	135
オール決定主義	135
乙号証	135

か
買受可能価額	136
外国判決の承認	136
回避	136
下級裁判所	136
確定	136
確定証明書	136
確定判決	137
確定日付ある証書	137
確認の訴え	137
確認の利益	137
家事事件手続法	137
家事審判	137
家事審判法	137
家事調停	138
過失	138
家庭裁判所	138
過払い金返還訴訟	138
仮差押	138
仮差押解放金	138
仮差押命令	139
仮執行	139
仮執行宣言	139
仮執行免脱宣言	139
仮処分	139
仮処分解放金	140
仮処分命令	140
仮登記	140
仮登記仮処分	141
仮登記担保	141
仮登記担保権の実行	141
仮登記を命じる処分	141
仮の地位を定める仮処分	141
過料	141
簡易確定手続き	142
簡易裁判所	142
換価	142
管轄	142
間接強制	142
間接事実	143
間接証拠	143
間接証明	143
間接反証	143
鑑定	143
鑑定書	144
鑑定証人	144
管理命令	144
関連裁判籍	144

き
期間入札	145
棄却	145
期限の利益喪失条項	145
期日	145
期日入札	146
擬制自白	146
起訴前の和解	146
既判力	146
既判力による遮断効	147
既判力の基準時	147
忌避	147
却下	147
却下決定	148
旧訴訟物理論	148
給付の訴え	148
境界確定の訴え	148
競合的管轄の合意	149
強制管理	149
強制競売	149

行政事件	149	結審	156	公文書	163		
強制執行	150	決定	156	抗弁	163		
強制執行妨害罪	150	厳格な証明	156	小切手訴訟	163		
行政上の強制執行	150	原告	156	告知	163		
強制徴収	150	原告適格	157	固有必要的共同訴訟	163		
強制認知	150	原始的複数	157	……………… さ ………………			
行政法	151	検証	157	債権計算書	164		
強制履行	151	原状回復の裁判	157	債権差押命令	164		
供託	151	顕著な事実	157	債権執行	164		
共通義務確認訴訟	151	原本	158	債権者代位権	164		
共同鑑定	151	権利抗弁	158	債権者取消権	164		
共同訴訟	151	権利根拠規定	158	債権者平等の原則	165		
共同訴訟参加	152	権利主張参加	158	債権届出	165		
共同訴訟的補助参加	152	……………… こ ………………		最高価買受申出人	165		
共同訴訟人独立の原則	152	故意	158	再抗告	165		
共同担保目録	152	合意管轄	158	最高裁判所	166		
共同抵当	153	公開主義	159	最高裁判所規則	166		
許可抗告	153	公課証明書	159	財産開示手続き	166		
金銭執行	153	合議制	159	再審	166		
……………… く ………………		攻撃防御方法	159	再訴禁止効	166		
クラス・アクション	153	甲号証	160	裁判	167		
……………… け ………………		抗告	160	裁判員	167		
計画審理	153	交互尋問	160	裁判所	167		
形式的形成訴訟	154	公示送達	160	裁判書	167		
形式的証拠力	154	公証人	160	裁判上の自白	167		
形式的真実主義	154	公正証書	160	裁判上の和解	167		
刑事事件	154	公正証書原本不実記載等罪	161	裁判所規則	168		
形成権	155	控訴	161	裁判所書記官	168		
形成の訴え	155	控訴棄却	161	裁判所に顕著な事実	168		
形成力	155	公知の事実	161	裁判所法	168		
係争物	155	高等裁判所	161	裁判籍	168		
係争物に関する仮処分	155	口頭主義	162	裁判の覊束力	168		
継続審理主義	155	口頭弁論	162	裁判の公開	169		
競売	156	口頭弁論一体性の原則	162	裁判費用	169		
競売開始決定	156	口頭弁論の欠席	162	裁判離婚	169		
競売等妨害罪	156	交付送達	163	裁判を受ける権利	169		

債務名義	169	執行裁判所	175	自由な証明	181
詐害行為取消権	169	執行証書	175	主観的追加的併合	182
詐害防止参加	169	執行の停止	176	主観的予備的併合	182
先取特権	170	執行の取消し	176	受継申立て	182
差置送達	170	執行費用	176	主尋問	182
差押え	170	執行文	176	受託裁判官	182
差押禁止財産	170	執行文付与の訴え	176	主張	182
差押債権者	170	執行命令	176	主張共通	183
差押登記	171	執行吏	177	主張責任	183
差押え等に係る自己の物に関する特例	171	執行力	177	主文	183
差止請求	171	実質証拠	177	受命裁判官	183
差引納付の申出	171	実質的証拠力	177	主要事実	183
差戻し	172	実体法	177	準抗告	184
参加承継	172	質問	196	準独立当事者参加	184
参加的効力	172	指定簡易裁判所	177	準備書面	184
残業代不払い返還訴訟	172	指定管轄	178	準備的口頭弁論	184
三審制	172	私的鑑定書	178	準備手続き	185
暫定真実	173	自白	178	少額訴訟	185
残部判決	173	自白契約	178	少額訴訟債権執行	185
┄┄┄ し ┄┄┄		自白の撤回	178	承継執行文	185
敷金返還請求訴訟	173	支払督促	179	証言拒絶権	185
時機に後れた攻撃防御方法	173	支払保証委託契約	179	条件成就執行文	185
事件番号	173	自判	179	証拠	186
自己拘束力	174	事物管轄	179	証拠価値	186
事後審	174	私法	180	証拠共通の原則	186
事実上の推定	174	司法委員	180	上告	186
事実審	174	司法権	180	上告受理申立て	186
事実認定	174	司法権の独立	180	証拠契約	186
示談	174	司法事実	180	証拠決定	187
執行異議	174	借地非訟	180	証拠原因	187
執行官	174	釈明権	180	証拠調べ	187
執行官法	175	釈明処分	181	証拠資料	187
執行機関	175	終局裁判	181	証拠能力	187
執行供託	175	終局判決	181	証拠方法	187
執行抗告	175	自由心証主義	181	証拠方法の無制限	188
		集中証拠調べ	181	証拠保全	188、233

証拠力の自由評価	188	書面による準備手続き	194	選定当事者	199
消除主義	188	所有権留保	195	全部判決	200
証書真否確認の訴え	188	審級管轄	195	占有移転禁止の仮処分	200
上訴	188	人事訴訟	195	先例	200
譲渡担保	188	人事訴訟法	195	·········· そ ··········	
譲渡命令	189	真実義務	195	総括抵当	200
証人	189	人証	195	相殺の抗弁	200
証人喚問権	189	審尋	196	相続財産管理人選任	200
証人義務	189	迅速な裁判	195	送達	201
証人尋問	189	人的担保	196	送達証明	201
消費者裁判手続特例法	189	審判	196	争点効	201
抄本	190、223	審判前の保全処分	196	争点整理手続き	201
証明	190	審判離婚	196	双方審尋主義	202
証明責任	190	審問	196	訴額	202
証明責任の転換	190	尋問	196	即時抗告	202
証明責任の分配	190	尋問事項書	196	即日判決	202
証明妨害	191	診療経過一覧表	197	続審制	202
証明力	191	·········· す ··········		訴訟	202
剰余主義	191	推定	197	訴状	203
将来の給付の訴え	191	スラップ訴訟	197	訴訟救助	203
嘱託登記	191	·········· せ ··········		訴訟経済	203
職分管轄	192	請求異議の訴え	197	訴訟係属	203
職務上の当事者	192	請求棄却判決	198	訴訟契約	203
除権決定	192	請求認容判決	198	訴訟行為	204
書証	192	請求の原因	198	訴訟告知	204
除斥	192	請求の趣旨	198	訴訟参加	204
職権主義	192	請求の認諾	198	訴訟指揮権	204
職権証拠調べ	193	請求の併合	198	訴訟承継	204
職権進行主義	193	請求の放棄	198	訴訟上の和解	205
職権探知主義	193	性別の取扱いの変更	198	訴訟資料	205
職権調査事項	193	正本	199	訴訟代理人	205
職権による登記	193	責問権	199	訴訟脱退	205
処分禁止の仮処分	194	競り売り	199	訴訟担当	205
処分禁止の仮処分の登記	194	先行自白	199	訴訟手続きの中止	205
処分権主義	194	専属管轄	199	訴訟手続きの中断	206
書面主義	194	選択的併合	199	訴訟手続きの停止	206

訴訟能力	206	担保権の実行	212	抵当権の順位	218
訴状の審査	206	担保執行	213	抵当権の処分	219
訴訟判決	206	担保の簡易取戻し	213	手形訴訟	219
訴訟費用	206	担保の取消し	213	適時提出主義	219
訴訟物	207	担保物権	213	手続法	219
訴訟無能力制度	207	担保不動産競売	213	テレビ会議システム	219
訴訟要件	207	担保不動産収益執行	213	電子内容証明郵便	219
即決和解	207	………… ち …………		転抵当	220
続行命令	207	父を定める訴え	214	転付命令	220
疎明	208	嫡出子	214	電話会議システム	219
疎明資料	208	嫡出否認の訴え	214	………… と …………	
………… た …………		中間確認の訴え	214	動産先取特権	220
代位取得	208	中間判決	214	動産質	220
代位責任	208	仲裁	215	動産執行	221
代位による登記	208	超過差押えの禁止	215	当事者	221
代位弁済	208	超過売却の禁止	215	当事者主義	221
代価弁済	209	調査嘱託	215	当事者照会制度	221
第三債務者	209	調書判決制度	215	当事者尋問	221
第三者	209	調停	216	当事者適格	222
第三者異議の訴え	209	調停前置主義	216	当事者能力	222
第三者の訴訟担当	209	調停に代わる審判	216	当事者の確定	222
第三取得者	210	調停前の仮の処分	216	当事者の脱退	222
代償請求	210	調停離婚	216	当然承継	222
対世効	210	直接強制	216	答弁書	222
代替執行	210	直接主義	217	謄本	223
代担保	210	直接証拠	217	特殊保全	223
代理受領	211	陳述擬制	217	督促異議	223
多重代表訴訟	211	陳述催告	217	特定公正証書	223
多数当事者訴訟	211	陳述書	217	特定調停	223
単純執行文	211	沈黙	217	特別抗告	223
単純併合	212	………… つ …………		特別裁判籍	224
団体訴訟	212	追加判決	218	特別上告	224
単独制	212	通常共同訴訟	218	特別上訴	224
担保	212	………… て …………		特別売却	224
担保解除料	212	抵当権	218	独立当事者参加	224
担保仮登記に基づく本登記	212	抵当権消滅請求	218	土地管轄	224

な			判決事実	230	複数請求訴訟	236
内容証明郵便	225	判決による登記	230	副本	237
に			判決の確定	231	不在者の財産管理人選任	237
二重開始決定	225	判決の更正	231	附帯控訴	237
二重起訴禁止の原則	225	判決の自己拘束力	231	不知	237
二重差押えの禁止	226	判決の脱漏	231	普通裁判籍	237
二当事者対立の原則	226	判決の変更	231	物上代位	238
入札	226	判決理由	232	物上保証人	238
任意管轄	226	反射効	232	不貞の抗弁	238
任意代位	243	反証	232	不動産執行	238
任意的訴訟担当	226	反訴	232	不当執行	238
任意的当事者変更	226	反対尋問	233	不当利得	238
任意売却	226	判例	233	不当利得返還請求訴訟	239
認容	227	判例法	233	不法行為	239
の					不要証事実	239
ノン・リケット	227	**ひ**			不利益変更禁止の原則	239
は			被害回復裁判手続き	233	プロセスカード	239
売却基準価額	227	引受主義	233	文書提出命令	239
売却許可決定	227	引受承継	234	**へ**		
売却命令	228	引換給付判決	234	弁護士強制主義	240
配達証明	228	引渡命令	234	弁済	240
配当	228	被告	234	弁済供託	240
配当異議の申出	228	被告適格	234	弁済金の交付	240
配当期日呼出状	228	非訟	234	弁済充当	240
配当要求	228	被担保債権	235	弁済による代位	240
配当留保供託	228	BIT	235	弁明の機会の付与	241
破棄	229	必要的共同訴訟	235	弁論	241
破棄差戻し	229	必要的口頭弁論の原則	235	弁論主義	241
破棄自判	229	非典型担保	235	弁論準備手続き	241
破棄判決の拘束力	229	否認	235	弁論能力	241
破産	229	被保全権利	236	弁論の更新	241
8号文書	230	被保全債権	236	弁論の制限	242
発問権	230	飛躍上告	236	弁論の全趣旨	242
発令裁判所	230	**ふ**			弁論の分離	242
判決	230	封印等破棄罪	236	弁論の併合	242
判決事項	230	不起訴の合意	236		
		複雑訴訟	236		

ほ

法源	242
法定管轄	242
法定金利計算書	243
法廷警察権	243
法定充当	243
法定証拠主義	243
法定訴訟担当	243
法定代位	243
法定代理	244
法定代理人	244
法定担保物権	244
法定地上権	244
法廷等の秩序維持に関する法律	244
法的整理	244
法テラス	244
法律関係文書	245
法律効果	246
法律事実	245
法律上の推定	245
法律上の争訟	245
法律審	245
法律扶助制度	246
法律要件	246
法律要件分類説	246
補佐人	246
保証金	246
補助参加	247
補助事実	247
補助証拠	247
補正	247
補正命令	247
保全異議	247
保全仮登記	247
保全抗告	248
保全執行	248
保全処分	248
保全取消し	248
保全の必要性	248
保全命令	248
本案の申立て	248
本案判決	249
本証	249
本人訴訟	249

ま

抹消登記	249

み

みなし解放金	249
民事再生	250
民事事件	250
民事執行	250
民事執行法	250
民事執行法82条2項の申出	250
民事訴訟	250
民事訴訟規則	250
民事訴訟費用等に関する法律	251
民事訴訟法	251
民事調停	251
民事調停法	251
民事保全	251
民事保全法	251

む

無剰余差押えの禁止	251

め

命令	252

も

申立事項	252
申立承継	252

や・ら・わ行

役員解任の訴え	252
優先弁済	252
養育費	253
要証事実	253
予納	253
予備的併合	253
履行勧告	253
履行命令	254
離婚	254
離婚原因	254
離婚訴訟	254
立証	182
留置権	254
類似必要的共同訴訟	255
労働審判	255
和解	255
和解条項案受諾書面制度	255
和解調書	255

第1部

訴訟知識編

ケース別
こんなトラブルにはこの訴訟

Case 1　貸したお金の返還を求める ⇒ 貸金返還請求訴訟

　たとえばAが友人であるBに100万円を貸しましたが、返済期限を過ぎてもいっこうに返還してもらうことができません。そこで、貸主Aが借主Bを訴えたというケースのように、貸したお金の返還を求める訴訟を貸金返還請求訴訟といいます。

　貸金の額が140万円以下の場合は簡易裁判所に、140万円を超える場合は地方裁判所に訴えを起こさなければなりません。貸した金額が60万円以下であるような場合は、少額訴訟が適切です。利息制限法の制限を超えた利息や損害金についての取り決めは、原則として無効になります。万が一超えていた場合には、制限内で計算し直し、元本が正確にはいくらになるかを計算し、訴状にはそれを記載するようにしましょう。

Case 2　債権（売掛金）を回収する ⇒ 債権回収訴訟

　たとえば、取引相手が売掛金（売掛債権）の支払いを滞っているので、繰り返し交渉を続けてきたものの、なお支払ってくれないために、取引相手を訴えたというケースのように、売掛金などの債権を回収するための訴訟です。

　売買代金などの売掛金債権に関しては、特別に短期の時効期間が設定されていることが多いので、注意しましょう。売掛金請求訴訟で必要な証拠としては、売買契約書がまず考えられます。商品受領証・納

品書・代金請求書の控えなども証拠となります。こうした書類を紛失したような場合には、売上帳・日記帳・伝票などでも証拠となることがありますので、それらを提出します。

Case 3　過払い金の返還を求める ⇒ 過払い金返還訴訟

　たとえば、消費者金融から借金をして返済を続けている間に、利息制限法に従って計算し直すと、すでに完済していてさらに過払いになっていたというケースにおいて、借主が貸主に対して、払い過ぎた金額の返還を求める訴訟が過払い金返還訴訟です。

　過払い金の元金が140万円以下であれば、簡易裁判所に提起します。この場合、過払い利息を加えた金額が140万円を超えていたとしても、元金が140万円以下であれば、簡易裁判所に提起することになります。過払い金の元金が140万円を超えた場合には、地方裁判所に提起します。

Case 4　不動産の明渡しを請求する ⇒ 明渡請求訴訟

　たとえば、家賃の滞納が続き、賃貸借契約を解除した後も、借主が居室から立ち退かず、居室の明渡しに応じない場合に、貸主が借主に対して居室の明渡しを請求するというケースのように、土地・建物などの不動産の明渡しを求める訴訟です。

　契約関係にない単なる不法占拠者に対して明渡しを求めることは比較的簡単です。不動産の所有者は、自分に占有権原があることを証明すればよいからです。訴訟で、賃貸人の賃借人に対する建物明渡請求が認められたとしても、実力で相手を排除して建物を取り返すことはできません（自力救済の禁止）。相手が任意に返還しないときは、裁判所に申立てをして強制執行の手続きを踏まなければなりません。

Case 5　敷金の返還を請求する ⇒ 敷金返還請求訴訟

　たとえば、貸主A所有の家屋について、借主Bとの間で結んだ賃貸借契約終了時に、修繕費やクリーニング費などの名目で、契約時にBが支払った敷金から控除されたというケースで、不当に返還額が少額であるとして、借主Bが貸主Aに対して、正当な金額の敷金の返還を求める訴訟です。

　賃貸借終了時に、賃借人は賃借物を原状に復した上で返還すべき義務がありますが、通常の賃借物の損耗については原状回復の対象には含まれません。家主が敷金を返還しようとしない場合、敷金から差し引く予定額の見積もりを送ってもらうのもよいでしょう。納得できないのであれば速やかに異議を唱えるべきです。

Case 6　境界のトラブルを解決する ⇒ 境界確定訴訟

　たとえばAの所有地とそれに隣接するBの所有地との間で、境界について争いがある場合に、訴訟によって土地の境界を定めるというケースのように、公募上の土地の境界を画定させるための制度です（所有権の範囲を画定する制度ではありません）。

　境界確定訴訟は、公法上の境界を確定するための訴訟なので、かなりの客観性が要求されます。裁判所は当事者の主張の他、地図類・境界標・地形・土地の人間の証言・古文書・筆界特定委員による調査結果などのさまざまな資料に基づいて、境界確定を行います。

Case 7　医療ミスの責任を追及する ⇒ 医療過誤訴訟

　たとえば患者Aが、医師Bが行った手術ミスのために後遺症が残ってしまった場合に、AがBに対して損害賠償を求めたというケースのよ

うに、医療行為が原因になって発生した損害の賠償を求める訴訟です。

医療過誤事件を訴訟で争う場合には、医師や病院の過失を原告である患者が立証しなければなりません。医療過誤訴訟では、重要な証拠であるカルテや診療記録は被告である医師側にあるので、これらの証拠を改ざんされるおそれがあります。まずは、証拠保全手続をとって、カルテをおさえておくことが勝敗を分けることになる場合もあります。

Case 8　離婚トラブルを解決する ⇒ 離婚調停・審判・訴訟

たとえば夫Aの不倫が原因で妻Bが、家庭裁判所に対して離婚の訴えを起こしたというケースのように、勝訴判決により夫婦の離婚が認められる訴訟です。もっとも、DVなど、特別な事件以外は訴訟を起こす前にまず調停で協議する必要があり、裁判所での調停で離婚が成立しない場合に提起できます。

法律上は、「離婚原因」がなければ、原則として離婚は認められないことを知っておかなければなりません。また、協議や調停を通して配偶者と話し合い、たとえ裁判まで行って離婚するためにも、離婚原

■ 医療過誤訴訟の状況

勝訴確率が低い理由
❶ 立証が困難
❷ 決定的な証拠が少ない
❸ 訴訟が和解によって終結する場合が多い

↓ 最近では

❶医療過誤を専門とする弁護士の増加や、
❷患者サイドに立ってくれる医師の増加により、原告（患者）側の負担も徐々に軽くなりつつある

↓ また

・医療集中部の設置により審理期間も短縮されてきている

因を明確にしておく必要があります。さらに、相手に離婚の責任があることの証拠が存在すれば、離婚を成立させやすくなりますし、離婚の条件もよりよくなります。日頃から、こまめにきちんとメモを取ったり、録音するなど、できるだけ多くの具体的な証拠を集めるようにした方がよいでしょう。

Case 9　認知トラブルを解決する ⇒ 認知の訴え

　たとえば、未婚女性の子であるAが、実父であるBとの間に親子関係があることの確認を求めるケースのように、婚姻関係にない男女の子どもと父親との間の親子関係を確定するために行う訴訟です。まずは家庭裁判所に調停を申し立て、合意ができ、裁判所がその合意を正当と認めれば審判で認知されますが、合意が得られなかった場合は、家庭裁判所に認知の訴えを提起します。

　認知の訴えを起こすことができる者は、原則として子どもですが、子の親権者である母親もその法定代理人として訴えを提起することができます。裁判によって認知が認められた場合には、父親と子どもとの間に、出生の時にさかのぼって、法律上の親子関係が発生することになります。

Case 10　相続トラブルを解決する ⇒ 遺産分割調停・審判・訴訟

　たとえば、亡きAが遺した不動産について兄弟B・C間において、どちらがこの不動産を相続するかについて争いがあるケースのように、相続が原因になって生じる遺産の取扱いなど、さまざまなトラブルです。家事審判手続や家事調停手続により解決が図られることが多いのですが、解決が困難な場合は、審判によって解決されます。

　相続に関するトラブルは、大きく分けて2つあります。1つは、相

続税の税負担が重いことに起因するトラブルです。もう1つは、遺産の分け方をめぐって、遺族間で発生するトラブルです。最近では、親族間の話し合いでトラブルを解決できず、家庭裁判所の調停を利用するケースが増加しています。

Case 11　未払い残業代を請求する ⇒ 未払残業代請求訴訟

　たとえば、労働者が決められた就業時間を超えて働いたにもかかわらず、賃金が支払われない場合に、使用者に対して残業代の支払いを求めて訴えるケースのように、未払いとなっている残業代をさかのぼって支払うように請求する訴訟です。

　労働者から不払い分を請求する場合、過去2年分さかのぼって請求することが可能です。さらに、その2年分の不払い分の金額と同額の付加金の支払請求をすることもできます。タイムカードや出退勤の記録、給与明細などの証拠をそろえておくようにしましょう。

■ 不払いの残業代の訴訟で主張する事項

労働者・元労働者 → 不払いの残業代の請求 → 会社
会社 → 抗弁 → 労働者

労働者・元労働者の主張（請求）
　残業したのに支払ってくれない

会社の主張（抗弁）
　残業の事実がない
　法律上の労働時間に該当しない
　裁量労働制である
　割増賃金に対する手当を支給している
　事業場外のみなし労働時間に該当する
　原告は管理監督者である
　請求された分は消滅時効にかかっている

Case 12　パワハラの慰謝料を請求する ⇒ 慰謝料請求訴訟

　たとえば、上司が労働者に対して行った嫌がらせに基づいて、慰謝料の支払いを求めるというケースのように、パワハラが理由になって生じた損害の賠償等を求める訴訟です。もっとも、訴訟は経済的負担や多くの時間が必要であるため、労働審判や個別あっせん手続により解決されることが多くなっています。
　精神的な被害を受けたために損害賠償を請求したい場合、訴状の文面に嫌がらせが行われた事実と生じた損害を明記します。加害者だけでなく、会社に損害賠償責任を追及する場合には、会社が相当な注意を怠っていたという点を記載するのがよいでしょう。

Case 13　交通事故の加害者に請求する ⇒ 損害賠償請求訴訟

　たとえば、Aが運転する自動車に衝突してBが傷害を負った場合に、BがAに対して治療費等を請求したというケースのように、交通事故に基づく損害の賠償を求める訴訟です。もっとも、訴訟にまで至らずに当事者同士の話し合い（示談）や調停手続により解決するのが一般的です。
　交通事故の発生により人損・物損が生じると、加害者に損害賠償をしていくという民事上の問題が発生します。交通事故による紛争は、示談によって処理されるケースがほとんどです。保険会社の担当者が「もうこれ以上出せない」といっても、それは任意保険会社の内部基準で出せないということにすぎません。納得できない場合には、示談に応じる必要はなく、この場合、最終的には裁判所に対して損害賠償請求訴訟を提起することになります。

Case 14　詐欺による返金を求める ⇒ 不当利得返還請求訴訟

　たとえば、売主Aが全く価値のない物を価値があるかのようにだまして、買主Bとの間で売買契約を結んでしまった場合に、BがAを訴えて支払った代金の返還を求めるというケースのように、契約を取り消して支払った金銭の返還を求める訴訟です。

　詐欺や強迫が認められれば、民法に詐欺を根拠に契約を取り消して返金を求めることができます。特定商取引法の訪問販売や電話勧誘販売など一定の販売方法によって、商品や一定の権利が販売された場合は契約申込みの撤回（クーリング・オフ）をすることが認められています。さらに重要事実についての不実の告知があれば消費者契約法に基づいて契約を取り消すことができます。

Case 15　ネットの情報の削除を求める ⇒ 削除請求訴訟

　たとえば、ウェブサイトの掲示板に誹謗中傷が書き込まれている場合に、書込みの削除を求める訴訟です。プライバシー侵害や名誉棄損が生じている場合には、あわせて慰謝料請求をすることもできます。

　手続きの流れとしては、「プロバイダ責任制限法」（特定電気通信役務提供者の損害賠償責任の制限及び発信者情報の開示に関する法律）に定められた、プロバイダ（WebサーバやWebサービスの管理者・運営者など）に対する情報の削除依頼（送信防止措置依頼）をまず行うことができます。また、このような書込みは通常匿名で行われるため、必要な場合に被害者へ書込みを行った者についての情報が開示される手続き（発信者情報開示請求）も定められています。被害者は、開示された情報を基に、加害者に対して民事上の差止請求（削除請求）や損害賠償請求を行うことになります。名誉毀損やプライバシー侵害にあたると考えられる資料などを用意しておくとよいでしょう。

Case 16　株主が役員の責任を追及する ⇒ 株主代表訴訟

　たとえば、取締役が違法行為を行い株式会社に損害を与えているにもかかわらず、会社が責任を追及しない場合に、株主が会社への損害賠償を取締役に対して求めるというケースのように、役員等の会社に対する責任を追及するために、株主が提起する訴訟です。

　公開会社の場合、株主代表訴訟を提起するためには6か月以上継続して株式を保有していることが必要です。前提として、会社に対し、特定の取締役らに対する責任追及の訴えを提起すべきことを、書面で請求する必要があります。書面で請求したにもかかわらず、60日以内に会社が訴えを起こさない場合に、株主代表訴訟を起こすことが可能になるのが原則です。訴状に貼付する収入印紙、裁判所にあらかじめ納める郵便料金、証人尋問の費用などをあらかじめ見積もっておく必要があります。

Case17　未払養育費の支払いを求める ⇒ 給与等の債権差押え

　たとえば、離婚の際、元妻が子を引き取り夫が養育費を支払うこと

■ 株主代表訴訟のしくみ

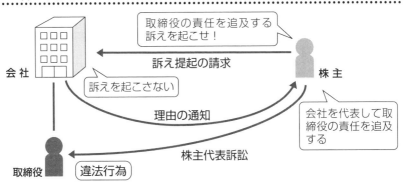

を約束したものの、約束に反して養育費を支払いが滞ったような場合に、元妻が元夫の給与を差し押さえる申立てです。

給与や退職金などは、労働者が生活していく「糧」であり、いくら支払わない方が悪いにしろ、すべて取り上げてしまうのは問題があります。そこで給与などの差押えについては法令上限度が定められており、通常の債権を根拠として差押えをするときは、債務者の給与の4分の1までしか差押えが認められません。しかし養育費の不払いを理由とする給与の差押えの場合には、差押えの範囲がもう少し広く認められており、原則として2分の1まで差し押さえることができます。債権の差押えを求める場合には管轄の裁判所に債権差押命令申立書を提出することになります。

Case18 本案決着前に債務者の財産を確保する ⇒ 仮差押

たとえば、Bに1000万円を貸したAが、約束の期日に返済しないBに対して貸金返還訴訟を起こす場合に、Bが不当に財産を処分しないようにするために起こす申立てのことです。

訴訟を利用して債権を回収する場合、訴えの提起にはじまり、審理の結果として勝訴判決を得てから債務者の財産に強制執行をかけて、現実に金銭の支払いを得ることができます。つまり、裁判手続により債権を回収するには、それなりの時間がかかります。その時間が経過する間に、債務者が自分の財産の中で価値の高い物を他の債権者や第三者に売却してしまっては後日資力のない債務者から債権を回収できません。そこで、債務者の財産隠しや散逸を防ぎ、金銭債権の将来の強制執行を保全するために行われる手続きが仮差押の申立てです。債権の仮差押を求める場合には管轄の裁判所に債権仮差押命令申立書を提出することになります。

第1部 1

訴訟手続きの種類

当事者間のトラブルを裁判所が関与して解決する

◆ 訴訟（裁判）とは何か

　訴訟（裁判）とは、国家機関である裁判所が、私たちのトラブルや利害の対立を法律的に解決するために、対立する当事者を関与させて、中立・公平な立場から審理して決断を下す手続きのことです。

　訴訟には、対等な個人（生身の人間や会社などの法人）同士の法的トラブルを解決するための「民事訴訟」、犯罪事実を認定して、犯人に刑罰を科すための「刑事訴訟」、国や地方公共団体など公権力の権限行使の適法性を確保するための「行政訴訟」があります。

　交通事故の例で見てみましょう。交通事故を起こして、被害者を負傷させた例であれば、まず被害者に対する損害賠償が問題になります。話し合いで解決がつかなければ訴訟（民事訴訟）になり、また、運転者に不注意があった場合には自動車運転過失致傷罪で起訴（刑事訴訟）されることになります。さらに運転者に運転免許取消しの行政処分が公安委員会によってなされた場合には、それを不当だと思えば、処分の取消しを求める行政訴訟を起こすことになります。

◆ 訴訟法は手続法

　法律は、実体法と手続法に大別することができます。

　実体法は、こんな場合にはこういう内容の権利や義務が発生する、ということを定めた法律です。一方、手続法は、実体法に規定された権利・義務を国家が現実化するための手続きについて規定した法律で、民事訴訟法は手続法のひとつです。

では、民事訴訟法は、どんな手段によって問題を処理するのでしょうか。それは、訴訟という手段によってです。
　訴訟とは、簡単にいえば裁判所という中立・公正な機関の手で、個人対個人、個人対組織、もしくは組織対組織との間で生じている法律上の争いに解決を与える手続きのことです。訴訟法とは、そのような訴訟をどのように進めていくかなど、そのルールについて定めた法律です。民法上の事柄を訴訟によって解決するためのルールを定めたのが民事訴訟法というわけです。

◆ 民事事件・刑事事件・行政事件がある

　一口に「相手を訴える」といっても、大きく分けて2つの方法があります。1つは、民事事件として訴えること（民事訴訟）、もう1つは、刑事事件として訴えること（刑事訴訟）です。さらに、行政機関が公の立場で行った措置に関連して訴訟が生じる行政事件（行政訴訟）という形態もあります。民事と刑事では、目的も手続きもその内容も根本的に違います。民事事件は、「貸した金を返してほしい」「土地・建物を明け渡してほしい」など、日常生活から生じるさまざまな紛争に関するものです。一方、刑事事件は、刑罰法令に違反する行為をした者に対して、検察官が起訴して、国家が刑罰を科すものです。

■ 民事訴訟のイメージ

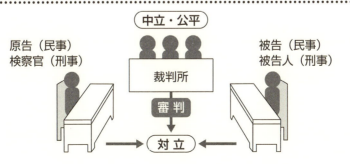

第1部 2

裁判所

独立した裁判官によって裁判は行われる

◆ 裁判所には独立性が要求される

　裁判所は、中立・公平な立場から当事者間のトラブルを解決する国家機関です。ですから、立法機関である国会や行政機関である内閣などからの圧力や干渉を受けることがあってはなりません。そのため、裁判所・裁判官の職権行使は、独立して行われるものとされています。これを「司法権の独立」といいます。

◆ 裁判所の種類と審級制度

　訴訟を行う裁判所の種類は、大きく最高裁判所と下級裁判所に分けられます。下級裁判所は、さらに高等裁判所、地方裁判所、簡易裁判所、家庭裁判所に分類されます。

　通常、訴えは、地方裁判所あるいは簡易裁判所に提起されます。

　ここで決着がつかなければ、高等裁判所へと争いの場が移り、場合によっては最高裁判所まで持ち込まれます。

　このように、民事・刑事どちらの裁判も、3段階で審判を受けることができます（三審制）。

　さらに、民事・刑事それぞれに再審請求制度も設けられています。刑事事件の場合には刑の確定後、判決に合理的な疑いを生じるような新しい証拠が発見された場合、民事事件の場合には確定した最終的な判決に法律上の重大な瑕疵（間違い）がある場合に、裁判のやり直しを請求できます。

　なお、家庭内の紛争や少年非行を扱う裁判所として家庭裁判所もあ

ります。ここでは、夫婦関係や親子関係の紛争など家事事件についての調停や審判、非行を犯した少年の事件についての審判を行います。

◆ 合議制と単独制とは

　最高裁判所は常に合議制で、15人の裁判官全員で構成される大法廷と、5人の裁判官で構成される3つの小法廷があります。事件はまず、小法廷で審理され、法令の憲法違反が問題となる場合や最高裁判所の判例を変更する場合などは、大法廷に移して審理されます。

　高等裁判所も常に合議制で、原則として3人で構成されます。地方裁判所は、第二審として裁判するときは常に3人の合議制ですが、第一審として裁判するときは原則として単独制です。簡易裁判所は常に単独制です。

　合議制の裁判所では、1人が裁判長となり、判決その他事件処理上重要な事項の裁判は、その過半数で意見を決めます。

　なお、裁判所には、裁判官の他にも、さまざまな職種の構成員がいます。具体的には、裁判所調査官、裁判所書記官、裁判所事務官、執行官などが置かれています。

■ 三審制とは

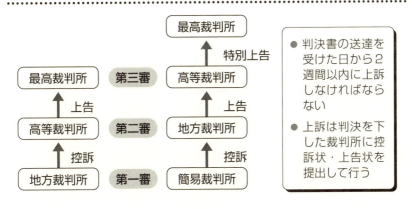

第1部　訴訟知識編

第1部 ③

管轄

事件に応じて担当する裁判所が違ってくる

◆ 管轄とは何か

　管轄とは、訴訟を起こす場合に「どの裁判所がその事件を担当するのか」という裁判所の仕事の分担について定めた基準のことです。

　裁判所は、全国各地にあります。日本に一つしかない最高裁判所から始まって、高等裁判所、地方裁判所と家庭裁判所、簡易裁判所があります。実際に訴訟を提起する場合、まずどの裁判所に訴えるのかを決めなければなりません。

◆ 管轄の決め方

　どの裁判所に訴訟を提起すべきかという問題を決定するのが管轄の定めです。管轄は、その訴訟で主張される権利の価値（つまり金額）、原告・被告の便宜、証拠の集めやすさなど、さまざまな事情を考慮して、民事訴訟法によって規定されています。

① **請求額が140万円を超えるかどうか**

　最初に訴えを起こす裁判所は、地方裁判所、家庭裁判所、簡易裁判所のどれかです。家庭内の紛争ではない一般の事件であれば、地方裁判所か簡易裁判所のどちらかに最初に訴えを起こします。

　地方裁判所か簡易裁判所のどちらの裁判所になるかというと、それは訴訟で主張される権利の価値（金額、訴訟物の価額）が利息や遅延損害金（支払期日に支払わなかった場合に追加して支払わなければならないペナルティのこと）を除いて140万円を超えるかどうかで決まります。140万円以下であれば簡易裁判所、これを超える場合には地

方裁判所が管轄になります。金銭債権の場合、この金額は元本が基準になります。

② どこの裁判所に訴えを起こすか

簡易裁判所か地方裁判所かが決まったら、次は、具体的にどこの裁判所に訴えを起こすのかを決めなければなりません。

基本的には被告の住所地を管轄する裁判所に訴えを起こします。被告が会社など法人である場合には、原則として主要な事務所または営業所の所在地を管轄する裁判所がその訴えを扱います。

中には被告の住所地以外の裁判所が管轄になる訴訟もあります。たとえば、不法行為の場合には不法行為地、不動産に関する訴えであれば不動産所在地などに訴えを起こすこともできます。

ただし、原告が、法律上管轄が認められていない裁判所に訴えを提起したとしても、被告がその裁判所で応じれば（応訴をすれば）その裁判所に管轄権が認められます（応訴管轄）。また、第一審の裁判所に限っては、原告と被告の合意によってあらかじめ特定の裁判所が管轄となるように取り決めをしておくこともできます（合意管轄）。

■ 管轄のしくみ

法定管轄	審級管轄	裁判所の上限関係により定まる ☆【第1審】簡裁 or 地裁⇒【控訴審】高裁⇒【上告審】最高裁
	事物管轄	訴訟の内容（請求内容）により定まる ☆訴訟物の価額により決定される。（例）訴額140万円超⇒地裁
	土地管轄	事件との関係により定まる 民事 被告の住所地所在の裁判所 刑事 事件の犯罪地 or 被告の住所地所在の裁判所
指定管轄		★法定管轄により管轄が定まらない場合に、裁判所により定められる ⇒ 民事 当事者の合意によっても定めることができる場合がある 〈合意管轄〉

第1部 4 民事訴訟手続き

当事者が訴えを提起することで開始し口頭弁論を経て判決に至る

◆ 裁判の提起から第1回口頭弁論まで

ここでは、訴訟の一般的な流れを概観しておきましょう。

① **訴えの提起**

訴訟を起こすことを決断したら、訴状を裁判所に提出します。訴状は、訴える側（原告）が裁判所に提出する書面です。一定の事項を記載して、何について裁判してもらうかを明らかにします。裁判長は訴状を審査しますが、訴状に不備があれば、裁判長は一定の期間を定めて原告に補正を命じることができます。期間内に補正がないときは訴状を受理してもらえません。

② **訴状の送達と答弁書の提出**

訴状が裁判所に受理された後に、裁判所書記官によって訴状が訴えられた側（被告）に送られます。訴状が被告のもとに届いたときに訴訟が成立します。これを訴訟係属といいます。訴状を受け取った被告は、答弁書を裁判所に提出します。答弁書は裁判所から原告に送り届けられます。

③ **第1回口頭弁論期日**

口頭弁論とは、裁判官の前で口頭で訴えについての主張や反論を行うことをいいます。判決を下すには、必ず口頭弁論を開かなければなりません。裁判所は、原告・被告双方に対して第1回口頭弁論期日を指定します。第1回目の口頭弁論では、通常、原告が訴状に基づいて請求の趣旨を陳述し、被告は答弁書に基づいて訴えの却下や請求棄却を求める陳述を行います。

口頭弁論は必要があれば数回行われますが、終結するまでに行われた口頭弁論の全体が、判決の基礎となります。

◆ 口頭弁論の終結から判決まで

　裁判所は、口頭弁論で行われた主張や反論、提出された証拠、証人尋問などを考慮して、判決をするのに熟したと判断した場合には、口頭弁論を終結する旨の宣言をし、判決言渡期日を指定します。

　法廷が1人の裁判官にまかされている場合にはその者の判断によって、合議制であれば複数の裁判官が集まって評議を行い、判決の内容を決めます。判決は言渡しによって効力を生じます。言渡しは、公開の法廷で、裁判長が主文を朗読して行われます。判決の正本は、原告と被告に送られます。判決の言渡しによって、訴訟は一応のしめくくりを迎えます。訴訟当事者がその判決に異存がなければ、判決正本を受け取ってから2週間でその判決が正式に確定します。

　なお、裁判官は神様ではありませんから、誤った判決が絶対にないとはいいきれません。そこで、当事者が上級の裁判所に対して、裁判の取消し・変更を求める不服申立ての制度が設けられています。これを上訴といいます。

■ 訴訟手続きの流れ

第1部　訴訟知識編

第1部 5
訴訟を起こす場合の下準備

事実関係を整理して必要な証拠を集める

◆ まず事実関係を整理する

　訴訟を起こすことを決意した場合、必要になるのは、①事実関係を整理しておくこと、②証拠を確保しておくことです。

　まず、事実関係をよく整理して、紛争の実体を把握します。トラブルが深刻になっていくと、最初は単なる利益問題だったものが、いつしか感情の問題に変わっていってしまうこともあります。

　次に、自分の主張を裏付けるための証拠を確保していきます。訴訟は証拠の有無が勝敗を分けます。訴訟で権利を主張する側は、その権利が存在することを証明しなければなりません。これを立証といいます。そのためには、証拠が必要です。たとえば、売買代金を請求するというような事件の場合は、契約書や請求書、相手方からの回答書・帳簿類などが証拠になります。

◆ 内容証明郵便の送付

　請求の証拠として内容証明郵便を送付するのも有力な方法です。内容証明郵便は、誰が、どんな内容の郵便を、誰に送ったのかを郵便局（日本郵便株式会社）が証明する特殊な郵便で、後々訴訟になった場合の強力な証拠になります。

　内容証明郵便を作成する場合、用紙については特に指定はないのですが、文字数と行数については、縦書きの場合20字以内×26行以内、横書きの場合は、①20字以内×26行以内、②26字以内×20行以内、③13字以内×40行以内という制限があります。つまり用紙1枚に520字

までを最大限とし、長文の場合、枚数を増やしていくことになります。使用できる文字は、ひらがな・カタカナ・漢字・数字です。英語は固有名詞に限り使用可能ですが、数字は算用数字でも漢数字でも使用できます。また、句読点や括弧なども1字と数えます。一般に記号として使用されている＋、－、％、＝なども使用できます。文字数のカウントについては一定のルールがあります（下図参照）。

　料金は内容証明料金が1枚につき430円（1枚増えるごとに260円加算）、書留料金430円、通常の郵便料金82円（25ｇまで）、配達証明料金は310円（差出時）になります。

◆ 訴訟を起こすのにどんな書類が必要か

　訴訟を起こすには、訴状を用意しなければなりません。裁判は、訴状を裁判所に提出することによって開始します。訴状は、裁判所に判断を求める請求内容などを記した書面で、ここに記された内容を中心に、裁判が展開されていきます。

■ 内容証明郵便を書く際の注意事項

- **・句読点**
  「、」や「。」は1文字扱い
- **・□ の扱い**
  文字を□で囲うこともできるが、□を1文字としてカウントする。たとえば、「角角」という記載については3文字として扱う
- **・下線つきの文字**
  下線をつけた文字については下線と文字を含めて1文字として扱う。たとえば「3か月以内」は5文字扱い
- **・記号の文字数**
  「％」は1文字として扱う
  「㎡」は2文字として扱う
- **・1字下げをした場合**
  文頭など、字下げをした場合、空いたスペースは1字とは扱わない

訴状を提出するときには、請求額に応じた申立手数料を収入印紙で支払います（次ページ図参照）。また、添付書類として、いくつかの文書が必要になってきます。たとえば、土地や建物など不動産に関する事件の場合は、不動産登記事項証明書や、固定資産課税台帳登録証明書などが必要になります。

◆ 証拠の準備が勝敗の分かれ目になる

　訴訟において当事者が最終的な目的としているのは、自分に有利な判決を得ることです。そのためには、自分の主張が正しいということを、裁判官に納得してもらわなければなりません。そのとき必要になるのが証拠です。ある事実が存在するか否かを判断する裁判官の行為を事実認定といい、その際に裁判官が用いる材料のことを証拠といいます。貸金返還訴訟の場合には、契約書や借用書が証拠になります。

■ 証拠のとり方

	収集の場所	証拠となるもの
利害関係人など第三者も閲覧や謄写が認められるもの	市区町村役場	固定資産課税台帳（東京都23区の場合は都税事務所）、住民基本台帳、住民票、家屋課税台帳、都市計画図
	税務署	路線価図
	法務局	土地・建物登記事項証明書、建物所在図、地図（土地の区画・地番）、会社・法人登記事項証明書
	運輸支局または自動車検査登録事務所	登録事項等証明書
	特許庁	特許、意匠、商標、実用新案権の各原簿など
相続人が収集できるもの	金融機関	被相続人の取引経緯明細書、残高証明
	郵便局	郵便貯金の残高、簡易保険加入の有無

■ 裁判所への手数料一覧

単位：円（平成28年10月現在）

訴額等 \ 手数料	訴えの提起	支払督促の申立て	借地非訟事件の申立て	民事調停・労働審判手続の申立て	控訴の提起	上告の提起
10万まで	1,000	500	400	500	1,500	2,000
20万	2,000	1,000	800	1,000	3,000	4,000
30万	3,000	1,500	1,200	1,500	4,500	6,000
40万	4,000	2,000	1,600	2,000	6,000	8,000
50万	5,000	2,500	2,000	2,500	7,500	10,000
60万	6,000	3,000	2,400	3,000	9,000	12,000
70万	7,000	3,500	2,800	3,500	10,500	14,000
80万	8,000	4,000	3,200	4,000	12,000	16,000
90万	9,000	4,500	3,600	4,500	13,500	18,000
100万	10,000	5,000	4,000	5,000	15,000	20,000
120万	11,000	5,500	4,400	5,500	16,500	22,000
140万	12,000	6,000	4,800	6,000	18,000	24,000
160万	13,000	6,500	5,200	6,500	19,500	26,000
180万	14,000	7,000	5,600	7,000	21,000	28,000
200万	15,000	7,500	6,000	7,500	22,500	30,000
220万	16,000	8,000	6,400	8,000	24,000	32,000
240万	17,000	8,500	6,800	8,500	25,500	34,000
260万	18,000	9,000	7,200	9,000	27,000	36,000
280万	19,000	9,500	7,600	9,500	28,500	38,000
300万	20,000	10,000	8,000	10,000	30,000	40,000
320万	21,000	10,500	8,400	10,500	31,500	42,000
340万	22,000	11,000	8,800	11,000	33,000	44,000
360万	23,000	11,500	9,200	11,500	34,500	46,000
380万	24,000	12,000	9,600	12,000	36,000	48,000
400万	25,000	12,500	10,000	12,500	37,500	50,000
420万	26,000	13,000	10,400	13,000	39,000	52,000
440万	27,000	13,500	10,800	13,500	40,500	54,000
460万	28,000	14,000	11,200	14,000	42,000	56,000
480万	29,000	14,500	11,600	14,500	43,500	58,000
500万	30,000	15,000	12,000	15,000	45,000	60,000
550万	32,000	16,000	12,800	16,000	48,000	64,000
600万	34,000	17,000	13,600	17,000	51,000	68,000
650万	36,000	18,000	14,400	18,000	54,000	72,000
700万	38,000	19,000	15,200	19,000	57,000	76,000
750万	40,000	20,000	16,000	20,000	60,000	80,000
800万	42,000	21,000	16,800	21,000	63,000	84,000
850万	44,000	22,000	17,600	22,000	66,000	88,000
900万	46,000	23,000	18,400	23,000	69,000	92,000
950万	48,000	24,000	19,200	24,000	72,000	96,000
1000万	50,000	25,000	20,000	25,000	75,000	100,000

変額制の手数料額算出方法

訴額等 \ 手続の種別	100万円までの部分、価額10万円までごとに	100万円を超え500万円までの部分、価額20万円までごとに	500万円を超え1000万円までの部分、50万円までごとに	1000万円を超え10億円までの部分、100万円までごとに	10億円を超え50億円までの部分、500万円までごとに	50億円を超える部分、価額1000万円までごとに
訴え提起	1,000円	1,000円	2,000円	3,000円	10,000円	10,000円
借地非訟	400円	400円	800円	1,200円	4,000円	4,000円
民事調停	500円	500円	1,000円	1,200円	4,000円	4,000円

支払督促は訴え提起の2分の1の額、控訴提起は訴え提起の1.5倍の額、上告提起は同2倍の額

第1部 6

訴え

給付、確認、形成の3種類の訴えがある

◆ 訴訟判決と本案判決

　裁判所は、訴えが提起された事件を処理することになりますが、その訴えに対する裁判所の応答は、原告の希望通りのものになるとは限りません。まず、訴えが法の定める手続き（訴訟要件）に適合しない場合には、裁判所は紛争を門前払いの形で処理します。このような判決を訴訟判決といい、「訴えを不適法として却下する」と言い渡されます。原告の訴えが訴訟するための要件を充たしているときは、訴訟の対象の実質的な判断に立ち入った判決（本案判決）がなされます。

　原告の主張に理由がないと判断されれば、原告敗訴・被告勝訴の意味をもつ「原告の請求を棄却する」という判決がなされます。逆に原告の主張に理由があると判断されれば、原告が訴状の「請求の趣旨」で求めた通りの判決がなされます。これが、原告勝訴・被告敗訴の意味をもつ請求認容の判決です。

◆ 訴えには3つある

　訴えは、請求の内容によって次の3つの類型に区別されます。

① **給付の訴え（給付訴訟）**

　金銭の支払いや物の引渡しや明渡しを目的とする訴えのように、請求内容として、被告に対する特定の給付請求権の存在を主張し、給付を命ずる判決を求めるのが給付の訴えです。

　給付の訴えに対する請求認容の判決は、たとえば、「被告は原告に金100万円を支払え」というような給付命令を掲げる判決です。原告

は、この判決に基づいて強制執行により被告の給付義務の強制的な実現を求めることができます。

② 確認の訴え（確認訴訟）

確認の訴えは、請求内容として、特定の権利や法律関係の存在または不存在を主張し、それを確認する判決を求めるものです。たとえば、自分の土地に勝手に駐車場を作ろうとしている者がいる場合に、「その土地は自分のものであることを確認してくれ」と裁判所に求める場合がこれにあたります。また、借りてもいない金をしつこく払えといってくる者に対して「そのような借金はないことの確認を求める」という債務不存在確認の訴えもあります。

③ 形成の訴え（形成訴訟）

一定の法律上の条件が充たされているか、もしくは充たされていないために「これこれしかじかの法的な状態が生まれた」ということを裁判所に宣言してもらうよう求める訴えです。

たとえば、離婚の訴えのように、当事者に離婚原因（形成原因）があるかないかを審理し、それがあるとされた場合に、「原告と被告とを離婚する」というような権利関係の変動を宣言する形成判決がなされ、この判決が確定することによって初めて権利関係が変動するような場合です。

■ 訴えの3類型

第1部 7 訴状の作成

請求の趣旨・原因を明確に記載する必要がある

◆ 訴状の提出

　訴えを提起するには、訴状を裁判所に提出するのが原則です。訴状は、原告が第一審裁判所に提出する書面で、これによって裁判所に求める審判の対象（訴訟物）が特定されます。なお、制度上、簡易裁判所では口頭での提起も認められます。

　訴状が提出されると、裁判長は訴状を審査し、不備があれば一定の期間を定めて補正を命じます。これを補正命令といいます。期間内に補正されないと、訴状を受理できないとして却下されることになります。訴状が受理された場合は被告に送達されます。一般には、被告に訴状が送達された時点で、訴訟が正式に裁判所によって審理される状態になると考えられています。これを訴訟係属が発生したといいます。

◆ 請求の趣旨

　訴状に必ず記載しなければならない事項（＝必要的記載事項）として、①当事者、②法定代理人、③請求の趣旨・原因などの項目があります。

　請求の趣旨は、何につき、どんな裁判を求めるかを簡潔・明瞭に記載した部分で、訴えの核心をなし、かつその結論を示す重要な部分です。請求の趣旨は、給付訴訟では「○○を引き渡せとの判決を求める」「金○○万円を支払えとの判決を求める」という形で表現され、確認訴訟では「○○に対する原告の所有権を確認するとの判決を求める」と表現されます。また、形成訴訟では「原告と被告を離婚するとの判決を求める」という表現になります。

◆ 請求の原因

　請求の原因とは、請求の趣旨だけでは審判の対象が十分に特定されない場合に、請求の趣旨の記載を補充する部分です。請求を特定し、何について審理がなされ、判決が求められているのかを明確にする役割を果たす記載です。たとえば、給付訴訟において「被告は原告に対し金100万円を支払えとの判決を求める」といっても、それが、被告が原告に借りたお金なのか、品物を買った代金なのか、原告が引き受けた仕事に対する報酬なのかはわかりません。場合によっては、被告の行為によって原告が受けた被害に対する損害賠償かもしれません。このように、主張される給付請求権の発生原因となる事実を具体的に表示しないと、請求は特定できないわけです。

◆ 任意的記載事項

　訴状は、原告にとっては最初の準備書面です。原告訴訟代理人（通常は、弁護士）の住所・氏名、請求を理由付ける事実（主要事実）や証拠方法（証人や鑑定人、物的証拠など）を記載するのが通例ですが、これらの事項の記載を欠いても、訴状としては有効です。これを任意的記載事項といいます。

■ 訴状の記載事項

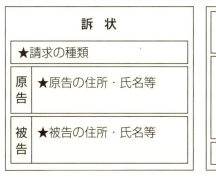

第1部 8

答弁書の作成

原告の請求を精査して被告側の主張を記載する

◆ 訴えられた側の答弁書の記載の仕方

　原告が訴状を提出するのに対応して被告は答弁書と呼ばれる書面を裁判所に提出します。答弁書は、原告が訴状で示した請求や、その根拠である法律関係・事実関係について、被告が認めるか否か、あるいは、被告の側から裁判所にどのような判決を求めるかを記載する書面です。なお、請求額が140万円以下の場合の通常訴訟、または少額訴訟を利用する場合には、定型訴状用紙の答弁書に記載するのがよいでしょう。答弁書に書くのは、次の事項です。

> ①事件番号、②原告被告の表示（氏名だけでよい。会社なら会社名だけでよい）、③被告の押印、④年月日、⑤裁判所名（部・係も書く）、⑥答弁書の表示、⑦請求の趣旨に対する答弁（答弁の趣旨）、⑧請求の原因に対する答弁（答弁の理由）、⑨被告の主張および抗弁

　この中で大切なのは、⑦と⑧です。⑦請求の趣旨に対する答弁は、どのような事件の場合も通常「原告の請求を棄却する。訴訟費用は原告の負担とする、との判決を求める」とします（定型用紙には、通常、このような文言がすでに記載されています）。

　⑧の請求の原因に対する答弁が、いわば答弁の中身です。原告の主張について、一つひとつ検討していきます。原告の主張を認める場合であれば「認める」、否定する場合であれば「否認」「沈黙」の場合は、

弁論全体から見て争っているといえない限り、自白とみなされます。自分の知らない点は「不知」としておきます。

民事訴訟では、被告が原告の主張を認めると、たとえそれが間違っていても、それを事実として取り扱うことになっています。うっかり認めてしまうと、それだけで敗訴になる可能性がある主張もあります。くれぐれも慎重に検討しなければなりません。

◆ 答弁書の提出

答弁書は、必ず提出期限までに裁判所に提出しなければなりません。もし、被告側が、答弁書もその他の準備書面も裁判所に提出せずに口頭弁論期日に欠席したような場合、被告は原告の主張を認めたものとみなされることになります。このとき、原告の訴状の記載だけで判決を下せると裁判所が判断すれば、被告欠席のまま、原告勝訴の判決がなされてしまいます。ですから、原告の請求について争いたいのであれば、必ず、答弁書を指定された期日までに裁判所に提出しなければならないのです。

つまり答弁書を提出しておけば、口頭弁論期日に出席しなくても、答弁書の記載事項を陳述したものと扱われます。なお、口頭弁論期日の変更を望む場合は、期日延期申請書を提出するとよいでしょう。

■ 請求の原因に対する答弁

回答方法	内容・効果
認める(自白)	事実を認める。裁判所はその事実に基づいて判決を下す 証拠は不要
否認	事実を否定する。原告の主張を裏づける証拠が必要
不知	事実を知らないという陳述 否認と同様の扱い
沈黙(無答)	明らかに争わない場合は「認める」と同様の扱い 争っていると認められる場合は「否認」と同様の扱い

■ 訴状サンプル

訴　　　状

平成○○年○月○日

○○地方裁判所○○支部　御中

原告訴訟代理人弁護士　　○　○　○　○　㊞

〒○○○-○○○○　東京都○区○町○丁目○番○号
　　　　　　　　　原　　　告　　　　○○○○
〒○○○-○○○○　東京都○区○町○丁目○番○号　○○ビル○階
　　　　　　　　　○○法律事務所（送達場所）
　　　　　　　　　上記訴訟代理人弁護士　○○○○
　　　　　　　　　電　話　０３-○○○○-○○○○
　　　　　　　　　FAX　　０３-○○○○-○○○○
〒○○○-○○○○　東京都○区○町○丁目○番○号
　　　　　　　　　被　　　告　　　　○○○○

貸金請求事件
訴訟物の価額　　１０００万円
貼用印紙額　　　５０，０００円

請求の趣旨

1　被告は、原告に対し、金１０００万円及びこれに対する平成○○年○月○日から支払済みまで年７分の割合による金員を支払え。
2　訴訟費用は被告の負担とする。
との判決ならびに仮執行宣言を求める。

請求の原因

1　原告は、平成○○年○月○日、被告との間で、次の約定にて、金銭消費貸借契約を締結し、被告に対し、金１０００万円を貸し付けた（甲１）。
(1)　弁済期　　　　平成○○年○月○日
(2)　利息　　　　　年７分
2　ところが、被告は、弁済期が経過しても利息の支払いをしたのみで、元金の返済をしない（甲２）。
3　よって、原告は、被告に対し、上記貸金１０００万円及びこれに対する弁済期の翌日である平成○○年○月○日から支払済みまで約定利率の年７分の割合による遅延損害金の支払を求める。

証拠方法

1　甲１号証　借用書
2　甲２号証　通知書

附属書類

1　訴状副本　　　　　　　　　　　　　　　　　１通
2　甲１ないし３号証（写し）　　　　　　　　　各１通
3　訴訟委任状　　　　　　　　　　　　　　　　１通

■ 答弁書サンプル

平成○○年（ワ）第○○○○号　貸金請求事件
原　　告　　○　○　○
被　　告　　○　○　○

答　弁　書

平成○○年○月○日

○○地方裁判所民事第○部○係　御中

　〒○○○-○○○○　　東京都○区○町○丁目○番○号
　　　　　　　　　　　○○法律事務所（送達場所）
　　　　　　　　　　　被告訴訟代理人弁護士　　○　○　○　○　㊞
　　　　　　　　　　　電話　０３-○○○○-○○○○
　　　　　　　　　　　FAX　０３-○○○○-○○○○

第１　請求の趣旨に対する答弁
　１　原告の請求を棄却する。
　２　訴訟費用は原告の負担とする。

第２　請求の原因に対する認否
　１　請求原因第１は認める。
　２　請求原因第２は否認ないし争う。
　３　請求原因第３は否認ないし争う。

第３　被告の主張
　　　追って主張する。

附属書類

　１　訴訟委任状　　　　　　　　　　　　　　　　　　１通

第1部 9

口頭弁論

口頭弁論には審理方式がある

◆ 口頭弁論のルール

　口頭弁論とは、裁判の場において、口頭で訴えについての主張や反論を行うことです。民事訴訟法は、裁判所が判決を行う不可欠の条件として、口頭弁論によって審理が進められることを求めています。そして、民事訴訟は、以下のような口頭弁論の方式を審理に求めています。

① **公開主義**

　公正な裁判が行われるようにするためには、不正な裁判が行われないように広く一般の人々に監視の機会を与える、つまり法廷は原則として公開される必要があります。

② **双方審尋主義**

　裁判では、当事者の一方だけでなく、双方に等しく自己の権利について主張し、あるいは相手に反論する機会を与えなければなりません。これを双方審尋主義といいます。

③ **口頭主義**

　裁判官ができるだけ真実に近づくためには、当事者によって裁判官の目の前で口頭で述べられたものだけを判決にあたっての検討材料とするのが望ましいとされています。これが口頭主義と呼ばれる原則です。

④ **直接主義**

　当事者が口頭で述べた主張は、判決を行う裁判官自身が自らの耳で直接聞くべきだ、というのが直接主義という考えです。

　このような4つの原則が裁判で具体化されることによって、初めて

判決は公正で真実に近づいたものということができます。そして、両当事者が裁判官の面前で口頭で主張を行う口頭弁論は、まさに、この4つの原則を実現するために不可欠なものとみなされ、欧米各国の民事訴訟制度にとり入れられていったのです。また、日本でも民事訴訟における重要な原則とされています（民事訴訟法249条1項）。

◆ 適時提出主義

適時提出主義とは、当事者はそれぞれの主張や反論を訴訟の進行状況に応じて適切な時機に提出しなければならないという原則です。法律は、この原則をうけて当事者が「故意または重大な過失」により適切な時機になされなかった主張・反論は、「訴訟の完結を遅延させることとなる」と裁判所が認めたときは、それを却下できる旨を規定しています（民事訴訟法157条）。

■ 口頭弁論の審理方式

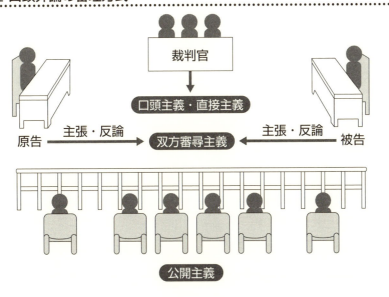

◆ 口頭弁論の制限・分離・併合

　訴訟の状況に応じて、訴えを最も効率よく処理できるよう、審理の形を改めたり、整理する権限が裁判所に認められています。口頭弁論に複数の争点が現れた場合、そのうちの一つに審理を制限し、集中して審理を行うことを弁論の制限といい、請求が複数ある訴訟を審理する場合に、それらを一つひとつ分離して、それぞれ別個の手続きで審理することを弁論の分離といいます。また、別々の裁判所で審理されている訴訟を一つにまとめて1個の裁判所で審理し、判決する処置を弁論の併合といいます。これらの権限は、すべて裁判所が裁量で行使できます。訴訟の状況に応じて、訴えを最も効率よく処理できるよう、審理の形を改める権限を裁判官に認めることにより、訴訟の迅速化・合理化が図られているわけです。

◆ 裁判所と当事者の役割

　民事訴訟では、当事者のイニシアチブで訴訟が開始され、また、裁判の資料となる事実や証拠も当事者の提出したものに限られるなど、一見すると、裁判所よりも当事者の役割がはるかに大きいように見えます。

　しかし、いったん開始された訴訟をどのように進行していくかを決定する権限（訴訟指揮権）は裁判所に委ねられています。たとえば、口頭弁論を開く期日を決めたり、弁論を併合、分離する権限は、裁判所の裁量にまかされているのです。

　このように、訴訟を進行する権限が裁判所のものとされているのは、利害の激しく対立する当事者に、訴訟の進行まで委ねてしまうと、訴訟手続き全体が大きく停滞するおそれがあるためです。裁判所が職権で、訴訟の進行をコントロールするこのような考えを職権進行主義といいます。

◆ 責問権の喪失

　裁判所が訴訟を進行していく中では、法に違反した訴訟運営を行うことも、起こります。そのような場合に、当事者が、裁判所に対して、その誤りを指摘し、是正を求めることが権利として認められています。この当事者の権利を責問権といいます。

　ただし、責問権を無制限に認めると不都合なことも生じます。

　たとえば、第1回口頭弁論で裁判所が法律違反の訴訟運営を行ったとします。当事者が、それをすぐに指摘できたにもかかわらず、わざと判決直前になって、その是正を求め第1回口頭弁論をやり直せ、などと言い出したらどうでしょう。そのような不合理な責問権の行使を封じるために、遅滞した責問権は喪失することになっています。これを責問権の喪失といいます。

■ 口頭弁論を迅速に行うための制度

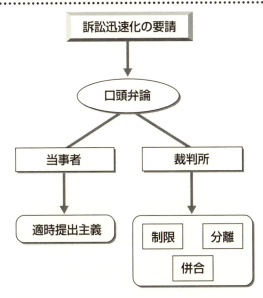

第1部 10 攻撃防御方法

原告の主張と被告の反論のこと

◆ 攻撃防御方法の内容

　原告の訴えに対して、被告が「はい、その通りです」と認めてしまえば、訴訟を続ける必要はなくなります。この場合には、それ以降の口頭弁論は行われません。この被告が原告の請求を認めた状態を請求の認諾といいます。

　原告の主張を被告が認めない限り、原告は自分の主張が正しいことを事実によって証明する必要があります。たとえば、請求が「貸した金を返せ」という内容のものであれば、「被告にお金を貸したのは○年○月○日である」「被告は必ず1か月後には返すといっていた」など、被告が原告にお金を借りたことを示す事実を裁判の場で示さなければなりません。

　一方、被告は、「お金は借りたものではなくもらったものだ」などと、原告の主張に対して反論していくことになります。

　このような、原告の主張と被告の反論をあわせて、攻撃防御方法といいます。口頭弁論は、原告・被告の攻撃防御方法の提出の積み重ねによって進行していくのです。

◆ 否認と自白

　原告が主張した事実を被告が認めないことを否認といいます。被告が否認した事実については、原告は証拠によって裏付ける必要があります。被告がその事実は知らないと陳述した場合も否認と同様に扱われます。

一方、原告が主張した事実を被告が認めることを裁判上の自白といいます。認めないまでも、とくに争わないで裁判が終わるまで沈黙していれば自白とみなされます。これを擬制自白といいます。

◆ 否認と抗弁の違い

　否認と同様に、原告の攻撃に対する被告の防御方法として抗弁があります。否認が単に原告の主張を否定すればすむのに対して、抗弁はそこで示した事実を証拠によって裏付けなければなりません。

　たとえば、「お金を貸した」という主張に対して、「借りた覚えはない」といえば、それは否認です。この場合は、原告の方が、「お金を貸した」という事実を証拠によって裏付けなければなりません。これに対して、「借りはしたが、時効によって返す必要はなくなった」と反論した場合は抗弁です。この場合は、貸し借りがあったことは、お互いに認めたのですから、今度は被告の方で時効になったという事実を証拠によって裏付けなければなりません。

■ 訴訟における原告と被告の攻撃・防御

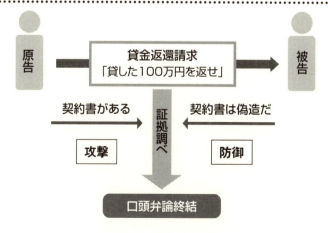

第1部 11

当事者の欠席

一方が欠席した場合と双方が欠席した場合で扱いが違う

◆ 当事者の欠席

　訴えを起こす者、訴えを起こされる者が、普通の人間である以上、病気や事故などのために、訴訟に出られなくなることも当然起こり得ます（ただし、弁護士など訴訟上の代理人がいる場合には、訴訟の当事者本人が裁判に出席しなくても問題ありません）。このような当事者の欠席の場合、口頭弁論はどのように処理されるのでしょうか。

　この点について、民事訴訟法は、当事者の一方が欠席した場合と双方が欠席した場合とで扱いを異にするなど、実にきめ細かい規定をおいています。

◆ 当事者の一方が欠席した場合

　当事者の一方が第1回口頭弁論期日に欠席した場合には、欠席した者が提出した訴状・答弁書、その他の準備書面に記載した事項を、あたかも欠席当事者が陳述したものとみなして、出廷した当事者に弁論させることができます。

　この場合、出廷した当事者が準備書面で予告してあった事実に対する欠席者の認否は、欠席者の準備書面をもとに決められます。欠席者が準備書面上で明らかに争っていない場合には、欠席者はその事実を自白したものとみなされます。欠席者の準備書面の記載によって、争っていると認められる場合には、状況によっては証拠調べも行うことができます。

◆ 当事者双方が欠席したらどうなる

　当事者双方が欠席した場合には、1か月以内に期日指定申立てをしないと訴えを取り下げたものとみなされます。さらに、連続して2回期日に欠席し、または出席しても申述しないで退廷した場合にも訴えが取り下げられたものとみなされます。

　このような規定が設けられているのは、訴訟の展開が自己に不利だと判断した当事者の中には、延々と欠席を繰り返すことによって訴訟を引き延ばそうとする者がいるためです。そのような者を相手に訴訟を続けても、時間と費用の浪費になるだけです。つまり、「やる気がないのならやめてしまえ」ということなのです。

■ 当事者の一方の欠席／双方の欠席

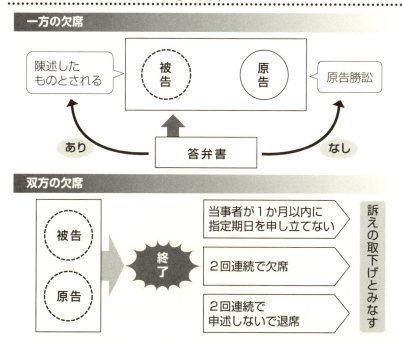

第1部 12

弁論主義と釈明権

行きすぎた釈明権の行使は弁論主義の原則に反するので認められない

◆ 弁論主義の内容

　民事訴訟では、いつどんな場合に訴えを提起し、どのような請求を行い、いつまで続けるのかについて、当事者に主導権を認めています。この考え方を処分権主義といいます。そのため、訴訟では、何について審判を求めるか、どんな訴訟物を提示するかは当事者の責任とされています。また、当事者は、訴訟上の和解などによって訴訟を裁判によらずに終了させることができますし、訴えや上訴を取り下げることで、訴訟手続き自体をはじめからなかったことにすることもできます。

　訴訟における大原則として、もう1つ「弁論主義」があります。弁論主義とは、裁判の基礎となる事実や証拠（訴訟資料）の収集を当事者の権限かつ責任とする考え方のことです。弁論主義の内容として、通常以下の3つのことがいわれます。この3つの内容を総称して弁論主義の3つのテーゼということがあります。

① **主張責任の原則**

　裁判所は、当事者が主張した事実だけを判決の基礎資料とすることができるという原則を、主張責任の原則といいます。

　事実というものは、証拠調べの場面においても、証人尋問や証拠として新たに提出された文書の中などから、弁論には出てこなかった新しい事実が判明するということがあります。

　しかし、その事実を当事者が主張していなければ、裁判所はそれを認定することはできません。

　なお、主張責任と似たものとして、証明責任があります。

主張責任が「事実」を主張する段階で問題になるのに対して、証明責任は「証拠」を提出する段階で問題になる概念です。

② **自白の拘束力**

自白があった場合、裁判所は、当事者間に争いのない事実は、そのまま判決の基礎として採用しなければならないというものです。

民事訴訟における自白とは、当事者の一方が主張した事実を相手方が認めることをいいます。これも、当事者が判決の基礎となる事実の内容を決定できるという弁論主義の考え方を具体化したものです。

③ **職権証拠調べの禁止**

裁判所が当事者間に争いのある事実を証拠によって認定する際には、必ず当事者が申し出た証拠によらなければならないという原則です。これは、当事者は判決の基礎となる証拠の範囲を決定できる、という形で弁論主義を具体化したものといえます。

なお、当事者が弁論で主張した事実のことを「訴訟資料」といいますが、裁判所は、この「訴訟資料」と、証拠調べで得た証拠資料を、厳格に分けて考えなければならないことになっています。つまり、裁判所は、証拠資料を当事者の主張であるとして、判決を下してはならないことになっています。

■ 弁論主義の３つのテーゼ

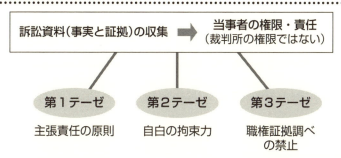

◆ 弁論主義における事実とは何か

　訴訟上、当事者によって主張される事実には、一般に①主要事実、②間接事実、③補助事実の3種類があります。AがBに貸した100万円の返済を求める訴訟を例に考えてみましょう。

① **主要事実**

　Aはまず、「Bに100万円を貸した」という事実、つまりA・B間で100万円の消費貸借契約（お金の貸し借り）が存在するという事実を証明しなければなりません。金銭消費貸借の成立には、金銭の授受と返還約束があったという2つの事実の証明が必要です。これらは、権利が発生していたかどうかという法律効果そのものに直接関わる事実です。これを主要事実といいます。

② **間接事実**

　AがBに金銭を貸与したと主張している日時以降に、Bの金遣いが急に荒くなったという事実があったらどうでしょうか。この事実は、AがBに金銭を授受したからではないかということを推測させます。このように、金銭の授受という主要事実を推測させる事実を間接事実といいます。

③ **補助事実**

　補助事実とは、証拠の証拠能力や証拠力を明らかにするための事実です。たとえば、証人Cが、AはたしかにBに100万円を貸した、と証言したとします。この場合、Cは正直な人間でウソを言ったことがない、という事実は、Cの証言が確かなものであることを明らかにする事実でしょう。これが補助事実です。

◆ 弁論主義と間接事実・補助事実

　主要事実について、弁論主義の適用があることは当然です。一方、判例や多くの学説は、弁論主義の適用があるのは主要事実に対してだけであって、間接事実・補助事実に対しては適用されず、裁判所が自

由に判断できる、としています。そうでなければ、裁判所が主要事実の存否を判断することすら困難になってしまうというわけです。

◆ 釈明権の内容

釈明権とは、事件の内容をなす事実関係や法律関係を明らかにするために、当事者に対して、事実上や法律上の事項について質問したり、または証拠を提出するよう促すことができる裁判所の権限のことです。この釈明権によって裁判所は、弾力的な審理を行うことができます。

もっとも、行きすぎた釈明権の行使は「当事者にまかせる」という弁論主義の原則をねじ曲げてしまうため、釈明権は慎重に行使されなければならないと考えられています。具体的には、当事者の主張の中で不明瞭な点を明らかにするためになされる釈明権の行使は許されますが、当事者に対して積極的に主張や立証を行うよう促すためになされる釈明権の行使は原則として許されません。

■ 弁論主義が適用される事実

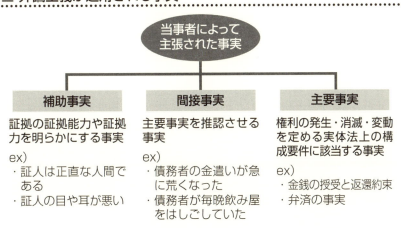

第1部 13

証拠調べと証拠能力・証拠価値

裁判官が事実認定をする際に必要になる

◆ 事実認定と証拠

　裁判では、当事者が得たいと思っている判決の基礎となる事実が存在することを、裁判官に納得させる必要があります。このことは、裁判官の立場からいえば、「この事実は存在する」と納得できなければ、その事実をもとにした判決を下すことはできないということを意味します。この「事実が存在するか否か」を判断する裁判官の行為を事実認定といいます。

　裁判官が事実認定する際に用いる資料（材料）のことを証拠といいます。

　訴訟の当事者は、証拠を提出することにより、ある事実の存在や不存在について裁判所に示していくことになるわけです。

　AがBに100万円の返済を求める給付訴訟を起こした場合、BがAから借金する際に作成した借用書や証人が、証拠にあたります。つまり、裁判官は、この借用書や証人の証言という証拠をもとに「BがAに対して100万円の借金を負っている」という事実を認定したわけです。当事者は、自分の主張する事実を裁判官に認めてもらうために、さまざまな証拠を提出することになります。このような証拠を、裁判所が法定の手続きによって取り調べる行為を証拠調べといいます。

◆ 証拠能力がないと証拠調べができない

　証拠能力とは、ある証拠方法が証拠となり得る一般的な資格のことをいいます。たとえば、ある訴訟において、Aという証人やBという

文書などの証拠方法を、そもそも証拠調べの対象とすることができるのかどうかを判断する際に、「証拠能力があるのかないのか」が検討するわけです。証拠能力がない物を、証拠調べの対象とすることはできません。

　民事訴訟法では原則としてあらゆる物に証拠能力が認められています。つまり、この世に存在するすべての物を証拠として調べることができるわけです。わずかに存在する証拠能力が否定される例外としては、当事者の申立てによって忌避された（排除された）鑑定人は鑑定能力を欠くことと、手形訴訟・小切手訴訟では書証以外は証拠能力がないとされることなどが挙げられます。

◆ 証拠調べ後の証拠価値

　証拠価値とは、証拠調べの結果得られた証拠資料（証拠方法を証拠調べした結果、そこから得られた具体的な情報のこと）がもっている価値のことです。証拠力ともいわれます。証拠能力が、証拠調べの前に問題になるのに対し、証拠価値は証拠調べの後に問題になります。まぎらわしいので注意が必要です。証拠がもつ価値（証拠力）をどう評価するか、ということは裁判所の自由な心証にまかされています。

■ 証拠収集のポイント

民事訴訟ではありとあらゆる物が証拠になり得る

だが

以下の点に気をつけると効果的である

・できるだけ質のよい証拠を集める
・証人よりも文書の形になっている証拠がよい

契約書、借用書などを探し出す
貸金の返済を求める場合は電話でなく内容証明郵便で催促

第1部 14

証明が必要な事実

有利な判決を得るには事実を証明しなければならない

◆ 証明と疎明

　当事者は、判決の基礎となる事実が存在することを、裁判官に納得させる必要があります。裁判官が「十中八九間違いないだろう」と納得した状態を証明といい、そのような状態に裁判官をおくことを証明するといいます。

　一方、裁判官が「まあ間違いないだろう」程度に思っている状態を疎明といい、そのような状態に裁判官をおくことを疎明するといいます。

　訴訟ではさまざまな事実が提出されます。その中には、判決に大きな影響を与えるような重要な事実もあれば、単に手続上求められるような事実もあります。このように提出されるすべての事実について、一律に裁判官の確信を要求するのは合理的とはいえません。

　そこで、判決に大きな影響を与えるような事実については、慎重を期して、証明が必要だが、それ以外の事実については疎明で足りる、とされています。

◆ 証明が必要な事実

　自己に有利な判決を得るためには、その基礎となる事実を証明しなければなりません。この「事実」には、主要事実、間接事実、補助事実の3種類があることはすでに説明しました。このうち、証明の対象となるのは主要事実です。具体的には、当事者が主張した主要事実のうち、相手方が争った事実について証明する必要があります。

　さらに、間接事実や補助事実もそれが主要事実を証明するために利

用される場合は、証明の対象となります。

このような証明を必要とする事実のことを「要証事実」といいます。要証事実は、突き詰めていえば、当事者間で争いになっている権利・義務を定めた法規の要件に該当する事実です。したがって、当事者間で主張されていなかったり、争いとなっていない事実は、要証事実にはなりません。

◆ 証明を要しない事実

たとえ判決の基礎となる事実であっても、その確実性が客観的に明らかであるために、証明は不要であると考えられている事実があります。それは、顕著な事実と裁判上の自白の2つです。

顕著な事実とは、「公知の事実」と「職務上顕著な事実」（職務上知り得た事実）の総称です。公知の事実は、読んで字のごとく、広く世に知られている事実のことです。

たとえば、歴史的な大事件や天災などに関する事実がこれにあたります。職務上顕著な事実は、裁判官がその職務過程で知り得た事実のことで、他の事件で自分が下した判決などが挙げられます。

■ 証明を必要としない事実

証明を必要としない事実

* 当事者の間で争いのない事実（裁判上の自白）
→ 相手方の主張する自己に不利な事実を認める陳述については証明不要

* 顕著な事実（公知および職務上知り得た事実）
→ 歴史上有名な事件、事故、天災については証明不要

* 法律上推定のある事実
→ 法律上「A事実があればB事実がある」と指定されている場合には、B事実の存否については証明不要

第1部 15

裁判上の自白

自白が成立した事実は証明が不要

◆ 自白の意義・効果

　自白とは、当事者が口頭弁論または争点整理手続きにおいて、相手方が主張する自己に不利益な事実を認める旨の陳述です。AがBに貸した100万円の返済を求める訴訟で、Aの「Bに100万円を渡した」という主張に対して、Bが「その通りです」と答えれば、それは自白をしたことになります。

　自白が成立すると、裁判所は、自白事実を裁判の基礎としなければならなくなります。つまり、自白によって得られた事実は、証明が不要となるわけです。

　自白は裁判所だけでなく当事者も拘束します。つまり、自白を行った当事者は、自白の内容と矛盾する事実を主張することができなくなります。

　相手方当事者は、自白を前提として自己の訴訟行為を行うわけですから、そのような矛盾した行為を認めることは、相手方の信頼を害することになるためです。同様の見地から、自白の撤回も原則として認められていません。

◆ 自白の対象

　主要事実が自白の対象となることは明らかですが、間接事実や補助事実などについても自白が成立するかどうかは議論があります。判例は、間接事実や補助事実については、自白を認めていません。

　自白の対象に関する議論において、大きな論点となっているのが、

権利自白についての問題です。権利自白とは、訴訟の直接的な目的である権利や法律関係の前提となっている権利や法律関係について、相手方の主張を認めることです。

たとえば、AがBに対して、所有権に基づくX土地の返還請求訴訟を起こしたような場合、訴訟の直接的な目的となっている権利は、AのBに対する土地の返還請求権ですが、この時、仮に「AのX土地の所有権を認める」という陳述をBがした場合には、権利自白が成立することになります。

AがX土地の所有権をもっていることは、AのBに対するX土地の返還請求権の前提といえ、それをBが認めることは、訴訟の直接的な目的である権利の前提となっている権利について、相手方の主張を認めることになるからです。

通常の自白があくまで具体的な事実を陳述するものであるのに対し、この権利自白は、法的な意味合いを含んだ陳述となっています。そのため、権利自白に裁判所への拘束力を認めることは、法律に対する裁判所の判断権を侵害することになりかねません。そこで、権利自白については、通常の自白のような法的拘束力を認めないとする見解が有力です。

■ 自白と権利自白

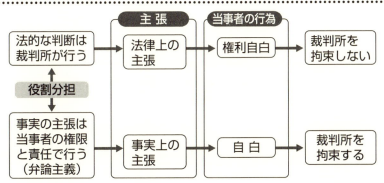

第1部 16

自由心証主義と証拠共通の原則

証拠共通の原則は自由心証主義から必然的に導き出される

◆ 自由心証主義の内容

　自由心証主義とは、裁判における事実の認定を、審理に現れたすべての証拠、状況などに基づいて裁判官が自由に形成する心証に委ねる建前を意味します。

　自由心証主義は、①特定の事実の認定のための証拠方法が限定されず、あらゆる人または物が証拠方法となり得ること（証拠方法の無制限）、②証拠をどの程度考慮して事実を認定するかは、裁判官の自由な判断に委ねられること（証拠力の自由評価）、を内容とします。

① 証拠方法の無制限

　証拠方法の無制限とは、裁判官が事実認定を行うために用いる証拠方法には制限がなく、原則として、どんなものでも証拠に用いることができるということです。

　なお、証拠方法とは、物証や人証など、裁判官がその五感で取り調べることのできる有形物で、証拠調べの対象となるもののことです。

② 証拠力の自由評価

　「この証拠からは、こういう事実を認定してもよいだろう」という証拠の持っている証明力の評価については、裁判官にすべてまかせる、ということです。若干の例外を除いて、認められています。

◆ 証拠共通の原則

　自由心証主義の下では、いったん提出された証拠は、それを提出した者にとって有利な形で用いようと、不利な形で用いようと、すべて

裁判官に委ねられています。これを証拠共通の原則といいます。その結果、その証拠を提出した者にとって不利になる事実認定がなされてもやむを得ないといえます。その意味で、証拠共通の原則は自由心証主義から必然的に導き出される原則なのです。

◆ 弁論の全趣旨

民事訴訟法は、証拠調べの結果の他に弁論の全趣旨も検討材料にいれて、事実認定を行えることを規定しています。

訴訟では、当事者が事実を主張し、証拠が提出されますが、裁判官の関心の対象となるのは、それらの事実や証拠にとどまりません。事実や証拠を提出する際の、当事者もしくは代理人の態度、声色なども裁判官の耳目をとらえるのです。

たとえば、原告が提出した証拠に対して、被告が異様な動揺を示したような場合に、証拠の内容自体だけでは、原告の主張する事実を認めることができなくても、被告の態度を考慮して、原告に有利な事実認定をすることもできるわけです。

弁論の全趣旨とは、このように口頭弁論に現れた一切の状況を意味します。

■ 自由心証主義

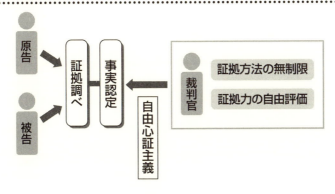

第1部 17

証明責任

証明に失敗することで不利益を被っても仕方がないという考え方

◆ 証明責任の内容

　当事者間で争いのある事実については、証拠によってその事実の存在が証明されなければなりませんが、裁判官が、証拠調べによっても問題となっている事実が本当にあるのか、ないのかということについて判断できないケースも考えられます。

　自由心証主義とはいえ、真偽不明のままとなっている事実をそのまま放置しておくわけにはいかないでしょう。とりわけ、その事実が判決にとって重要な意味をもつ事実であれば、判決を行うためにもその事実の存否を明らかにする必要があります。このような場合に機能するのが、証明責任の考え方です。

　証明責任とは、証拠調べをしても主要事実があるのかないのかわからないときに、当事者の一方に課される不利益のことをいいます。たとえば、AがX土地を占拠しているBに対して、「X土地が自分のものである」ことを理由に明渡しを求める訴えを提起したものの、裁判官としては証拠を判断してもX土地が「Aのものである」という確信も「Aのものではない」という確信ももてませんでした。このような場合、証明責任について、最も妥当な解決方法は次のようなものではないでしょうか。

　「そもそもこのX土地にはBが住んでいたものだ。そこに、Aがやってきて、自分のものだから返せ、と言いだした。だとすれば、Aには、それが自分の物であることを証明する責任があるといえる。それができない以上は、Aが主張するような事実はなかった、つまり、

Ｘ土地はＡのものではない、と認定されてもやむを得ない」

このように、証明活動を行う責任をもっている者が、その証明に失敗することによって不利益を被っても仕方がないというのが証明責任の考え方なのです。

◆ 証明責任の分配と基準

訴訟当事者のどちらに証明責任があるのかについては、どのように判断されるのでしょうか。これが証明責任の分配の問題です。これについては、民法の条文が規定する要件を基準に分配されます。

つまり、条文の要件が、①その権利を根拠付けている場合は、権利を主張する者、②要件自体があることで権利の発生が妨げられるような規定である場合は、その権利を争う者、③その条文があることで権利が消滅するような形で要件が規定されている場合は、権利を争う者、が証明責任を負うとされています。

この証明責任の分配の基準を理解するには、民法についての理解が不可欠となります。ですから、民法の知識があまりない段階では、とりあえず証明責任というもののイメージをつかんでもらえれば十分でしょう。

■ 証明責任

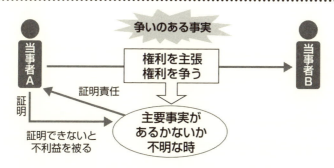

第1部 18

証拠調べの種類と文書提出命令

証拠には人証と物証がある

◆ 5種類の証拠調べ

　証拠調べは、取り調べる対象に応じて5種類用意されています。人的証拠（人証）を取り調べる証人尋問・当事者尋問・鑑定と、物的証拠（物証）を取り調べる検証・書証です。

　人証に対する証拠調べには以下の方法があります。

① **証人尋問**

　証人尋問は、証人に対して口頭で質問し、証明の対象となる事実について、その者が経験した事実を供述させて、その証言を証拠とする証拠調べです。

② **当事者尋問**

　当事者尋問は、当事者を証拠方法として、その経験した事実について尋問し、争われている事実についての証拠資料を得ようとする証拠調べのことです。

③ **鑑　定**

　鑑定は、裁判官の判断を補充するために、学識経験のある第三者にその専門知識や意見を報告させる証拠調べです。

◆ 物証に対する証拠調べ

　検証は、事物の形状・性質につき裁判官が直接にその五官により事実判断を行う証拠調べのことです。裁判官が、公害訴訟で騒音の状況を耳で確かめたり、工場の廃棄物の臭いを鼻で確かめたりするなどがその例です。書証は、文書に記載された意味内容を証拠資料とする証

拠調べです。書証は、あくまでも文書の意味内容を対象としたものでなければならず、文書を記した紙自体の質や形を調べる場合は検証となります。

◆ 文書提出命令

書証では、文書を証拠として提出するわけですが、裁判所に調べてもらいたい文書が自分の手もとになく、相手方や第三者がもっているような場合もけっこうあります。そのような時に、裁判所から、「文書を提出せよ」との命令を出してもらう制度があります。これを文書提出命令といいます。

文書提出命令は、当事者の申立てに基づき、法に定められた文書提出義務を負う者に対して発せられます。

文書提出命令は、当事者の申立てに基づき、法に定められた文書提出義務を負う者に対して発せられます。具体的には下図に該当する場合に、文書を提出する義務を負うことになります。

■ 文書提出義務を負う者

①当事者が訴訟において引用した文書を自ら所持する場合
②証明する者が文書の所持者に対し引渡しや閲覧を求めることができる場合
③文書が証明する者のために作られたか、証明する者と所持者との間の法律関係について作られた場合
④上記①～③以外の場合で、次のいずれにもあたらない場合
　ⓐ文書の所持者や文書の所持者の親族などが刑事訴追や有罪判決を受けたり、名誉を害されたりするおそれがあるとき
　ⓑ提出すると公共の利益を害したり、職務の遂行に著しい障害が生じたりするような公務員の職務上の秘密に関する文書
　ⓒ医師や弁護士などが職務上知り得た事実で黙秘しなければならないものや、技術・職業の秘密に関する事項が記載されている文書
　ⓓ外部に公開されることが予定されていない、もっぱら文書の所持者の利用のための文書（自己利用文書）
　ⓔ刑事訴訟に関する書類や少年保護事件の記録、またはこれらの事件で押収されている文書

第1部　訴訟知識編

第1部 19
訴えの取り下げ、請求の放棄・認諾、和解

判決によらずに当事者の意思で訴訟を終わらせる

◆ 当事者対立構造の消滅

　原告の訴え提起によって開始された民事訴訟手続きは、原則として裁判所の判決により終了します。しかし、訴訟のすべてが判決によって終わるわけではありません。

　たとえば、A会社が、B会社に対して損害賠償請求訴訟を起こしている最中に、両社が合併したような場合には、民事訴訟の前提というべき二当事者の対立する形が消滅するので、訴訟は判決に至ることなく終了します。

　このように、訴訟は判決以外にもさまざまな形で終了します。その中で、最も重要なのが当事者の意思によって訴訟が終了する場合です。当事者の意思によって訴訟が終了する場合としては、①訴えの取り下げ、②請求の放棄・認諾、③和解があります。これらの制度は、当事者のイニシアチブによって訴訟を終わらせることができる点で共通しています。処分権主義の具体的なあらわれといえるでしょう。

① **訴えの取り下げ**

　訴えの取り下げは、「訴えを取り下げます。これ以上の審理と判決はしてもらわなくてけっこうです」という旨の裁判所に対する原告の意思表示です。訴えの取り下げがあった場合は、はじめから訴えがなかったことになるのですから、原告は同じ問題について再度訴えを提起することもできます。

② **請求の放棄・認諾**

　請求の放棄とは、原告が、裁判所に対して「自分の請求には理由が

なかった」という意思を表示する行為です。訴訟を原告自らが放棄して終了させる行為です。請求の認諾は、被告が、裁判所に対して「原告の請求には理由がある」と認める旨の意思を表示する行為です。請求についての原告の言い分をそのまま認めて、訴訟を終わらせる被告の行為のことです。

③ 訴訟上の和解

訴訟上の和解は、原告と被告が、訴訟の途中に、裁判所で「訴訟を終わらせよう」と、一定の解決方法を両者で定めて合意し、裁判所にその意思を表示することをいいます。

◆ なぜ再訴禁止効が認められるのか

いったん取り下げた訴えを、再び訴えることが許されなくなる場合があります。たとえば、Aが提起した訴えにつき、一審で請求を棄却する旨の判決が下された後、Aは控訴したが、控訴審で被告と裁判外で和解が成立したので、訴えを取り下げたとします。このような場合、Aは、同じ問題について再度訴えを提起することができなくなります。すでに一審で、それについて請求棄却の判決が下されているからです。

このように、同一の問題について訴えを再度行うことができなくなる効果を再訴禁止効といいます。

■ 当事者の意思による訴訟の終了

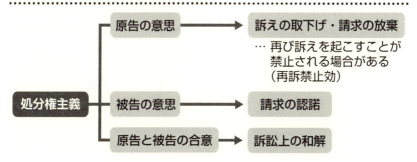

第1部 20
終局判決による訴訟の終了・判決の効力

判決は訴訟におけるさまざまな場面で下される

◆ 判決の意義

　訴訟終了の基本型は、やはり何といっても判決です。判決とは、当事者の申立てのうち重要な事項に対する裁判所の最終的な判断のことです。まさに判決こそが、当事者および裁判所の民事訴訟における最終到達目標であるといえます。一口に判決といっても、それが下される局面や、その内容によってさまざまに分類することができます。

① **終局判決と中間判決**

　ある審級での審理を完結するかどうかによる区別です。終局判決は、事件の全部または一部をその審級につき完結させる判決のことです。中間判決は、法が定める一定の対象について、訴訟の進行過程の途中で判決を行うものです。訴訟が複雑な場合に、それを整理して終局判決につなげるための判決です。

② **全部判決と一部判決**

　終局判決のうち、同一訴訟手続きによって審判される事件の全部を同時に完結させる判決を全部判決といいます。これに対し、1つの訴訟手続きで審理されている事件の一部に対してだけなされる終局判決が一部判決です。

③ **訴訟判決と本案判決**

　終局判決は内容面から、請求の当否を判断する本案判決と、訴訟要件があるかないかを判断する訴訟判決に分類されます。本案判決には、原告の請求を裁判所が認める認容判決と、原告の請求を裁判所が認めない棄却判決との2種類があります。

④ 給付判決、確認判決、形成判決

　訴えには、給付の訴え、確認の訴え、形成の訴えがあります。このような訴えの類型との関連で、判決の内容を、給付判決、確認判決、形成判決の３種類に区別できます。

　給付判決は、「原告が訴えで請求したものを給付せよ」という命令を主な内容としています。確認判決は、原告が確認を求めた権利や法律関係の積極的または消極的な確認を内容とするものです。形成判決は、判決の確定と共に法律関係を直接変動させる効力をもっています。

　終局判決には、自己拘束力と呼ばれる効力が生じます。自己拘束力とは、「ひとたび言い渡された判決は、言い渡した裁判所によって変更したり撤回することができなくなる」という効力です。いったん成立した判決については、軽々しく変更・撤回すべきでないのです。終局判決といっても、確定したもの（確定判決）とそうでないものがあり、その効力には微妙な違いがあります。確定判決には既判力や執行力といった効力があります。また、形成判決には形成力が認められます（下図参照）。

■ 既判力・執行力・形成力

既判力	以後「その事件については判断済み」とされる効力。当事者はその事件を蒸し返すような訴訟はできなくなり、また裁判所も、同じ当事者間で同一の事件が再び別の訴訟で争われた場合には、前の判決と矛盾する判決ができなくなる。
執行力	強制執行ができるようになる効力。国の機関が判決に従って、支払うことを命じられた金銭や、引き渡すことを命じられた物を強制的に被告から取り上げて、原告に渡す手続きが強制執行である。執行力は給付判決が確定したときに生じる。
形成力	形成の訴えにおいて形成判決が出た場合に生ずる。形成判決で宣言された法律状態の変動を引き起こす効力のこと。

第1部 21

控訴・上告

上訴には控訴・上告・抗告の3種類がある

◆ 上訴の内容

　上訴とは、裁判が確定していない間に上級裁判所へ原裁判の取消しまたは変更を求める不服申立てのことです。つまり、「この判決は間違っている」といって、さらに上級の裁判所へ、もう一度審判し直してほしいと訴える申立てが上訴です。

　このような上訴の制度が置かれた目的は、何よりも、誤った裁判を是正するという点にあります。裁判官は法律の専門家であり、その判断は正しいと考えるのが普通でしょう。とはいえ、裁判官も人の子、すべての判断が正しいとは限りません。そこで、当事者が判決に不服を抱いたような場合に、それを救済する手段として、上訴という制度が設けられたのです。

　上訴は、大きく分けて、控訴、上告、抗告の3種類があります。これ以外に、特別な上訴の制度として特別上告があります。

◆ 上訴提起の要件と効果

　上訴を行うためには、法定の方式に従って行うことや、法定の期間が過ぎる前に行うことなどさまざまな要件が求められています。要件の中でもとりわけ重要なのは、上訴人が原裁判に対して不服の利益を有していなければならないという要件です。不服の利益は上訴の利益とも呼ばれています。どのような場合に不服の利益があるとみなされるのかですが、判例は、原審の与えた判決が当事者の申立てよりも、質的・量的に少ないと思われる場合には、不服の利益があるとしてい

ます。

　上訴が認められた場合は、まず判決の確定が遮断されます。つまり、訴訟は終わらず、継続されることが決まります。これを確定遮断の効力といいます。続いて、審判の場が上訴を受けた裁判所へと移ります。上訴を受けた裁判所が高等裁判所であれば高等裁判所へ、最高裁判所であれば最高裁判所へと、争いの場が移るわけです。これを移審の効力といいます。

◆ 控訴審の審理

　控訴は、簡易裁判所または地方裁判所がした第一審の終局判決に対して、直近の上級裁判所に対して行う不服申立てのことです。つまり、簡易裁判所の第一審判決に対する地方裁判所への上訴、地方裁判所の第一審判決に対する高等裁判所への上訴が控訴となるわけです。原則として、第一審の終局判決日から２週間以内に上級裁判所に申し立てなければなりません。控訴審では、第一審で提出された事実や証拠に、新たに控訴審で提出される事実、証拠を加えて、審理が行われます。口頭弁論は第一審と同様の形で展開されます。

　なお、控訴審では、口頭弁論終結までに、被控訴人（控訴された者）が控訴人（控訴した者）の申し立てた審判の対象を広げて、自己に有利な判決を求めることもできます。このような被控訴人の申立てを附帯控訴といいます。

■ 上訴の流れ

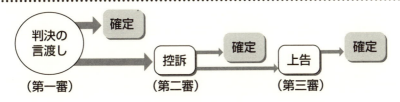

控訴審も第一審と同様に、原則として判決により終了します。

◆ 上告と上告理由

控訴審の判決に対して、法令の解釈適用につき違反のあることを理由に、その破棄を上告裁判所に求める不服申立てが上告です。控訴審が地方裁判所であれば、高等裁判所に、高等裁判所であれば、最高裁判所に上告をすることができます。上訴（控訴）が原審の事実認定に不満がある場合でもできるのに対し、上告は法令違反を理由としてしか行うことができません。

上告を行うためには上告人が不服申立てをすることができる理由が必要となります。これを上告理由といいます。

判決に憲法違反がある場合、または、重大な手続法違反（絶対的上告理由）がある場合には、適法な上告理由があると認められますので、上告することができます。

◆ 上告審の審理と判決

上告裁判所では、まず上告人が提訴した上告状、上告理由書などの書類に基づいた書面審理が行われます。その結果、上告が不適法で、かつ不適法な部分が当事者によって補正されない場合には、決定により、上告は却下されます。

上告が適法であった場合には、上告理由の存否を判断することになります。上告状、上告理由書などから、上告に理由がないと認められた時は、口頭弁論を開かずに判決によって上告が棄却されます。書面審理だけでは、上告理由の存否が明らかでない場合には、口頭弁論を開いて審理・判決することになります。口頭弁論の結果、上告の理由がないことがわかれば、上告棄却の判決が行われます。

上告に理由がある場合には、原判決は取り消されます。これを破棄といいます。破棄の結果、事件は原裁判所に差し戻されるか、もしく

は、それと同等の他の裁判所に移されることになります。これは、原裁判所に事実認定をやり直させるためで、差戻し（移送）といいます。

　差戻しを受けた裁判所は、改めて口頭弁論を開いて審理をやり直さなければなりません。その際には、上告裁判所が破棄を理由とした事実上および法律上の判断に拘束されることになります。なお、上告に理由があり、原判決を取り消した場合に、上告審は差戻しをせず、自ら判決を行うこともできます。これを自判といいます。原判決の確定した事実だけで裁判を行うことができるような場合に、自判することが認められています。

◆ 決定・命令に対する不服申立て

　判決に対する不服申立てとして控訴・上告があるように、決定・命令に対しての不服申立てが抗告です。抗告には大きく分けて、通常抗告と即時抗告の2種類があります。

　通常抗告は抗告のうち、抗告を提起すべき期間が限定されていないもののことです。これに対して即時抗告は、裁判が告知された日から1週間以内に抗告を提起することが求められています。どのような場合が即時抗告になるかについては、法が個別に規定しています。

■ 上告の基本的な流れ

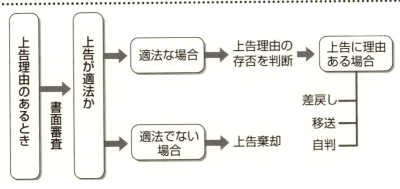

第1部 22

少額訴訟

利用回数や不服申立てが制限されている

◆ 原則1回の期日で判決まで行く

　民事訴訟手続きは、一般に時間と費用のかかる手続きだといえます。そのため、友人・知人への貸し借りなど少額の債権を、裁判所を利用して回収することは事実上、躊躇せざるを得ない状態でした。そこで、導入されたのが、少額訴訟制度です。少額訴訟で扱われるのは、60万円以下の金銭の支払請求に限られています。たとえば、動産の引渡しを請求する訴えなどの場合には、この手続きは利用できません。

　また、通常の民事訴訟では、審理手続きは複数回の口頭弁論の積み重ねの下に行われ、判決が下されるまでに多くの日数がかかります。これに対して少額訴訟では、原則として1回の期日で双方の言い分を聞き、証拠を調べ、直ちに判決が言い渡されます。この点は、迅速な解決を望む場合には歓迎すべきことですが、一方で、事前準備を十分に行わなければ敗訴するおそれが高いともいえます。

　もっとも、特別な事情がある場合には、1回の審理で終わらず期日が続行となる場合があります。たとえば、重要な証人が病気などで出頭できなくなった場合や、和解の試みなどにより審理の時間が足りなくなったような場合です。

　通常の民事訴訟では、提出が認められている証拠についてとくに制限はありませんが、少額訴訟では、証拠調べはすぐに取り調べることができるものに限られています。これは、少額訴訟が、前述のように原則として1回の期日で審理を終わらせることを前提としているからです。証拠としては、出頭している当事者本人、当事者が連れてきた

証人、当事者が持参した書証や検証物などを挙げることができます。

最後に、不服申立てについても少額訴訟は大きく異なっています。通常の民事訴訟では、判決に不服がある者は、上級裁判所に上訴(控訴・上告)することができます。しかし、少額訴訟は一審限りで、判決に対して控訴することは認められていません。その代わり、不服がある場合には、判決をした簡易裁判所に異議を申し立てることができるしくみになっています。この異議が認められると、手続きは通常の民事訴訟手続きの第一審手続きに移行することになります。

なお、少額訴訟の判決について異議が申し立てられた場合、その後の審理（第一審手続き）は、判決を出した簡易裁判所で行われることになっています。

◆ 利用回数の制限について

少額訴訟は、利用回数が制限されています。同一の原告が同一の簡易裁判所に対して行える少額訴訟の申立回数は、年間10回までに限定されています。年間というのは、その年の1月1日から12月31日までのことです。

被告が裁判に欠席して、いわゆる欠席判決が得られることが強く予想されるようなケースであれば、通常の民事訴訟を利用しても、さほど不便はないでしょう。こうして、少額訴訟の利用回数を減らさず、それを利用するチャンスを温存しておくのも1つの方法です。

■ 少額訴訟の対象

対象となるおもな金銭債権		
●売掛金	●少額の貸付金 ●ホテルなどの宿泊代金	●飲食料金
●サービスメンテナンス料金	●軽い物損事故などの賠償金	●賃金
●慰謝料	●敷金・保証金 ●請負代金	

なお、この回数制限を実効的なものとするため、少額訴訟を提起するときに、その簡易裁判所でその年に少額訴訟を何回提起したかを申告することになります。虚偽の申告をした場合には、10万円以下の過料に処せられます。

◆ 通常訴訟へ移行することもある

被告には通常訴訟に移行するように求める申述権もあります。これにより、被告が少額訴訟に同意しない場合は、通常訴訟に移行することになります。さらに、少額訴訟で原告の請求が認められた場合には、判決中で被告に支払猶予が与えられることもあります。これは、裁判所が、被告の資力やその他の事情を考慮して、3年以内の期限に限って金銭の支払を猶予したり、その期間内に分割で支払うことを定めるというものです。

◆ 訴える相手の住所が明らかでなければならない

通常の訴訟では、被告の住所が不明のとき、「公示送達」という制度（裁判所の掲示板に訴状の副本を一定期間掲示すれば、被告に直接訴状を送達しなくてもよいという制度）により、被告への訴状の送達があったとみなすことができます。

これに対して、少額訴訟においては公示送達の制度を利用することはできません。簡易で迅速な紛争の解決をめざした少額訴訟では、時間と手間のかかる公示送達の制度は採用されていないのです。つまり、住所がわからなければ、少額訴訟を利用することはできません。

そのため、少額訴訟を提起する場合には、被告に直接訴状を送達することができるように相手方の住所を調べておく必要があります。

◆ 反訴が禁止されている

通常の訴訟では、「反訴」という制度が認められています。これは、

原告が訴えを起こした場合に、被告が、その訴訟手続きを利用して原告の請求に関連する請求について訴えを起こすというものです。

しかし、少額訴訟では、この反訴の制度は認められていません。簡易・迅速な紛争解決をめざす少額訴訟において、反訴を認めていたのでは、即日の解決を図ることができなくなってしまうからです。

◆ 電話会議システムなどが認められている

訴訟では、事実関係を明らかにするために証拠調べが行われます。証拠には、借用書などの物的証拠の他、目撃者などの証人による証言がありますが、証人の証言は、原則として証人が裁判所に出廷して行います。

ただ、遠隔地にいるなどの理由で出廷できない証人は、「テレビ会議システム」を利用して、このシステムが設置されている場所から映像と音声を送受信して証言をすることもできます。また、「電話会議システム」を利用することもできます。ただ、実務上はあまり利用されていないようです。

■ 少額訴訟のポイント

1. **60万円以下の金銭債権であること**
   申立時に訴額60万円で6000円の収入印紙が必要

2. **利用回数が制限されている**
   同じ簡易裁判所への申立ては年に10回までに制限される

3. **審理は原則として1回**
   証拠調べ、審理は第1回口頭弁論期日で終了

4. **不服申立ても制限される**
   控訴・上告は用意されていない。異議申立てだけ

第1部 23

少額訴訟の審理

通常訴訟への移行を希望することもできる

◆ 訴状が受理された後は口頭弁論

　訴状を提出すると、口頭弁論期日が決められることになります。口頭弁論期日の決め方にはいろいろな方法がありますが、本書では、裁判所書記官が訴状を受理した後、裁判所で口頭弁論期日を決め、原告に口頭弁論期日呼出状が送られてくる方式を前提に話を進めます。なお、口頭弁論期日が決まると、被告には訴状と共に口頭弁論期日呼出状が送られます。少額訴訟では口頭弁論期日までに、当事者はすべての攻撃防御方法を提出しなければなりません。ですから、迅速に事実を整理し、証拠を収集する必要があります。この準備段階で、個々の事実について、裁判所書記官から説明を求められたり、立証が促されることもあります。さらに、期日直前には、裁判所書記官が当事者に面会して、書証などの確認が行われることもあります。

◆ 通常訴訟とは法廷のしくみが異なる

　少額訴訟は通常訴訟の煩雑な手続きを簡略化し、誰でも簡単に利用できるようにという考慮の元に作られた制度です。このため、審理も心理的圧迫感の少ないラウンドテーブルの法廷で開かれるようになっています。通常の訴訟では裁判官が一段高いところに座り、原告と被告がその左右に向かい合って座る厳粛な法廷で審理が開かれますが、少額訴訟の場合は裁判官も当事者も高低なく座って審理が進められていきます。少額訴訟を起こす人は一般人が多いため、ラウンドテーブル型の法廷で審理を行うことによって心理的に不必要なプレッシャー

を受けずに陳述などを行うことができます。

◆ 被告の選択で通常訴訟へ移行することもある

　こうして準備が整えられ、口頭弁論期日が開かれると、裁判官は、次のような事項を当事者に対して説明します。

① 　証拠調べは、すぐに取り調べることができる証拠に限り可能であること
② 　被告は、訴訟を通常の手続きに移行させることができるが、被告が最初にすべき口頭弁論期日において弁論をし、またその期日が終了した後は、この限りではないこと
③ 　少額訴訟の終局判決に対しては、判決書または判決書に代わる調書の送達を受けた日から2週間以内に、その判決をした簡易裁判所に異議を申し立てることができること

　②についてですが、少額訴訟手続きは、原告が一方的に選択するものなので、被告の防御の利益が害されるおそれもあります。そこで、民事訴訟法は、被告の利益を保護するため、被告には最初の口頭弁論

■ 少額訴訟が行われる法廷

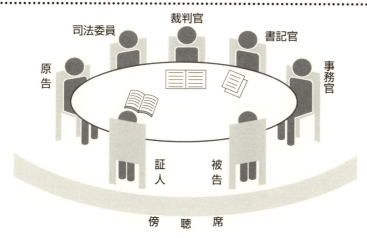

期日に通常の訴訟手続きに移行するように求める権利が与えられています。ただし、被告が最初の口頭弁論期日に弁論をするか、または、しない場合でもその期日が終了してしまった場合には、通常の訴訟手続きに移行させる旨の申出はできなくなります。

これらの説明がなされた後は通常の訴訟と同様の手続きがとられ、当事者双方の主張を裁判官が聞き、争いがある事実について、証拠調べが行われることになります。

◆ 少額訴訟の証人尋問の手続き

少額訴訟でも証人尋問を行うことは可能ですが、この場合、裁判所に前もって申出をしておく必要があります。通常の訴訟では、尋問する順番について「交互尋問制」というシステムがとられています。しかし、少額訴訟の場合にはこの順序を裁判官の判断で変更することができます。

他に通常訴訟と少額訴訟で異なる点としては、「尋問事項書」の提出の省略が挙げられます。これらはすべて審理を迅速に終了させるための配慮です。ですから専門家の厳密な鑑定が必要な物的証拠がある場合や直接現場に行って検証を行わなければならないようなケース、証人が多数存在していて審理が長引くことが最初からわかっているような事件では少額訴訟ではなく通常の訴訟を提起するのが妥当といえます。

少額訴訟では実際の契約の場に同席した人などの証言が重要な証拠となってきますが、期日が1日だけのことが多いので、訴訟に勝つためには当日の証人の確保が非常に大切です。証人が仕事や病気、遠隔地に住んでいるなどの理由で出廷できないなど、やむを得ない事情で期日に証人が出廷できない場合には、電話会議システムやテレビ会議システムを利用します。

証人尋問というものは本来、証人の言葉ばかりではなくその態度な

どから信憑性を判断するものですが、どうしても証人の出廷が期日当日に不可能な場合には審議を延期せずにこの電話会議システムを利用することになるでしょう。これは少額訴訟の迅速性を保持するための特別な配慮といってよいでしょう。

◆ 判決

口頭弁論が終わると、直ちに判決が言い渡されます。少額訴訟において、原告の請求を認める内容の判決が出される場合には、裁判所の職権で仮執行宣言をつけることが義務付けられています（民事訴訟法376条）。また、原告の請求を認める判決がなされた場合は、被告の資力などを考慮して、3年以内の分割払いや訴え提起後の遅延損害金の支払義務を免除する分割払いが命じられることもあります。

言い渡された判決は、裁判所書記官によって、口頭弁論期日調書に記載されます。判決に対して不服がある場合、当事者は、異議の申立てを行うことができます。

なお、通常、判決の言渡しは判決書の原本に基づいて行われるのですが、少額訴訟では判決書を作成せずに判決が言い渡されることがあります（この制度を調書判決といいます）。

■ 柔軟な認容判決

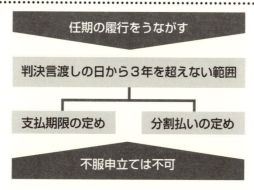

第1部 24

手形訴訟・小切手訴訟

証拠調べの対象は原則として手形などに限られる

◆ どんな手続きなのか

　通常の民事訴訟では、原告が訴えてから判決がでるまでに早くても数か月、遅ければ数年かかります。しかし、それでは手形や小切手のように決済の迅速性が強く要求される場合には不適当です。そこで、簡易かつ迅速に権利の実現ができる特別の手続きが用意されています。これが手形訴訟・小切手訴訟です。

　まず、証拠調べの対象が、手形や小切手、契約書・領収書など書面による証拠に限られます。本人尋問は許されますが、証人尋問などは許されません。被告が同時に原告を訴える反訴も認められません。このように証拠調べの範囲が限定されていたり、反訴が許されないという制限があるため、手続きは短期間で終了します。さらに、手形訴訟・小切手訴訟では原告勝訴の判決がでると原則として無担保の仮執行宣言がつきます。そもそも、判決が出されても、それが確定するまで強制執行はできないのが原則です。しかし、仮執行宣言がつくと、判決が確定する前でも直ちに強制執行することができます。

　被告が判決に付された仮執行宣言による強制執行の停止を求めるためには、その理由を疎明しなければならなくなり、さらに、請求金額とほぼ同額の保証金を裁判所に出さなければなりません。したがって、被告が強制執行の停止を求めることは、実際には非常に困難です。

　このように、手形訴訟・小切手訴訟において原告勝訴の判決が下されると、たとえ被告が異議を申し立ててその確定を阻止したとしても、原告はすぐに強制執行を行うことができるのです。

◆ 手続きの流れは通常訴訟と同じ

　手形訴訟・小切手訴訟では、まず訴状を裁判所に提出することから開始します。管轄裁判所については、通常の訴訟と同様に考えてかまいません。

　訴状には、手形訴訟・小切手訴訟による審理・裁判を求める旨の申述を記載し、手形・小切手の写しを提出しなければなりません。訴状を受理すると、裁判所は口頭弁論期日を定め、当事者を呼び出すことになります。口頭弁論で行われることは、通常の訴訟と同様ですが、前述のように、証拠調べの対象は原則として手形などの文書に限られています。弁論は終結すると判決が下されます。

　判決に対しては、2週間以内に異議申立てを行うことができ、異議申立てがあれば、改めて通常訴訟の手続きがとられます。これに対応して、原告側も手形訴訟・小切手訴訟の途中で、通常訴訟への移行を申し立てることが許されています。なお、異議申立後、通常訴訟の手続きがとられた場合は、その判決に対してさらに控訴を行うことも可能になります。

■ 手形・小切手訴訟の手続きの流れ

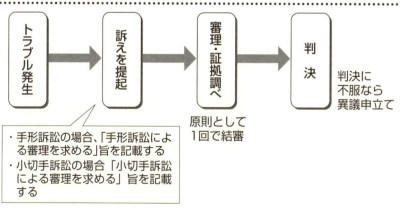

第1部 25

支払督促

金額に関係なく利用することができる

◆ 簡易裁判所の裁判所書記官に申し立てる

　支払督促は、簡易裁判所の裁判所書記官を通じて相手方に対して債務を支払うように督促する手続きです。

　相手方との間で債権の存在の有無について食い違いがない場合に効果があります。ただし、相手方が督促内容に異議申立てを行うと支払督促の内容そのものについての争いとなるため、訴訟手続きへと移行します。したがって、相手と意見が食い違った場合に、最終的に訴訟となってもかまわないと思えるような場合に支払督促を利用するのが一般的です。

　支払督促の申立てを行う場合、金額の制限はありません。また、通常訴訟でもありませんから、140万円を区切りとした簡易裁判所と地方裁判所の管轄の違いもなく、必ず簡易裁判所の裁判所書記官に申し立てることになります。

　支払督促の申立てを受けた裁判所の裁判所書記官は、内容についての審査を行いません。

　申立内容が正しいものとして、手続きを進めるわけです。裁判所書記官は、申立てについて、形式的な要件を充足しているかどうかを審査します。たとえば、同じ内容の申立てを二重に行う二重申立ては無意味なことであるため、形式的に判断された上で却下されます。審査は、申立時に提出された書面を形式的に確認する方法で行われます。要件を充足していない場合には、申立ては却下されます。

　支払督促の対象となる債権は、金銭や有価証券などの一定数量の給

付請求権です。債権が支払督促の対象となるには、その支払期限が到来していることが条件になります。まだ支払期限が来ていないのに支払督促をすることはできないのが原則ですが、約束手形の支払督促で、約束手形の振出人が破産した場合、債務者が持っている期限の利益を喪失した場合など、一定の場合には支払期限の到来前の支払督促が認められることがあります。

◆ 支払督促の申立てを行う簡易裁判所はどこか

　支払督促の申立ては、相手が個人の場合には、相手の住所地を管轄する簡易裁判所の裁判所書記官に対して行います。相手が法人の場合には、事務所や営業所の所在地を管轄する簡易裁判所の裁判所書記官に対して行います。

　管轄があっているかどうかの判断は、申立書に記載される債務者の住所地や法人の事務所・営業所の所在地から判断されます。記載された住所地や所在地が申立てを受けた裁判所の管轄ではなかった場合、申立ては却下されます。また、実際の相手方の住所地や所在地が、申

■ 支払督促申立手続きの流れ

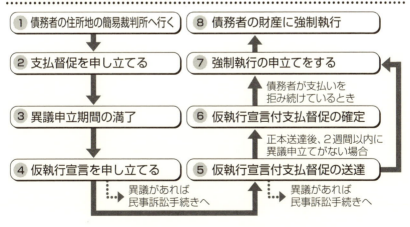

立書の記載内容とは異なって、申立てを受けた裁判所の管轄ではなかった場合も却下されます。

支払督促をする原因自体が適法なものではなかった場合、申立ては却下されます。

◆ 申立書の提出や費用

申立書類に不備があると補正処分を受けたり申立てが却下されるので、提出する申立書や添付書類には正確な内容を記載しなければなりません。なお、債権者が支払督促を申し立てると、裁判所書記官がその内容を審査し、形式上問題がないと判断すると債務者に支払督促（正本）が送達されます。送達方法は特別送達という発送方式がとられています。

また、支払督促を申し立てるには、申立手続費用を納めなければなりませんが、かかった費用は、最終的には相手方である債務者に負担させることができます。費用の内訳ですが、①申立手数料、②支払督促正本送達費用、③支払督促発付通知費用、④申立書作成および提出費用、⑤資格証明書手数料、に分けられます。なお、弁護士や司法書士に委任した場合にかかる費用については、申立手続費用に含めることはできません。

◆ 仮執行宣言がつけられると効力が異なる

債権者の「金50万円を支払え」という内容の支払督促の申立てに対して、債務者が素直に50万円を支払えば事件は終了します。しかし、債務者が支払おうとせず放置していた場合に、債権者が強制執行をかけるには、支払督促とは別に仮執行宣言の申立てをしなければなりません。

民事訴訟法では、債務者に不服があれば、支払督促を受け取った日から2週間以内に異議を申し立てることができるとしています。債務者が異議を申し立てると、通常の民事訴訟に手続きが移行します。そ

の訴訟で、債権者が勝訴判決を得れば、執行文の付与を受けて債務者に強制執行することができます。強制執行は、執行力に基づいて行われますが、執行力は、通常の訴訟の場合だけでなく、支払督促の場合でも発生します。これを仮執行宣言といいます。この手続きによって、債権者は支払督促を申し立てた後、2か月程度で強制執行手続きによって金銭の回収を図ることが可能になります。

なお、30日以内に仮執行宣言付与の申立てをしないと支払督促は失効してしまうので注意してください。

仮執行宣言の申立ては、支払督促の申立てをした裁判所に書面を提出する必要があります。書式についても、支払督促申立書と似ており、それほど難しくはありません。内容としては、仮執行宣言を求める旨や手数料などを記載します。申立てが認められると、仮執行宣言付支払督促の正本が債権者と債務者の双方に送達されます。

■ 申立書と添付書類

申立書	①	**申立書** 「表題部」「当事者目録」「請求の趣旨及び原因」によって構成されている。記載事項は、申立年月日、債権者の氏名・住所、債務者の氏名・住所、請求の趣旨、請求の原因など。
	②	**目録などの数** 「当事者目録」「請求の趣旨及び原因」。申立人の分を含めて原則として、それぞれ3通提出する。
添付書類	①	**申立手数料（印紙）** 収入印紙を申立書に添付して納める。
	②	**支払督促正本送達費用** 裁判所から債務者に支払督促正本を送達（郵送）する際にかかる費用。特別送達といって、通常の郵送方法より高額。債務者1人につき、1000円程度。
	③	**支払督促発付通知費用** 裁判所から債務者に支払督促正本の送達と同時もしくはその後に債権者に対して発付される通知にかかる費用。通知は普通郵便。
	④	**申立書作成および提出費用** 債務者に負担してもらう費用。1000円前後。
	⑤	**資格証明書手数料** 法人の登記事項証明書や法定代理人が申し立てる場合の戸籍謄抄本などのこと（通常1000円程度）。

第1部 26

労働審判

3回以内の審理でトラブルを解決することができる

◆ 訴訟よりもスピーディに解決できる

　労使紛争の解決手段は大きく分けて2つです。1つは、行政サービスによる個別労働関係あっせん、もう1つが、労働審判などの裁判所による労使紛争の解決手段です。労働審判は、労働契約などに関する労使の紛争につき、裁判官（労働審判官）1名と専門的知識をもつ労働審判員2名で組織する労働審判委員会が調停を試み、解決しない場合に、審判によって実情に即した解決を図る制度です。制度について定めているのは労働審判法です。労働審判制度は、労働紛争の実情を踏まえ、迅速・適正に解決を図ろうとするものです。労働紛争がこじれた場合、これまで訴訟が利用されてきました。

　労働審判の申立てができるトラブルは、労働者個人と使用者間で生じた労働に関する紛争が対象になります（個別労働関係紛争）。ただ、この要件にあてはまっても、労働審判に適しないケースがあります。労働審判は原則として、3回以内の審理で終了します。そのため、3回以内の審理でトラブルが解決しそうにないケースの場合には労働審判ではなく別の手続きを利用した方がよいでしょう。具体的には、賃金差別によるトラブル、過労死による損害賠償請求、整理解雇によるトラブルなどが該当します。これらのケースは審理が長期化する傾向があるため、最初から訴訟を検討した方がよいかもしれません。

◆ 労働審判の手続き

　審判の申立ては、地方裁判所に対して、当事者が書面によって行い

ます。申立手数料は通常の民事訴訟の半額です。たとえば、80万円の未払い賃金の支払いを求める場合には4000円の手数料が必要です。

当事者の意見陳述の聴取や争点・証拠の整理はすばやく行われ、原則として3回以内の期日で審理が終了します。審判手続きは、非公開で行われ、労働審判委員会が相当と認めた者だけが傍聴することができます。原則として話し合いである調停による解決をめざします。ただ、調停に至らないときは、一定の法的拘束力をもつ審判がなされます。もっとも、審判に不服のある者は、2週間以内に異議申立てをすることができ、その場合は、訴訟手続きに移行することになります。

また、労働審判委員会は、事案の性質上、審判を行うことが紛争の迅速・適正な解決につながらないと考えるときは、審判手続きを終了させることができ、訴訟手続きに移行することになります。

■ 労働審判手続きにおける調停と審判

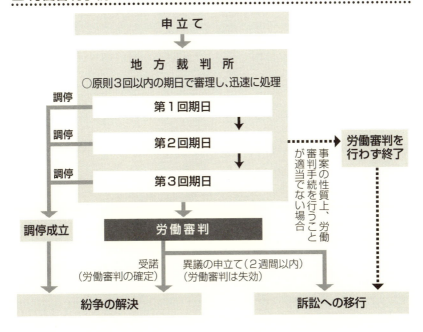

第1部 27

民事調停

裁判所に間に入ってもらい話し合いで解決する

◆ どんな手続きなのか

　調停は、第三者である調停機関が紛争の当事者双方の合意が得られるように説得しながら、和解が成立するために努力する手続きです。

　調停は、弁護士会などの裁判外紛争処理機関（ADR）でも行われていますが、中でも裁判所で行われる民事調停は、売買や賃貸借など、身近な財産上の紛争を解決するために利用されています。

　裁判所における調停には、一般民事事件を扱う民事調停と、家事事件を扱う家事調停があります。民事調停は、民事調停法という法律に基づいて簡易裁判所で行われます。一方、家事調停は、家事事件手続法という法律に基づいて家庭裁判所で行われます。いずれの調停も、手続きの進め方に厳格な定めはなく、紛争の実情に即して、当事者双方に納得のいく解決が図れるようになっています。

　調停委員会は、原則として裁判官と民間人から構成され、委員には司法関係者の他に、大学教授や医者・建築家・公認会計士・不動産鑑定士といった各分野の専門家も選ばれます。

　調停が成立すると調停調書が作成されます。調停調書には確定判決と同一の効力が与えられていますので、もし相手方が約束を履行しない場合は、強制執行に踏み切ることもできます。

　調停は訴訟に比べ、費用も時間も大幅に節約できます。調停は、最終的に白黒をはっきりさせる訴訟とは異なり、双方が互いに譲歩し、納得し合いながらソフトな解決策を探るのに適した方法です。したがって、当事者の対立が激しく、ほとんど歩み寄りの余地がない場合

には適しません。

　また、調停を申し立てても相手方が調停期日に出席しなかったり、出席したとしても合意が得られなければ、調停は不調に終わります。ただし、調停が合意にいたらない場合でも、当事者間にまだ歩み寄る余地があると見れば裁判所は調停に代わる決定を出すこともあります。

　なお、調停が合意にいたらないで終わっても、2週間以内に訴えを起こせば、最初から民事訴訟を起こしたのと同じことになります。

◆ 調停にはどんな種類があるのか

　民事調停には金銭トラブルなど一般的な民事事件を取り扱う一般民事調停の他に、特定の事件を取り扱う以下の民事調停があります。
- 宅地や建物の貸借その他の利用関係の紛争に関する調停（宅地建物調停）
- 農地や農業経営に付随する土地、建物などの貸借・利用関係の紛争に関する調停（農事調停）
- 商事の紛争に関する調停（商事調停）
- 鉱害の賠償の紛争に関する調停（鉱害調停）
- 自動車の運行によって死亡した、ケガをした場合の損害賠償の紛争に関する調停（交通調停）
- 公害、日照、通風など、生活上の利益の侵害によって生じる被害の紛争に関する調停（公害調停）

■ 民事調停の手続きの流れ

家事事件

家事事件手続法が家事調停や家事審判について規定している

◆ 家庭裁判所が担当する

　夫婦関係や親子関係といった家庭内のトラブルは、いったん争いとなると、夫婦間や相続人間の感情もからみ一般の関係よりもかえって厄介なことになってしまうことがあります。

　そこで、そういった紛争については、人間関係の特殊性を理解した上で、一般の民事事件とは異なった処理をすることが必要になってきます。こうした要求に応じてできたのが家庭裁判所であり、家事調停と家事審判です。家事事件を扱う法律に家事事件手続法があります。家事事件手続法は家庭の平和と健全な親族共同生活の維持を図ることを目的として、調停前置主義をとっています。これは、家庭内のトラブル（家事事件）についてはいきなり訴訟ということは認められず、原則として、必ず家庭裁判所の調停を経なければならないというものです。

◆ 家庭裁判所が家事事件を処理する

　家庭裁判所は、家族問題や離婚問題、相続問題などに関する家事事件と、未成年の犯罪に関する少年事件とを扱う裁判所です。

　家庭裁判所では、非公開の手続きによって家庭内の紛争やその他法律で定める家庭に関する家事事件を処理しています。家事事件といわれるものは、大きく3種類に分かれています。

　まず、家事事件手続法の別表第1に列挙されている事件（別表第1事件）です。これは、本来紛争性がなく、家庭裁判所が当事者の意思に拘束されずに、公の立場から判断すべきだとされている事項です。

これには、下表のような事項があります。

第2のグループが、家事事件手続法の別表第2に列挙されている事件（別表第2事件）です。これは、紛争性があり、最終的には家庭裁判所の判断によって解決される事項なのですが、当事者の協議や合意に基づく解決が望ましいとされる事項です。

第3のグループは人事訴訟法という法律に定められている事件で、婚姻関係や親子関係などの基本的な身分関係の存否に関する紛争です。これらを人事訴訟事件といいます。

これらの家事事件のうち、第2、第3のグループについては、まず家庭裁判所に調停を申し立て、その後でなければ訴訟を起こすことはできません。

■ 別表第1、第2事件の概要

別表第1（24項目134種類）
①成年後見（後見開始など）、②保佐（保佐開始など）、③補助（補助開始など）、④不在者の財産管理（不在者財産管理人選任）、⑤失踪の宣告（失踪宣告など）、⑥婚姻等（夫婦財産契約による財産の管理者の変更）、⑦親子（子の氏の変更など）、⑧親権（親権喪失など）、⑨未成年後見（未成年後見人選任など）、⑩扶養（扶養義務の設定など）、⑪推定相続人の廃除（推定相続人廃除など）、⑫相続の承認及び放棄（限定承認の申述の受理など）、⑬財産分離（財産分離の審判など）、⑭相続人の不存在（特別縁故者に対する相続財産の分与など）、⑮遺言（遺言の検認など）、⑯遺留分（遺留分の放棄など）、⑰任意後見契約法（任意後見監督人の選任など）、⑱戸籍法（戸籍の訂正など）、⑲性同一性障害者の性別の取扱いの特例に関する法律（性別の取扱いの変更）、⑳児童福祉法（措置の承認など）、㉑生活保護法等（施設への入所などの許可）、㉒精神保健及び精神障害者福祉に関する法律（保護者の選任）、㉓破産法（管理権の喪失など）、㉔中小企業における経営の承継の円滑化に関する法律（遺留分の算定に係る合意についての許可）

別表第2（8項目16種類）
①婚姻等（夫婦間の協力扶助に関する処分など）、②親子（祭具等の所有権の承継者の指定）、③親権（離縁後に親権者となるべき者の指定）、④扶養（扶養の順位の決定など）、⑤相続（祭具等の所有権の承継者の指定）、⑥遺産の分割（遺産分割の禁止など）、⑦厚生年金保険法（按分割合に関する処分）、⑧生活保護等（扶養義務者の負担すべき費用額の確定）

◆ 手続きは非公開で行われる

　家事事件手続きでは、家庭内の出来事や個人のプライバシーについて踏み込んだ審理を行う必要があります。そのため、家事事件手続きは原則として非公開で行われます。家事事件手続きの記録の閲覧についても、個人のプライバシーが侵害されないように制限がなされています。

　家事事件の場合、当事者が感情的に対立するケースが多いのも特徴です。そのため、裁判所が事件解決のために積極的に動く必要があります。このような観点から、裁判所は、当事者の主張に拘束されず、当事者の提出する証拠に限定されずに、事実関係の調査を行うことができます。通常の民事訴訟では、裁判所は当事者の主張が妥当かどうかのみを判断し、当事者の提出する証拠のみをもとにして事実認定を行います。通常の民事訴訟とは異なり、家事事件では裁判所が積極的に事件の調査を行うことができます。

　また、家事事件は、他の事件と比べて迅速に解決する必要性が高いといえます。そのため、簡易な審判手続きの記録作成や、電話会議システムを活用することもできます。

◆ 家事事件手続きの流れ

　事件の種類によって手続きの進み方も異なります。

　まず、別表第1の事件は、最終的には審判により終了する事件です。別表第1の事件については、調停を行うことはできません。

　これに対して、別表第2の事件は、家事審判と家事調停のどちらからでも手続きを始めることができます。家事審判から手続きが始まった場合、審判の途中でも審判手続きを停止して調停に移行することができます。逆に、家事調停から手続きが始まり、調停が不成立に終わった場合には審判手続きに移行します。

　もっとも、離婚・離縁事件や民事訴訟を提起することができる家庭

に関する事件については、訴えを提起する前に調停を行う必要がありますが、これらの事件について、調停が不成立に終わった場合、正式な審判手続きに移行しなくても、裁判所は調停に代わる審判を行うことができます。裁判所が調停に代わる審判を行わなかったり、当事者が調停に代わる審判に対して異議を申し立てた場合には、正式な審判手続きに移行します。そして、審判に対しても異議がある場合には、当事者は訴訟を提起することができます。なお、調停に代わる審判での裁判所の判断に当事者が異議を述べなければ、調停に代わる審判が確定することで事件は終了します。

　これに対して、人事訴訟法が規定する訴訟を行うことができる事件のうち、親子関係不存在確認、協議離婚無効確認、嫡出子の否認、認知など、個人が自由に決定することができない事項を扱う事件（特殊調停事件）については、訴えを提起する前に調停を行う必要がある点は同様です。しかし、調停手続きの中で当事者が事実関係について争わないことで同意している場合には、合意に相当する審判が行われ、その審判に対して当事者が異議を述べなければ事件は終了します。当事者が合意に代わる審判に対して異議を述べた場合には、合意に相当する審判は効力を失い、当事者は訴えを提起することになります。

■ **家事調停・裁判手続きの流れ**

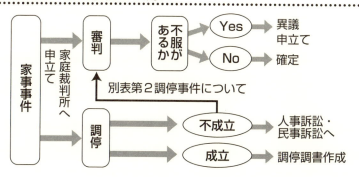

第1部 29

家事調停と家事審判の対象事件

別表第1事件は調停の対象にならない

◆ 家事調停ではどんな事件を対象にするのか

　家事調停の対象となる事件は、人事に関する訴訟事件と、その他家庭に関するすべての事件です。たとえば、婚姻関係の事件、親子関係の事件、養子縁組の事件などの身分関係形成の事件が家事事件の対象となる事件になります。

　家事調停を行う裁判所の地域（土地管轄といいます）は、原則として相手方の住所地を基準にして決められます。また、当事者間の合意によって管轄裁判所を定めることもできます。

　家事調停には、①家事事件手続法別表第2が示す事件に関する調停、②特殊調停、③一般調停の3種類があります。

　別表第2が示す事件については、当事者は調停を申し立てることも審判を申し立てることもできます。当事者が審判を申し立てた場合でも、裁判官が当事者間で話し合いをした方がよいと考えた場合には、審判手続きを停止して調停を行います。

　特殊調停には、嫡出否認や認知事件などがあります。特殊調停については、当事者間で合意が成立すれば合意に相当する審判が行われます。

　一般調停とは、別表第2に示す事件や特殊調停を除く事件のことをいいます。離婚や夫婦関係の円満調整が一般調停に該当します。

◆ 調停前置主義とは

　家事事件について訴訟を提起しようとする場合には、まず調停を申し立てる必要があります。このことを調停前置主義といいます。家庭

問題に関わる事件をいきなり公開の法廷で審理することは、家庭の平和を維持するという観点から望ましくありません。そのため、まず調停によって紛争解決の道を探ることになっています。家事調停の申立てをせずにいきなり訴訟が提起された場合には、裁判所は職権で調停を開始します。

◆ 家事審判ではどのような事件を取り扱うのか

　審判事件は、家事事件手続法の別表第1に掲げる事項に関する事件（別表第1事件）と家事事件手続法に別表第2に掲げる事項に関する事件（別表第2事件）に分かれています。

　家事審判で扱う事件にはさまざまなものがあります。

　たとえば、後見・保佐・補助に関する事項について審判が行われます。具体的には、後見人・保佐人・補助人の選任や解任について家庭裁判所が審判をします。遺産分割や婚姻費用の分担といった事項についても審判が行われます。金銭の支払いをめぐる事件についても家庭裁判所は審判を行います。

■ 裁判所の調停室の様子

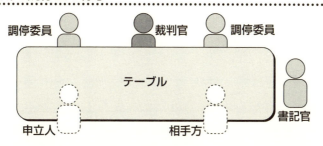

※申立人と相手方は原則として同席しない。つまり、原則として、裁判官などが申立人と話し合いをしているときには相手方は席を外し、相手方と話し合いをしているときには、申立人は席を外すことになる。

第1部 30

人事訴訟

家事調停・家事審判でまとまらないときに、訴訟を起こす

◆ 人事訴訟にはどんなものがあるのか

　離婚や認知など、夫婦関係や親子関係等の争いについて、調停・審判などで話し合いを尽くしたにもかかわらず、解決がつかない場合に起こす訴訟を、人事訴訟といいます。人事訴訟の大きな特徴のひとつとしては、調停前置主義（訴訟を起こす前にまず、調停の手続きを経なければならないという原則のこと）がとられていることが挙げられます。これは、夫婦関係や親子関係についての争いは、基本的には話し合いによって解決することが望ましいとされているためです。人事訴訟の対象となる訴訟は以下の通りです（人事訴訟法2条）。

① **婚姻関係**

　婚姻の無効・取消しの訴え、離婚の訴え、協議上の離婚の無効・取消しの訴え、婚姻関係の存否の確認の訴え

② **親子関係**

　嫡出否認の訴え、認知の訴え、認知の無効・取消しの訴え、父を定めることを目的とする訴え、実親子関係の存否の確認の訴え

③ **養子関係**

　養子縁組の無効・取消しの訴え、離縁の訴え、協議上の離縁の無効・取消しの訴え、養親子関係の存否の確認の訴え

　①～③の中で、代表的なものが離婚訴訟です。たとえば、離婚訴訟では、未成年の子どもがいる場合に、離婚後の親権者を指定することや、財産分与・子どもの養育費などを離婚と同時にもらうことを申し立てることができます。

◆ 人事訴訟の手続きはどのように進められるのか

　人事訴訟は、原則として当事者（離婚訴訟であれば夫または妻）の住所地を管轄（受け持つ）する家庭裁判所が管轄になります。ただし、その家庭裁判所と家事調停を行った家庭裁判所とが違う場合には、家事調停を行った家庭裁判所で人事訴訟を取り扱うこともあります。訴訟の手続きは、人事訴訟も民事訴訟の一類型ですので、基本的には民事訴訟の審理手続きと同じように進められます。

　ただし、特徴的な違いもあります。ケースによっては、参与員や家庭裁判所調査官が介在してくるという点です。参与員は、社会人としての健全な良識のあることを条件として一般人から選ばれます。そして、人事訴訟事件の証拠調べなどの審理や和解の試みなどに立ち会って、自ら率直に意見を述べ、争いを解決するために働きます。また、家庭裁判所の職員である家庭裁判所調査官は、医学・心理学・社会学などの専門知識を活用して、たとえば、子どもの親権者の指定問題では、実際に子どもに直接面接して調査を行います。これらは、家庭に関する事件である人事訴訟に、一般国民の良識を反映させ、より実態に即した解決を図ろうとするものです。

■ 人事訴訟とは

　人事訴訟 ➡ 人事（婚姻や親子関係）に関する訴訟

- 婚姻関係　（例）婚姻の無効・取消しの訴え、離婚の訴え
- 親子関係　（例）嫡出否認の訴え、認知の訴え
- 養子関係　（例）養子縁組の無効・取消しの訴え、離縁の訴え

☆民事訴訟の特別手続の1つ　……　真実の発見、法律関係の確定を重視
☆特別規定の存在　……　職権証拠調べ、判決の効果が及ぶ範囲が広い

第1部 31

強制執行

強制執行の種類や強制執行するために必要なことをおさえる

◆ 強制執行について規定する法律

　たとえば、金を貸した相手がどうしても借金を払ってくれない場合を考えてみましょう。貸した方は裁判所に訴えて回収しようと考えます。訴訟で勝訴すると、通常は敗訴した相手はおとなしく支払いますが、ときには裁判で負けても支払わないケースもあります。その場合に、国家権力による強制力を使って裁判の結果を実現することになります。これが強制執行です。訴訟で勝ったからとして、債権者が自力で債務者の財産を没収したのでは、秩序ある社会とはいえません（自力救済の禁止）。裁判の決着がついた後でも、一定の手続きに従って、秩序ある解決を図ることが法治国家の要請であり、そのために強制執行という制度が設けられているのです。

　債権債務関係という実体について民法という法律が規定しているように、強制執行の手続きについても法律に規定があります。現在、強制執行については民事執行法という法律が規定を設けています。

　なお、判決が下るまでに、債務者が財産を使ったり、隠すおそれもあります。このように、判決が下る前に、債権者の権利を仮に保全しておく必要もあります。そのような手続きを仮差押・仮処分といいます（118ページ）。

◆ 強制執行の種類にはどんなものがあるのか

　強制執行は民事執行法と民事保全法で規定されていますが、具体的にはどのような種類があるのでしょうか。

① 金銭の支払いを目的とする強制執行

強制執行の目的としては、まず、金銭の支払いを目的とするものが挙げられます。つまり、借金を返済してくれないケースや、売買で目的物を引き渡したのに代金を支払ってもらえないケースの強制執行です。

金銭の支払いを目的とするといっても、もともと担保権の設定を受けずに債務者の財産を現金に変えて弁済を受ける場合と、設定されている担保権を実行する場合があります。担保権の実行とは、目的物を競売にかけて換価（換金）し、その中から債権を回収するということです。なお、担保権の設定されていない強制執行では、強制執行の対象に従って、ⓐ不動産に対する強制執行、ⓑ動産に対する強制執行、ⓒ債権に対する強制執行、ⓓその他の財産権に対する強制執行に分類されます。

② 金銭の支払いを目的としない強制執行

強制執行には、金銭の支払いを目的としない場合もあります。たとえば、土地を借りている賃借人が、期限が切れたのに土地を明け渡さない場合に、建物を収去し、土地を明け渡してもらうための強制執行、売買契約を締結し、代金も支払ったのに売主が目的物を引き渡さない場合に、目的物の引渡しを実現するための強制執行などがあります。

■ 強制執行の手続きの流れ

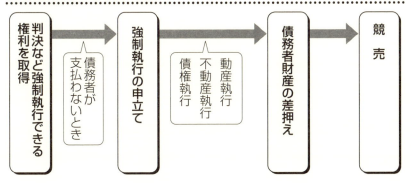

③　仮差押・仮処分の執行

　強制執行は、一般的には、判決などを実現するための手続きですが、債権者の権利を確保するための仮の命令を裁判所にしてもらうための、仮差押・仮処分の執行もあります。

◆ 誰が強制執行の手続きを行うのか

　現在の日本の法制度上、権利を定めるための判決を下す裁判機関と、権利の実現のために執行手続きを担当する執行機関は分けられています。強制執行は、執行当事者本人の手によって行われるのではなく、執行裁判所や執行官といった執行機関によって行われます。

①　執行当事者

　ある請求権につき利害関係をもっているため、強制執行の手続きを求め、あるいは強制執行を受け、当事者として手続きに関与する主体のことを執行当事者といいます。執行当事者は、「申立てをする」「配当要求をする」など、自分の意思で手続きに関与することが認められています。

②　執行機関

　強制執行は、執行機関によって行われます。執行機関には、執行裁判所と執行官があります。執行裁判所と執行官には、それぞれ職域分担があり、強制執行の対象となる財産によって区別されています。

　まず、執行裁判所の職務上の管轄（職分）は、不動産、船舶、航空機、自動車・建設機器、債権です。次に、執行官の職務上の管轄は動産です。大まかに言えば、不動産・債権の場合は執行裁判所、動産の場合は執行官ということになります。

◆ 財産開示手続きはどんな制度なのか

　せっかく苦労して裁判に勝つなどしても、相手の財産の有無・所在などがはっきりしていないと意味がありません。そこで、事実上、強

制執行手続きが可能になるように、債務者所有の財産を開示させる制度が認められています（財産開示手続き）。

財産開示手続きは、土壇場での債務者による財産隠しを防いで、債権回収を実効的なものにしようとするものです。

財産開示手続きを申し立てることができるのは、訴訟や調停によって債権が確定している、つまり債務名義をとっている債権者です。申立先は、原則として、債務者の住所地を管轄する地方裁判所です。ただし、過去3年以内に債務者について、財産開示手続きが実施されている場合には手続きができません。申立てを受けた裁判所は、財産開示手続実施を決定し、債務者を呼び出します。呼出しを受けた債務者は事前に財産目録を作成・提出した上で、期日に裁判所に出頭します。債務者が出頭を拒むと制裁として30万円の過料が科されます。

◆ 口座を特定できなくても執行できる改正が検討されている

強制執行の申立てが認められたとしても現実に執行できなければ実効性がありません。特に、債務者の預金債権を差し押さえる場合に債務者の口座の特定が難しいことが執行の妨げとなっていました。このような事情を受けて、債権者が債務者の口座がある可能性のある金融機関名を指定すれば、裁判所が具体的な口座の照会を行う民事執行法の法改正が検討されています（平成28年8月時点）。

■ 財産開示手続きの流れ

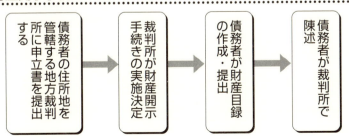

第1部 32

強制執行の対象

対象となる財産によって効果はかなり異なる

◆ 財産によってそれぞれ特徴がある

　強制執行の対象はもちろん債務者の財産ですが、財産はそれぞれ異なった特徴をもっているので、それをよく理解した上で強制執行しなければなりません。法律上は強制執行をかけることができても、債権を十分に回収することができない、つまり空振りしてしまっては何にもなりません。

　ここでは、財産別に強制執行の対象としての性質について考えてみましょう。

① **不動産を選ぶメリット**

　不動産の長所は、何といっても資産価値が高いことです。しかし、その反面、不動産には、あらかじめ抵当権・根抵当権・仮登記担保といった担保権が、設定されていることが多いようです。設定済みの担保権の被担保債権額を上回る価値が不動産にあればよいのですが、多くの場合、担保権のない一般債権にまで配当が回らないのが現状です。

　強制執行の対象として不動産を選ぶ場合は、強制執行の手続きに入る前に、必ず法務局まで行って登記を閲覧し、権利関係を把握しておくようにしましょう。

② **動産を選ぶメリット**

　動産については、家屋の内部にあることが多く、実際に執行してみなければわからないこともあります。貴金属といってもそのまま換価（換金）できるものはなかなかありませんし、家財道具も実際には、価値のないものがほとんどです。手形や株券といった有価証券であれ

ばそのまま換金しやすいので、対象としてはかなり有効です。通常であれば、自動車を差し押さえたいところですが、債務者がどこに保管しているのか不明な場合も多く難しいところです。

また、分割払いで購入している場合には、ディーラーが所有権留保（代金を全額支払うまでディーラーに所有権があること）しているため、差し押さえて換価することはできません。債務者が何かの業者で倉庫に動産をまとめて保有していない限りは、動産での債権回収はなかなか難しいといえるでしょう。

③ 債権を選ぶメリット

強制執行の対象となる財産としての債権とは、債務者が第三者に対して持っている債権のことです。ここでは、説明の便宜上、強制執行をしようとしている債権者をX、その債務者をY、Yが持っている債権の債務者をZと呼ぶこととします。

債権に対する強制執行では、差押えをすることになります。差押えがなされると、YはZに対して債権を取り立てたり、別の誰かに対して債権を譲渡することは許されません。また、ZもYに対して弁済することは許されなくなります。差押えの対象となる債権は、給与債権、預金債権、賃料債権であることが多いようです。その場合、Zは雇用主、銀行、土地や家屋の借主ということになります。

なお、給与債権については、Yの勤務先をあらかじめ確実に把握しておくことが大切です。

■ 強制執行の対象

種類	特徴
不動産	裁判所への申立て。競売を基本とした強制執行
動産	執行官への申立て。執行官による差押え
債権	裁判所へ差押命令の申立て。債権者が直接債権を取り立てることができる

第1部 33

強制執行をするための書類

強制執行をするための証明書が必要

◆ 強制執行に必要な書類は３つある

　強制執行が執行機関によって開始されるためには、原則として、①債務名義、②執行文、③送達証明という３つの書類が必要です。以下、個別に見ていきましょう。

① **債務名義**

　債務名義とは、わかりやすく言えば、強制執行を許可する公の文書ということになります。当事者間で債権債務という法律関係の有無について争いがあって、一定の慎重な手続きに従って紛争に終止符が打たれ、債権債務関係が明確になった場合に、その結果は文書という形で残されます。それでも、債務者が債務を履行しない場合には、その文書の内容に即して、債権者は裁判所の助力を得て債権を実現することができるのです。債務名義には、実現されるべき給付請求権、当事者、執行対象財産から責任の限度までが表示されます。

　確定判決、仮執行宣言付判決、仮執行宣言付支払督促、執行証書、仲裁判断、確定判決と同一の効力をもつものなどが債務名義の例です。ほとんどは訴訟手続きによって取得しますが、執行証書だけは公証人が作成します。

　なお、「確定判決と同一の効力をもつもの」には裁判上の和解調書も含まれます。

② **執行文**

　執行文とは、債務名義の執行力が現存することを公に証明する文書であると考えておいてよいでしょう（民事執行法26条）。つまり、そ

の時点で執行することを、公に証明している文書です。そもそも債務名義があると強制執行を申し立てることができます。ただ、それだけで強制執行ができるのかというと、そうではありません。判決が下されたり、公正証書が作成された後でも、債権債務をめぐる状況が変化していないとは限りません。債務者が死亡してしまい、子どもらが債務のことを知らずに相続をしているケースはあり得ます。

また、会社が合併して別の法人となっていれば、債務者の名義の異なった債務名義でそのまま強制執行をすると、問題が生じてしまいます。このような問題を避けるために、債務名義のまま強制執行する効力があることを確認する手続きが用意されています。これを執行文の付与といいます。

③ 送達証明

強制執行手続きは、債権者の申立てに基づいて行われます。執行機関が手続きを開始するためには、債務者に債務名義を送達しておかなければなりません（民事執行法29条）。そして、送達という手続きを踏んだことを証明してはじめて強制執行を開始することができるのです。送達を証明する書類のことを送達証明といいます。

■ 主な債務名義

債務名義になるもの	備考
判決	確定しているものでなければならない
仮執行宣言付きの判決	確定していないが一応執行してよいもの
支払督促＋仮執行宣言	仮執行宣言を申し立てる
執行証書	金銭支払のみ強制執行が可能
仲裁判断＋執行決定	執行決定を求めれば執行できる
和解調書	「○○円払う」といった内容について執行可能
認諾調書	請求の認諾についての調書
調停調書	「○○円払う」といった内容について執行可能

第1部

不動産競売手続きの全体像

申立ての後は裁判所が手続きを進めていく

◆ 不動産競売手続きの順序

　不動産は財産的価値が非常に高く、しかも、利害関係人が多数存在している可能性があります。そのため、不動産を対象とする強制執行（強制競売）では、慎重を期した手続きが予定されています。手続きの概略は以下の通りです。なお、本書では、不動産を対象とする強制執行のことを担保権の実行としての不動産競売と区別するために、強制競売と呼んでいます。

① **申立てから始まる**

　競売は、債権者が管轄の裁判所に対して、申立てをすることから始まります。申立ては、申立書を提出して行います。裁判所は申立書を審査して、問題がなければ競売開始決定をします。開始決定の正本は債務者に送達され、それによって債務者は手続きが始まったことを知ることができます。

② **現状を凍結する**

　競売開始決定がなされると、対象となっている不動産には差押えが行われます。不動産をめぐる法律関係が変動すると手続きが円滑に進められず、債務者が債権者の先手を打って不動産を売却して現金化してしまうおそれがあります。そこで、差押えを行って、その不動産に関する処分を一切禁止することになります。具体的には、裁判所から法務局（登記所）に対して、差押登記が嘱託（依頼）されます。

③ **調査をする**

　現状が凍結されると、裁判所は競売に必要な情報の収集を始めます。

裁判所は、登記されている抵当権者や仮登記権利者などに対して、期間内に債権の届出をするように催告します。届出によって、申立人の債権以外に、どれだけの債務を不動産が負担しているのか判明します。

さらに、裁判所は、執行官に対して現況調査命令を発し、不動産の占有状態などを調査させ、評価人に対して評価命令を発し、不動産の評価額を鑑定させます。この結果、現況調査報告書と評価書が作成され、裁判所に提出されます。

④ 競売をする

裁判所は提出された現況調査報告書と評価書を基に、不動産の売却基準価額を決定します。そして、売却期日（期間）も決定し、それらの情報を物件明細書として、誰もが閲覧できる状態にします。これを閲覧して競売に参加することができるのです。競売の方法には、競り売り方式と入札方式があります。

⑤ 配当をする

不動産の代金が納付されると、いよいよ配当段階に入ります。裁判所は配当期日を指定し、申立人や届け出た債権者たちに対して、配当期日に配当を行うことを通知します。

納付された不動産の代金ですべての債権を満たすことができない場合には、それぞれの債権者に対する配当額は、担保権の優先順位や債権額に応じて決定されます。

■ **不動産競売手続きの流れ**

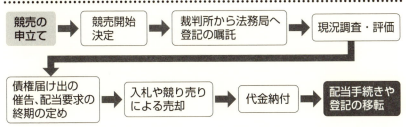

第1部 35
担保権の実行としての不動産競売

基本的な手続きは強制競売とあまり変わらない

◆ 担保権の設定を受けているときには

　不動産を競売にかけて、売却代金から配当により債権を回収する方法は、強制競売（強制執行）だけではありません。もともと不動産について抵当権などの担保権の設定を受けている債権者であれば、担保権の実行としての不動産競売手続きを利用することができます。強制競売と担保権の実行は似ていますが、完全に同じではありません。

① 強制競売との違い

　強制競売では、債務者の不動産を売却する場合、あらかじめ債務名義を取得するために、裁判を提起しなければなりませんが、担保権の実行の場合には、債務名義は必要なく、以下で説明する一定の要件を満たせば、すぐに債務者の不動産を売却することができます。

② 強制競売との類似点

　強制競売も担保権の実行としての不動産競売も、結局のところ不動産を競売にかけて売却し、その代金をもとに債権の回収を図るという点では同じといえます。しかも、債権者からの申立てに始まり、差押え→競売→配当という手順も異なりません。

　そのため、双方とも民事執行法で規定されていて、担保権の実行としての不動産競売の手続きは、強制競売の手続きを準用する形をとっています。

◆ 担保権を実行するための要件

　以下のものが挙げられます。

① 担保権が有効に存在すること

　第一に、担保権は債権を担保するためにこそ存在する権利なので、前提として、被担保債権が存在していることが必要不可欠です。また、被担保債権が有効に存在していても、抵当権自体が有効に成立していなければ実行は許されません。

　被担保債権が存在していないにもかかわらず、担保権の実行が申し立てられると、債務者（不動産の所有者）から異議が申し立てられて、競売開始決定が取り消されてしまうことになります。

② 被担保債権が履行遅滞にあること

　①の担保権が存在することの前提として、被担保債権が有効に存在していることを述べました。ただ、被担保債権については、有効に存在していればよいというものではなく、債務者が履行遅滞に陥っていることが必要とされます。履行遅滞は、単に債務者が期限を守っていないだけではなく、それが違法であることが必要です。

　債務が分割払いの形式をとっている場合には、期限の利益喪失約款（債務者が分割払いを１回でも怠ると、残金全額について弁済の期限が到来するという規約）との関係で、履行遅滞かどうかを検討することになります。

■ 担保権の実行要件

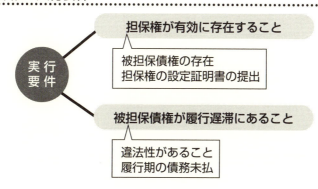

第1部 36

債権執行・少額債権執行

債務者のもつ債権を取り立てて配当を受ける

◆ 債権に対しても強制執行ができる

　不動産や動産の他に、債権も強制執行の対象になります。

　金銭の給付を目的とする債権で典型的なものは、銀行などの金融機関に対する預金債権、会社員などが使用者に対してもつ賃金債権、企業が取引先に対して有する売掛金債権などが挙げられます。

　たとえば、債権者Xが債務者Yに対して債権をもっていて、Yが期限に債務を履行しなかったとします。もし、YがZに対して債権をもっていた場合には、Xは強制執行を申し立てて、YのZに対する債権を差し押さえた上で、債権の回収を図ることができるわけです。ここでは、Zを第三債務者と呼んでいます。Zは、Yの勤務先や預金先の銀行です。

　債権執行の利点は、差し押さえるとそのまま第三債務者から弁済を受けることができるため、手続きが非常に簡素であるという点にあります。不動産のように、競売という煩雑な手続きを経る必要がありません。また、最初から金額がはっきりしているため、差押えの時点で回収できる額が明確であるという点も利点として挙げられます。

◆ 債権差押手続きの流れ

　債権差押手続きの大まかな流れは、申立て→差押命令→債務者および第三債務者への送達→取立て（供託）→配当（交付）です。以下、この流れに沿って、手続きについて述べていきます。

① 執行裁判所

債権執行を行う執行機関は、地方裁判所です。どの地方裁判所になるかは、債務者が個人であれば、その住所地を管轄する地方裁判所が執行裁判所となります。債務者が会社などの法人であれば、主たる事務所の所在を管轄する地方裁判所が執行裁判所となります。

② 申立て

執行裁判所が確認できると、いよいよ債権執行の申立てを始めます。申立ては書面主義を採用しており、申立書を作成して提出します。なお、申立てに際しては、第三債務者に対する「陳述催告の申立て」も必要です。

債権差押えの申立てにあたっては、債権差押命令申立書の他にⓐ執行力ある債務名義の正本、ⓑ送達証明書、ⓒ当事者・請求債権・差押債権目録、ⓓ資格証明書、ⓔ委任状などの書類が必要です。また、執行に必要な費用として、手数料としての印紙と切手を用意しておかなければなりません。

③ 債権差押命令

申立書が適法なものとして受理されると、執行裁判所は債権差押命

■ 債権執行

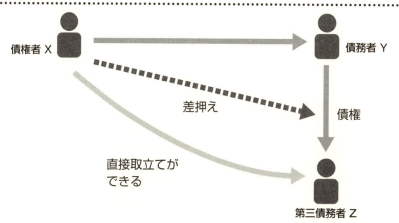

令を発します。まず、第三債務者に対して債権差押命令を発し、陳述催告の申立てがなされていれば、一緒に陳述の催告書も送達します。そして、その後、債務者に対して債権差押命令が送達されることになります。債務者への送達が後に行われるのは、債権執行の申立てを察知した債務者が先回りして、第三債務者から弁済を受けてしまうことを避けるためです。申立てからここまでは、通常、1週間から10日間かかります。

④ **債権者による取立て**

債権差押命令が発せられ、債務者および第三債務者に送達されると、執行裁判所から差押債権者に対して送達月日が通知されます。債権差押命令が債務者に送達されてから1週間経過すれば、差押債権者は第三債務者から債権の取立てができます。一方、差押債権者に対して弁済をした第三債務者は、執行裁判所に支払届を提出することになっています。万が一、第三債務者が差押債権者に対する弁済を拒んだときは、訴訟提起により、差押債権者は債権回収を図ることになります。

⑤ **第三債務者の供託**

債務者が債務を履行できないときは、往々にして、多重債務を抱えていることが多いようです。そのため、複数の債権者が同時期に債権差押えの申立てをして、同じ債権に差押えや仮差押が重複することがよくあります。

このような場合、第三債務者が、自己の勝手な判断で差押債権者の1人に弁済してしまうと不公平ですし、手続きも混乱してしまいます。そのため、差押え（仮差押）が重複したときは、第三債務者は必ず、法務局（供託所）に供託しなければならないとされています。

◆ 少額訴訟債権執行とはどんな制度なのか

強制執行は通常、地方裁判所が行いますが、少額訴訟にかかる債務名義による強制執行（債権執行）は、債務名義（少額訴訟における確

定判決や仮執行宣言を付した少額訴訟の判決など）を作成した簡易裁判所の裁判所書記官も行うことができます。この裁判所書記官が行う強制執行を少額訴訟債権執行といいます。

少額訴訟債権執行は、少額訴訟手続きをより使いやすいものにするために作られた制度です。少額訴訟とは、請求額が60万円以下の金銭トラブルに利用できる制度です。簡易裁判所で審理され、1日で判決がでます。ですから、少額訴訟のスピーディさを生かすためには、少額訴訟の執行手続きも簡易なものにする必要がありました。

判決で勝訴を得た上で、債権執行する場合には、地方裁判所に申し立てなければなりません。しかし、少額訴訟債権執行を利用すれば、わざわざ地方裁判所に申し立てなくても、債務名義を作成した簡易裁判所ですぐに執行をしてもらえます。訴訟から執行手続きまで一気にかたがつくことになります。

少額訴訟債権執行は、債権者の申立てによって、行われますが、少額訴訟債権執行を利用することなく、通常の強制執行手続きによることもできます。

■ 債権差押手続きの流れ

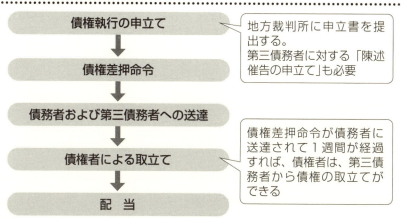

第1部 37

民事保全

裁判所を通した債権の保全手続きを理解しておく

◆ 債務者の財産をあらかじめ確保しておく制度

　裁判を利用して債権を回収する場合、訴えの提起に始まり、審理の結果として勝訴判決を得てから債務者の財産に強制執行をかけて、現実に金銭の支払いを得ることができます。

　このとき、勝訴判決を得たからといって、すぐに強制執行ができるわけではありません。勝訴判決をもとに、執行文つきの債務名義という書類を得て、はじめて強制執行が認められます。

　このように、裁判手続きにより債権を回収するには、勝訴するまでにかなりの時間がかかり、勝訴してからもそれなりの時間がかかります。その時間が経過する間に、債務者が自分の財産の中で価値の高い物を他の債権者や第三者に売却してしまう可能性や財産隠しを行う可能性もあります。場合によっては、こちらが訴訟を起こす前から、すでに財産隠しに着手しているという場合もあります。

　債務名義などの強制執行の準備が完了し、やっと強制執行手続きが開始したときには、債務者の元から価値の高い財産はすべて売却されており、せっかくの強制執行も実際には何の役にも立たないことになります。裁判に勝ったとしても、債権の回収が事実上、不可能となる事態が生じる可能性もあるのです。

　つまり、請求に応じない債務者に対しては、最終的に訴訟ということにならざるを得ませんが、その前に、債務者の出方を封じておく必要があるということになります。

　そのような場合に利用できる手段が保全手続き（民事保全）です。

保全手続きとは、債権者が強制執行をかける場合に備えて、債務者の財産をあらかじめ確保しておく制度をいいます。

◆ 仮差押と仮処分

保全手続きは大きく仮差押と仮処分の2つに分けられます。

① **仮差押**

金銭の支払いを目的とする債権（金銭債権）のための保全手続きで、金銭債権の債務者が所有する特定の財産について現状を維持させる保全手続きです。たとえば、AがBに対して金銭債権を持っているとします。この場合に、AがBの土地を仮差押したときには、Bは自分の土地でも、その土地を売却する処分に制限が加えられます。

② **仮処分**

仮処分は、仮差押と異なり金銭債権以外の権利を保全するために必要になります。仮処分には、係争物に関する仮処分と仮の地位を定める仮処分があります。具体的には、占有移転禁止の仮処分や従業員が不当解雇された場合の賃金の仮払いを求める仮処分などがあります。

■ 保全手続きの役割

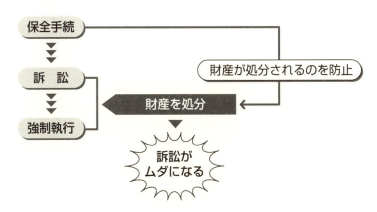

第1部

保全手続きの流れ

保全の必要性を疎明する

◆ 保全手続きの流れをつかむ

まず、裁判所に「仮差押命令」「仮処分命令」の申立てをします。次に、その申立てを受けた裁判所が債権者に審尋(面接)などをします。審尋では、保全の必要性や保証金の決定などについて裁判所が債権者に質問をします。さらに、裁判所が決定した仮差押・仮処分の保証金を納付します。その後に裁判所が仮差押・仮処分の決定をし、実際の執行がなされます。債務者に保全手続きを命じるのは裁判所です。

保全命令の申立ては、書面(申立書)によって行います。申立書には、被保全債権の内容と保全の必要性を明らかにする資料、目的物の目録・謄本などを添付します。申し立てる裁判所は、原則として債務者の住所地を管轄する地方裁判所です。

◆ 被保全債権の存在と保全の必要性について疎明をする

仮差押・仮処分の申立てに際しては、被保全債権が実際に存在することを疎明する必要があります。疎明とは、裁判官を一応納得させる程度の説明で、裁判で必要される「証明」よりも程度が緩やかなものをいいます。保全手続きの申立てでは、被保全債権の存在が認められるだけでは不十分です。さらに、現時点で保全手続きをする必要性、つまり「保全の必要性」についても疎明する必要があります。

◆ 債権者の審尋をする

保全処分の申立てについての裁判所の判断は、申立書と疎明資料だ

けでなされるのが原則です。これは、保全手続きの迅速性を確保するためです。しかし、実際には審尋という手続きがなされています。これは、裁判所に債権者が出頭し、裁判官に証拠資料の原本を確認してもらい（裁判所には通常証拠資料のコピーを提出します）、保全手続きの必要性を疎明し、担保（保証金）について裁判官と協議をする手続きです。

◆ 目的財産を特定する

仮差押を行う場合に、債務者のどの財産に仮差押をかけるのかを明らかにするため目的財産を特定する必要があります。ただし、動産の仮差押の場合には特定する必要はありません。

◆ 担保（保証金）を立てる

仮差押・仮処分は、債権者の言い分だけに基づく、裁判所による「仮の」決定です。後日、債権者が訴訟提起をして敗訴することもあります。そのような場合には、仮差押・仮処分の相手には、損失が生じる可能性があります。そこで、裁判所は、債務者が被る損害賠償を担保する目的で、債権者（申立人）が一定額の保証金を納付することを求めることができます。

■ 審理の構図

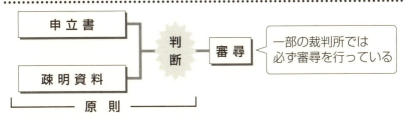

第1部 39

仮差押

財産を法的に動かせない状態にする手続き

◆ どんな場合に仮差押をするのか

　仮差押とは、債務者が財産を処分することを暫定的に禁止する民事保全手続きのひとつで、金銭債権の将来の強制執行を保全するために行われる手続きです。

　ところで、民事保全では、「債権者」「債務者」という言葉が煩雑に出てきます。通常「債権者」といえば、お金を貸している人間を指し、「債務者」といえば、お金を借りている人間を指します。しかし、民事保全の世界でいうところの「債権者」とは、単に民事保全を申し立てている側の人間を指し、「債務者」というのは、申立てを受けている側の人間という程度の意味だと理解しておいてください。

　たとえば、お金を貸している人が、貸金を返せという民事訴訟を起こすことを決意したとします。しかし、借主のめぼしい財産といえば、借主が所有している持ち家だけで、さらに、他にも何件か借金を抱えていたとしましょう。このままだと、いつ何時、借主が持ち家を処分してもおかしくありません。もし処分されてしまうと、たとえ貸主が裁判を起こして勝訴しても、後日、資力のなくなった借主からお金を返してもらうことができなくなります。そこで、この持ち家が処分されてしまわないように、唯一の財産である持ち家を守っておく（保全しておく）必要があります。

　このように、貸金などの債権をとりはぐれないようにするために、債務者の財産を法的に動かせない状態にしておく（保全しておく）手続きが仮差押です。

不動産に対する仮差押の執行には、①仮差押の登記をする方法、②債務者が家主として受け取っている賃料を差し押さえた上で、これを取り上げて債権者に分けるという「強制管理」と呼ばれる方法、③両者を併用する方法、の３つがあります。また、仮差押の対象が動産である場合には、申立書と仮差押決定正本などの添付書類を提出することによって動産仮差押命令の執行を申し立てることができます。

　ところで、仮差押手続をとった債権者は、その後に民事裁判を起こさなければなりません。仮差押は、あくまでも、その後の民事裁判で争っていく権利を一時的に保全（確保）しておくという程度の意味しかありません。ですから、仮差押の後に裁判（訴訟）を起こさなければ、仮差押の申立てそのものが裁判所に取り消されてしまうこともありますので注意してください。

　なお、仮差押の申立ての後に民事訴訟で争っていく事件のことを本案といいます。

　このように、仮差押や仮保全といった民事保全手続きは、本案の権利の実現という債権者本来の目的を達成していくために、本案に先立って（もしくは同時に）申し立てていく手続きだといえます。したがって、そもそも本案の存在を予定していないもの（単なる裁判所の執行命令など）については、民事保全の対象になりません。

■ **仮差押の効力**

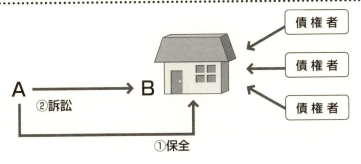

第1部 40

仮処分

金銭債権以外の権利を保全する手続き

◆ 係争物に関する仮処分

　仮処分には、①係争物に関する仮処分と②仮の地位を定める仮処分の2種類がありますが、ここでは、まず、係争物に関する仮処分について説明します。なお、係争物とは、訴訟において争いとなる目的物のことをいいます。

　係争物に関する仮処分も、さらに2種類に分けることができます。1つは占有移転禁止の仮処分で、もう1つは、処分禁止の仮処分です。ここでは、まず、占有移転禁止の仮処分について説明をします。

　アパートの賃貸人であるAがBに部屋を貸しました。Bは、実際にその部屋に居住しているものの、やがて賃料を滞納するようになり、滞納期間は現時点で半年間に及んでいるとします。Aは滞納相当額をBに催促しましたが、Bは全く支払おうとはしません。そこで、AはBの賃料不払いを理由として建物明渡請求訴訟を提起する決意をしました。

　ところが、なおも占有を続けるBは、その後、暴力団員Cと転貸借契約（又貸し契約）を結んだとします。現時点ではまだ引渡しはなされていませんが、Bが退去してCが引っ越してくるのは時間の問題でしょう。

　このような状況において、明渡訴訟を何か月もかけて、めでたく勝訴判決を得ることができたとしても、Cがすでに占有をはじめた後では面倒なことが起こるのは目に見えています。

　そこで、Aとしては、BがCに建物を引き渡さないように、早急に

手を打っておく必要があります。その方法が、占有移転禁止仮処分の申立てです。Aは、本案の建物明渡訴訟を提起前もしくは同時に、この申立てをしておくことで、Cの占有という事態を回避することができるようになります。

なお、このように、訴訟の相手方とすべき占有者を固定することを当事者恒定効といいます。

◆ 処分禁止の仮処分

係争物に関する仮処分の1つである処分禁止の仮処分については、まず概念そのものを理解することが大切です。そこで、以下の簡単な事例から具体的なイメージをつかむことができるようにしましょう。

AがBに時計を預けていましたが、Bは約束の返還期日になっても返そうとしません。そこで、AはBに動産引渡し請求訴訟（本案の訴訟）を提起したとします。ところが、訴訟の最中に、Bが第三者Cに

■ 仮処分の全体像

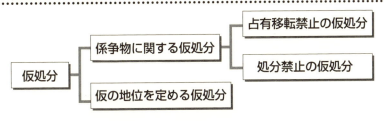

■ 占有移転禁止の仮処分

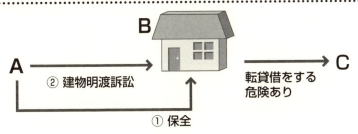

時計を売ってしまった場合（処分してしまった場合）はどうなるのでしょうか。

Aにしてみると、すでに時計を持っていないBに対して「時計を引き渡せ」という訴えを続けていることになります。そうなると、たとえAが勝訴したとしても、Bに「いや、私は時計を持っていません」と言われてしまうでしょう。

ところで、「処分」の意味ですが、本事例ではBがCに時計を売った事実を指します。つまり、特別な法律用語ではなく、私たちが日常使う意味だと捉えていただいてかまいません。

さて、この場合に、Aは裁判所に対して「Bが時計を処分することを禁止してくれ」という処分禁止の命令の申立てをしたいところです。ところが、本案を審理していかなければ、Aが本当に時計の所有者かどうかはわかりません。そこで、この場面でAが申し立てることができるのは、処分禁止命令そのものではなく、「仮」がついた処分の申立てになるというわけです。

◆ 仮の地位を定める仮処分

A会社の従業員Bが不当な理由で解雇されました。そこで、BはA会社を相手どって、解雇無効を主張して、地位確認訴訟を提起したとします。

ところが、この場合、A会社は自分たちが下したBの解雇という決断が法的に正当であるということを全く疑っていません。ですから、解雇言い渡し後、Bは会社で働くことができなくなるので、当然Bは、給料をもらうこともできなくなります。

しかも、本案訴訟の判決が確定するまでには、数か月かかるのが通常です。そこで、Bとしては、その間の生活を保障してもらう意味も込めて、判決が下りるまでの賃金を保障してもらう手立てを講じておきたいところです。

その方法として、Bは、判決が確定するまで従業員としての地位を会社に認めさせて、賃金が支払われるように裁判所に申し立てることができます。これを従業員（労働者）の地位保全および賃金仮払いの仮処分の申立てといいます。申立てが認められると、BのA会社における従業員としての地位が保障されると同時に、BはA会社に賃金の仮払いを請求することができるようになります。
　なお、仮処分を申し立てる場合、保証金を積むことが条件となる場合があります。しかし、賃金仮払いの仮処分は、「賃金を保障してもらうことで生活を保障してもらう」という意味を持つものですから、通常は従業員側に保証金を積むことは求められないでしょう。

■ 処分禁止の仮処分

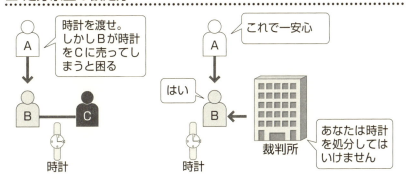

■ 仮の地位を定める仮処分

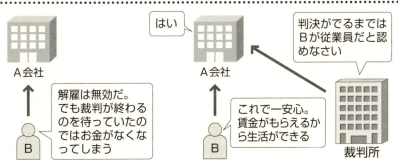

Column

公正証書の活用法

　公正証書とは、公証人という特殊の資格者が、当事者の申立てに基づいて作成する文書で、一般の文書よりも強い法的な効力が認められています。公証人は、裁判官・検察官・弁護士などの法律実務経験者や一定の資格者の中から、法務大臣によって任命されます。

　公正証書には、強い証拠力があり、記載された日付には、その日に作られたという公証力（確定日付）が認められ、訴訟において説得力のある有力な証拠になります。原本が公証役場に保管されることになるので、紛失した場合にも、証拠を失うことにはなりません。

　また、公正証書には執行力があります。債権回収をはじめとする法的な紛争では、最終的に訴訟となり、判決を受けて、これに基づいて債務者の財産に対して強制執行をしますが、強制執行するためには、根拠となる債務名義が必要です。債務名義には、判決の他に、調停調書や和解調書などがありますが、公正証書も一定の要件を備えれば、債務名義となり得るのです。

　債務名義を取得するためには、「債務を履行しないときはすぐに強制執行を受けても異議のないことを認諾する」旨の執行認諾約款の記載が必要です。また、たとえば、当事者、日付、金額などのように、その債務を特定できる記載があること（債務の特定）、公正証書の記載だけから具体的な金額が判断できること（債務額が一定していること）、などが必要になります。

　公正証書を作成するには、公証役場へ行きます。当事者本人が必要書類を持参して公証役場に出頭し、公証人に公正証書の作成を依頼することになります。公証人の手数料は、公正証書完成時に現金で支払います。この価格は、公証人手数料令によって一律に規定されています。

　必要書類や手続き、手数料などについての詳細は、日本公証人連合会や最寄りの公証役場に問い合せてみるとよいでしょう。

第2部

用語解説編

あ

■あっせん（あっせん）

① 労働法上、労使双方の言い分を確かめ、紛争当事者間の話し合いを促すことで紛争の解決を図る制度をいいます。有識経験者からなるあっせん委員などが労使当事者双方の主張の要点を確かめ、解決方法を探り、話し合いによる解決をサポートします。

② 土地の収用をする際に生じた紛争や、公害によって生じた紛争などを解決する制度としてもあっせんの制度が定められています。

い

■異議権（いぎけん）

裁判所が法に違反した訴訟運営を行った場合に、当事者が、裁判所に対して、その誤りを指摘し、是正を求めることができる権利のことです。責問権ともいいます（民事訴訟法90条）。たとえば、当事者間で合意管轄の定めがある場合に、合意した裁判所ではない裁判所に相手方が提訴したときは、他方は異議を述べる権利をもちます。ただし、訴訟の当事者が遅滞なく異議を述べないときは、異議権を失うとされています。前述した例では、被告側が準備書面を提出したときは、もはや異議を述べることはできません。

■異議申立て（いぎもうしたて）

裁判官が言い渡した判決などに対して不服があるときに利用する制度をいいます。異議の申立てが受理されると、同じ事件について、上級の裁判所ではなく、判決を出した裁判所に、再度審理をしてもらうことができます。簡易裁判所で審理が行われる小規模な紛争を扱う少額訴訟では、控訴が認められていないため、判決に対する不服を申し立てるには、異議申立てのみが認められています。

■遺産に関する紛争調停（いさんにかんするふんそうちょうてい）

相続財産の有無やその範囲などについて相続人の間で争いがあり、話し合いによっても解決ができない場合に、相続人が家庭裁判所に申し立てることによって行われる調停のことをいいます。たとえば、被相続人が死亡する前に、相続人の一人が勝手に被相続人名義の不動産を自分の名義に変更した場合、その不動産が相続財産に含まれることを確認するために、この調停が利用されます。

■移送（いそう）

裁判所が係属している事件を他の裁判所に移転させることをいいます。たとえば、東京地裁を管轄地とする事件の訴えを大阪地裁で提起した場合に、裁判所が事件を本来の管轄裁判所である東京地裁に移転させる場合に移送が行われます。他に、全く違う土地に証拠が集まっており、現在裁判を行っている場所では証拠を集めにくいという場合には、訴訟が大きく遅れることを防ぐための移送がされることもあります。移送は、民事訴訟、刑事訴訟、行政事件訴訟のいずれにおいても行うことができます。

■委託売却（いたくばいきゃく）

執行官以外の者に売却の実施を委託することをいいます。動産競売の方法のひとつです。委託売却をする場合は、特別

売却をする場合と同様、あらかじめ、差押債権者の意見を聞き、執行裁判所の許可を得る必要があります。

■一期日審理の原則（いちきじつしんりのげんそく）

少額訴訟では、原則として第1回口頭弁論の期日において審理を終結し、判決も直ちに言い渡されます。これを一期日審理の原則といいます。

少額訴訟を提起した場合には、原告・被告は裁判所が指定した口頭弁論期日までにそれぞれの攻撃防御方法を提出します。裁判所は特別な例外がない限りはその口頭弁論期日中に審理を終了させ、判決（和解的内容のものも含みます）を下すことになります。

■一部請求（いちぶせいきゅう）

民事訴訟において、債権の一部について支払いを求める訴えを提起し、訴訟の進行状況を見て、残部の請求をする方法のことを一部請求といいます。原告が一部請求であるということを明示した場合にだけ、残部請求が認められます。たとえば、2000万円の売買代金債権のうち、500万円を請求するような場合です。

訴状に貼る印紙の額は請求額の大きさによって異なってきます。そのため、主張が認められるか不明な場合にはまず一部の請求を行い、それが認められると判断した後に残部について訴えを提起できるようにすることは原告にとって大きな意義があるため、このような訴えも認められています。残部請求をする場合に一部請求であることの明示が要求されるのは、被告の利益のためです。一部請求であることが明示されない場合、被告は後に原告から残部の請求を受けることを予測できず、被告にとっては不意打ちとなってしまうため、明示が要求されています。

■一部認容判決（いちぶにんようはんけつ）

100万円の支払いを求めているのに対して、50万円の支払いを命じるような判決のことです。民事訴訟において一部認容判決がなされます。

原告が100万円の支払いを求めて訴えを提起しましたが、訴訟を進めるにつれて裁判所が「被告は50万円についてはすでに返済している」という心証をもった場合には、100万円のうち50万円の支払いを命じる一部認容判決が出されることになります。一部認容判決は処分権主義の範囲内でのみ認められています。

■一部判決（いちぶはんけつ）

民事訴訟において、同一手続きで審理されている事件の一部を他の部分と切り離して完結する終局判決のことです。たとえば、連帯債務者数人に対してまとめて訴えを提起し、一人の債務者が原告の請求を認めているような場合に裁判所がその一人について他の連帯債務者と切り離して一部判決を下し、その他の債務者については訴訟を継続する場合などです。

なお、一部判決は、裁判員裁判において複数の犯罪を個別に判断するための制度である部分判決制度とは異なります。

■違法執行（いほうしっこう）

民事執行において、現実の執行行為が強制執行に関する手続法規に違反する執行のことをいいます。差押禁止動産に対

あ行

する差押えや無許可で夜間に執行した場合などが違法執行の典型例です。

不当執行（執行法上適正であるが、実体法の権利状態にそぐわない執行）との違いに注意する必要があります。

■医療過誤（いりょうかご）

医療従事者が、医療の遂行において、医療的準則に違反して患者に被害を発生させた行為のことを、医療過誤といいます。医療事故のうちの一類型です。

医療過誤は、医療従事者側に過失があった場合にのみ認められます。患者に損害が生じた場合には、賠償する責任を負うことになります。

■医療事故（いりょうじこ）

医療に関わる場所で、医療の全過程において発生するすべての人身事故のことを医療事故といいます。患者に損害が生じなかったとしても、作業上誤りが発生した場合には、医療事故があったということになります。医療事故には、医療従事者に過失がなかった場合も含まれるという点が、医療過誤とは異なる点です。

■インカメラ手続き（いんかめらてつづき）

主に民事訴訟において、提出命令の対象となった文書が除外事由に該当するかどうかが問題となる場合に、提出命令の対象となった文書の所持者に文書を提示させ、当事者や傍聴人にも公開しないで審議する方法のことです。

当事者が文書の機密性などを理由に証拠提出を拒否した場合、裁判所は機密漏えいの心配のない裁判室の中で証拠資料を提出させて、その拒否理由が正当か（除外事由にあたるか）どうかを判断することができます。これがインカメラ手続きです。インカメラとはラテン語源の語で密室を意味します。

う

■訴え（うったえ）

民事事件や行政事件において争いがあるときに、自分の請求が法律的に正しいかどうかについて、裁判所に審理・判決を求める申立てのことをいいます。訴えの種類は3つあります。ⓐ物の給付や被告の作為・不作為（何かをしないこと）を請求する給付の訴え、ⓑ特定の権利関係の存在または不存在の確認を請求する確認の訴え、ⓒ新しい法律関係の形成を請求する形成の訴えです。

■訴え提起前の証拠収集（うったえていきまえのしょうこしゅうしゅう）

訴えを提起しようとする者が、提訴後の主張や立証に必要な情報や証拠を事前に収集するための制度をいいます。相手方（被告となる者）に訴え提起を予告する通知（予告通知）をして、主張・立証に必要な事柄について相手方からの回答を求めたり、裁判所に証拠収集の処分を求めることができます。なお、紛争をめぐる情報は共有した方が、後の計画的な審理につながるため、予告通知に回答した相手方からも、同様の請求ができます。

■訴えなければ裁判なし（うったえなければさいばんなし）

私人が、裁判所に対して申し立てた場合にのみ、裁判所が訴訟を開始することができるという考え方をいいます。民事

裁判においては、原告が訴えを起こしてはじめて、裁判が開始されます。したがって、国家が裁判を提起する刑事裁判とは異なります。これを不告不理の原則ともいいます。権利関係についてどのような形式の審判を求めるかは当事者の判断に委ねられるとする民事訴訟法上の原則である処分権主義に基づくものだといえます（民事訴訟法246条）。

■ **訴えの客観的併合（うったえのきゃっかんてきへいごう）**

原告が当初から複数の請求を併合して訴えを提起することをいいます（民事訴訟法136条）。固有の訴えの客観的併合ともいいます。

訴えの客観的併合には請求の性質に応じて以下の種類があります。
ⓐ 金銭貸借の貸主が8月と10月に貸した別々の100万円の貸金債権といった法律上関連性のないものを単純に併合して一度に訴える場合など（単純併合）。
ⓑ 同一の契約不履行に対して、債務不履行責任による損害賠償請求と、不法行為による損害賠償請求をまとめて訴えを提起するなど、同一目的で法律上両立し得るが、うち一つしか認容しえない請求を併合する場合（選択的併合）。
ⓒ 賃貸借において「貸主が被告に不払賃料を支払うように」という請求と「賃料を支払わないのなら明け渡して出て行くように」という請求を併合して同一の訴えで提起するなど、法律上両立しえない請求に順位をつけて併合するような場合（予備的併合）。

■ **訴えの提起（うったえのていき）**

民事事件や行政事件において争いがあるときに、自分の請求が法律的に正しいかどうかについて、裁判所に審理・判決を求める行為のことをいいます。

訴えを提起する場合、原則として訴状の提出が必要です。例外的に、簡易裁判所での訴えの提起については、口頭により訴えを提起することも認められています（民事訴訟法271条）。実務上は、簡易裁判所での訴えの提起についても訴状を提出するのが通常ですが、申立人に身体の障害など、文字を書くのが難しい事情がある場合に、口頭による訴えの提起制度が活用されることがあるようです。

■ **訴えの取下げ（うったえのとりさげ）**

原告が裁判所に対して審判申立てを撤回することをいいます。

たとえば、被告が原告にとって満足のいく具体的な和解案をもちかけ、裁判外で和解が成立した場合には原告にとっても被告にとっても訴訟を続ける意味は少なくなります。このような場合に原告は訴えを取り下げて、訴訟を自主的に終了させることができるわけです。

■ **訴えの取下げの擬制（うったえのとりさげのぎせい）**

当事者が訴訟を追行する意思がないと判断され、訴えが取り下げられたものとみなされる場合をいいます。当事者双方が欠席した場合には、1か月以内に期日指定申立てをしないと訴えを取り下げたものとみなされます。さらに、連続して2回期日に欠席し、または出席しても申述しないで退廷した場合にも訴えが取り下げられたものとみなされます（民事訴訟法263条）。

たとえば訴えを提起した原告被告がそ

ろって出てこないような場合があります。第1回口頭弁論では一方当事者が欠席した場合でも手続が進められますが、以降も全く出てこない場合に、不熱心な訴訟を続けるのも負担なので取り下げたものとみなされるわけです。

■訴えの併合（うったえのへいごう）

1つの訴えで、原告が同一の被告に対して、複数の訴えを起こすことをいいます。訴えの併合には、訴えの客観的併合と訴えの主観的併合があります。

訴えの客観的併合とは、同じ者に対して互いに関連している2つの請求を同じ訴訟で行うことです（民事訴訟法136条）。たとえば、賃貸人の賃借人に対する、ⓐ目的物の返還請求と、ⓑ返還が遅れたことによる損害賠償請求は、併合することができます。訴えの客観的併合は請求の併合ともいいます。

訴えの主観的併合は、訴訟の当事者が複数となることです。たとえば、原告が複数の被告を相手に訴えを提起することなどが挙げられます。

■訴えの変更（うったえのへんこう）

民事訴訟において、原告は請求または請求の原因を変更することができます（民事訴訟法143条）。これを訴えの変更といいます。訴えの変更には、元の請求に代えて新請求を提起する交換的変更、旧請求に新請求を追加する追加的変更などがあります。

従前の手続を利用し、訴訟経済に資するというメリットがあるので、訴えの変更の制度が認められています。

訴えの変更をするには、旧請求と新請求の間で請求の基礎に変更がないこと、訴訟手続を著しく遅滞させないこと、などが必要です。

■訴えの利益（うったえのりえき）

訴訟という制度を利用するために必要な利益（利害）のことです。訴えの利益がないと判断されると訴えが却下されます。

訴えの利益の有無は、将来給付の訴えにおいてしばしば問題となります。将来給付の訴えについては、請求をする必要性がある場合にのみ訴えの利益が認められます（民事訴訟法135条）。

たとえば、売買契約を締結して、売主が物を買主に引き渡す日を5月1日と定めたとします。このとき、4月1日の段階で買主が売主に対して将来給付の訴えを提起したとしても、訴えの利益がないとされます。なぜなら、普通は5月1日になれば売主は買主に物を引き渡すと考えられるので、あらかじめ請求する必要はないと考えられるからです。

しかし、売主が理由なく物の引渡しについての拒絶を表明しているような場合には、5月1日になっても売主の履行がなされないと考えられるので、買主による将来給付の訴えについて訴えの利益が認められます。

え

■ADR（えーでぃーあーる）

Alternative Dispute Resolution（裁判に代わる代替的紛争解決）の略です。訴訟以外の方式によって法的な紛争を解決するシステムをADRといいます。裁判に代わる代替的紛争解決と呼ばれるシステムで、民間の機関などによる紛争解決の方法です。ADRの代表的な機関とし

ては、弁護士会や国民生活センターなどがあります。

たとえば不倫などの場合に当事者が訴訟を起こすと、解決のために不必要に費用や時間がかかる場合も多くあります。このような場合に簡易でスピーディな解決を図るために、当事者に弁護士などが加わって裁判機関の関与なく話し合いによる解決をめざしていくことがADRの役割だといえます。

■疫学的証明（えきがくてきしょうめい）

疫病の予防を目的とする疫学において、疾病の原因を推認するためにも利用される方法を応用した訴訟上の証明のことです。主に、公害訴訟などで利用されています。

通常、訴訟において因果関係を認定するためには、行為と結果との間の因果関係を直接証明することが必要とされます。しかし、公害訴訟などにおいては、公害を引き起こした原因と被害との因果関係を直接に証明するのは困難です。そこで、疫学的方法（統計学的手法による大量観察方式）をもって、通常の因果関係の証明に代えるものです。このような証明方法によって認定される因果関係を疫学的因果関係といいます。

お

■応訴管轄（おうそかんかつ）

被告の応訴によって生じる管轄のことです。たとえば、本来、乙裁判所に訴えなければいけない原告が甲裁判所に訴えた場合に、被告が甲裁判所で原告の訴えに応じることを応訴といいます。被告が応訴したとみなされると、甲裁判所に管轄が生じ、これを応訴管轄といいます。

たとえば、大阪にいるAと東京にいるBが契約書で裁判管轄を東京地裁と定めた場合、その契約履行について問題が生じた時には本来的には東京地裁に訴えを提起する必要があります。しかし、Aが大阪地裁で訴えを起こし、Bがこれに応訴した場合には、応訴管轄の効力が生じて大阪地裁で訴訟が進行することになります。ただし、地方裁判所にもちこむ事件を家庭裁判所にもちこむなど、専属管轄に反する場合には応訴管轄は認められません。

■オール決定主義（おーるけっていしゅぎ）

民事保全の手続きに関する裁判は、口頭弁論を経ないですることができます（民事保全法3条）。これをオール決定主義といいます。民事保全は迅速に行うことが要求されます。時間をかけると、保全しようとしている財産を処分されてしまう可能性があるからです。そのため、簡易な手続きで民事保全の手続きを行うことができるとされています。

■乙号証（おつごうしょう）

民事訴訟において、被告が提出した書証のことを乙号証といいます。提出する書証の順番に従って、「乙第1号証」「乙第2号証」「乙第3号証」というように、番号をつけることになっています。

なお、原告が提出した書証は甲号証といいます。

か

■買受可能価額（かいうけかのうかがく）

売却基準価格から、その２割に相当する額を控除した価格のことをいいます。

競売不動産を買い受けようとする場合、どのような金額でも、申出ができるというわけではありません。買受可能価額は、売却基準価額の８割以上の金額とされているので、申出（入札）をする際には、これ以上の金額を提示しなければならないことになっています。

■外国判決の承認（がいこくはんけつのしょうにん）

外国の裁判所でなされた判決の効力が日本でも認められることをいいます（民事訴訟法118条）。

外国判決の承認がなされるためには、外国での判決の内容が公序良俗に反しないことや、外国と相互の保証（外国の判決が日本で効力を有するのと同じように、日本の判決が外国で効力を有すること）があることが必要になります。

■回避（かいひ）

除斥または忌避の原因があると考える裁判官が、自発的に職務執行から離脱すること（民事訴訟規則12条）をいいます。

裁判官と当事者とが親しい間柄であったりすると、公正な裁判がなされない可能性があります。そのような場合に、裁判官は所属する裁判所の許可を得て、当該事件の担当から外れることができます。

たとえば、裁判官と訴訟の当事者が友人であるときに、回避が行われる可能性があります。

■下級裁判所（かきゅうさいばんしょ）

最高裁判所以外の裁判所の総称です。「裁判所法」および「下級裁判所の設立および管轄区域に関する法律」に基づいて設置されています。高等裁判所、地方裁判所、家庭裁判所、簡易裁判所の４つがあります。下級裁判所は、最高裁判所の命令・監督に服さなければなりませんが、裁判権行使については、下級裁判所という位置付けであっても、完全に独立した地位をもち、最高裁判所の指揮を受けたり監督を受けることはありません。

■確定（かくてい）

成立した判決が上訴によって争えなくなることです。控訴期限内に原告・被告双方が控訴をしなかった場合、判決は確定し、以降上訴によって争うことができなくなります。たとえば、地方裁判所で判決が出て、上訴期間が経過してしまうと、当事者は上訴することができなくなるので、判決が確定することになります。ただし、確定判決であっても再審等の制度を利用すれば、その確定判決を覆すことができます。

■確定証明書（かくていしょうめいしょ）

判決や審判が確定していることを証明する文書をいいます。したがって、確定証明書がある判決・審判に対して、不服を申し立てることはできません。確定証明書は、裁判所が発行する文書で、申請しなければ交付されません。たとえば、登記手続きを認める判決に基づき、実際に登記をする場合などに、判決の確定証明書の添付が必要になります。

■確定判決（かくていはんけつ）
　不服申立期間の経過、上訴権の放棄などによって確定した判決のことで、強制執行を申し立てるための手段のひとつです。
　また、刑事訴訟においても、上訴期間の経過などの理由により通常の不服申立てにより争うことができなくなった判決のことを確定判決といいます。

■確定日付ある証書（かくていひづけあるしょうしょ）
　法律上、その正確性が保障されるもので、証書に記載された日付のことを確定日付といいます。公正証書の作成日付などが確定日付となり、確定日付の入った証書のことを確定日付ある証書といいます。
　たとえば、契約書などは後になって、作成日がいつであるかが争われることがあります。それをあらかじめ防止するために確定日付を取得しておくことがあります。
　また、指名債権の譲渡を受けた者が第三者に対抗するために必要とされるのが債務者への通知または債務者の承諾で、確定日付入りの証書によってなされます。確定日付入りの証書として認められるものとしては、公正証書、内容証明郵便、役所において日付を記入された私署証書（契約書など）が挙げられます（民法施行法5条1項）。

■確認の訴え（かくにんのうったえ）
　特定の権利や法律関係の存在または不存在を主張し、それを確認する判決を求める訴えのことです。知的財産権などが自己にあることを確認する訴え、親子関係不存在確認の訴えなどが典型例です。

■確認の利益（かくにんのりえき）
　確認の訴えにおける訴えの利益のことです。確認の訴えにより法律関係を確認することが、紛争の解決に必要であると認められる場合に、確認の利益があることになります。

■家事事件手続法（かじじけんてつづきほう）
　家事事件手続（離婚手続など）を国民にとって利用しやすくするため、家事審判や家事調停の手続などについて定めた法律です。平成25年1月1日から施行されています。家事調停を行うことができる事件については、訴えを提起する前に調停の申立てをしなければならないとする調停前置主義などが規定されています。

■家事審判（かじしんぱん）
　家庭裁判所が家庭内の紛争を解決するために行う審判のことです。家事事件手続法は、事件の種類を別表にまとめており、別表第1事件と別表第2事件に分類されます。別表第1事件は家事調停の対象とされない事件をいい、紛争性が少なく、公益に関する性質の事件であり、後見開始の審判や失踪宣告などが含まれます。別表第2事件は家事調停の対象となり得る紛争性のある事件です。遺産分割に関する処分や離婚後の財産分与に関する処分などがあたります。

■家事審判法（かじしんぱんほう）
　家庭裁判所が管轄する家事審判事件と家事調停事件の手続きについて定めていた法律です。家事事件手続を国民が利用しやすくするため、家事事件手続法が施行されたことに伴い（平成25年1月施

行)、家事審判法は廃止されています。

■**家事調停（かじちょうてい）**

家庭裁判所が家事事件について行う調停（当事者の話し合いにより紛争解決を図ること）をいいます。手続きは家事事件手続法に定められています。家事調停を行うことができる事件については、調停前置主義がとられています。調停が成立した場合、それによって作成された調停調書は、確定判決（または確定審判）と同等の効力をもっています。

■**過失（かしつ）**

民法上、注意義務に違反することを過失といいます。たとえば、自動車の運転中に脇見運転をして事故を起こした場合には、注意深く運転する義務を怠ったとして、過失が認定され、不法行為に基づく損害賠償義務を負うことになります。

なお、刑法上も、注意義務に違反することを過失といいます。

■**家庭裁判所（かていさいばんしょ）**

下級裁判所の一種で、家庭内の紛争や少年事件を専門に扱います。

離婚や相続をめぐる事件など、家庭内で発生する事件については法律上で白黒をつけられない場合がよくあります。こうした家庭に関する事件を専門的に取り扱うのが家庭裁判所です。家庭裁判所は地方裁判所とその支部の所在地に存在し、とくに必要とされる場所には出張所を設けています。

■**過払い金返還訴訟（かばらいきんへんかんそしょう）**

過払い金が発生している消費者金融業者を被告として、その返還を求めて提起する訴訟のことをいいます。過払い金とは、利息制限法などの法律に従い正しい返済金額を計算し直したところ、返済し過ぎていたことが判明した金銭のことです。複数の消費者金融業者について過払い金が発生している場合、ひとつの訴状で、複数の業者に対して訴えを提起することもできます。過払い金の元金が140万円以下であれば、簡易裁判所に提起します。140万円を超えた場合には、地方裁判所に提起します。

■**仮差押（かりさしおさえ）**

債務者が財産を処分することを暫定的に禁止する民事保全手続のひとつで、金銭債権の将来の強制執行を保全するために行います。訴訟の間に債務者が財産を浪費してしまうと、債権者が訴訟に勝っても債務者から債権を回収できず勝訴した意味がなくなってしまいます。そのため、債務者が自由に財産を処分できないように、仮差押の制度が設けられています。

仮差押が認められると、仮差押の登記がなされます。仮差押の登記は、債権者の申立てにより、仮差押命令を発した裁判所書記官の嘱託によってなされます。

■**仮差押解放金（かりさしおさえかいほうきん）**

仮差押の執行の停止を得るため、またはすでにした仮差押の執行を取り消すために債務者が供託すべき金銭のことです。

たとえば、仮差押により凍結された口座を債務者がどうしても利用したいというような場合に、仮差押解放金を供託して口座を使えるようにしてもらうということがあります。

■仮差押命令（かりさしおさえめいれい）

金銭の支払を目的とする債権について、強制執行をすることができなくなるおそれがあるとき、または強制執行をするのに著しい困難を生ずるおそれがあるときに、債務者の責任財産（強制執行により債務の弁済に充てられる財産）を仮に差し押さえてその処分権に制限を加えることを内容とする裁判のことです（民事保全法20条）。

仮差押をしたい債権者は裁判所に仮差押命令を申し立て、裁判所はそれに従って仮差押命令を出すことになります。債権者は申立ての理由として「保全すべき権利」と「保全の必要性」を記載し、仮差押をする必要のある事情を説明しなければなりません。申立てに理由があると認めた場合には裁判所は仮差押命令を下し、仮差押の効果が発生します。

なお、命令は迅速性が求められることから、調査が十分でないまま出される（債務者に対する審尋などを行わない）こともありますが、それによって債務者の権利が必要以上に害されることがないよう、債権者に一定の担保が要求されることがあります。

■仮執行（かりしっこう）

裁判所が、債権者に仮の執行力を与える手続きです（民事訴訟法259条）。

仮執行宣言が出されれば、判決が確定していなくても、債権者は強制執行をすることができます。債務者は、強制執行を免れたいと考えた場合には、担保を提供しなければなりません。

■仮執行宣言（かりしっこうせんげん）

判決や支払督促が確定する前に、強制執行できる効力を与える裁判のことです（民事訴訟法259条）。仮執行宣言のついた判決は民事執行法上の債務名義となり、強制執行が可能になります。

たとえば、AがBに貸金返還請求の訴えを起こし、Aの請求が認められてBが返還しなければならないという判決と仮執行宣言が出された場合には、Bが判決を不服として控訴・上告して判決の確定がなされなかった場合にも、Aは強制執行ができます。訴訟には時間がかかるので、仮執行宣言がなされないと債務者は不必要に上訴をして債務の履行を遅らせようとする可能性があります。そのような債務者の行為を防止するために、仮執行宣言の制度が設けられています。

■仮執行免脱宣言（かりしっこうめんだつせんげん）

敗訴被告が担保を立てることを条件として仮執行を免れることの宣言をいいます。

たとえば仮処分宣言の出された判決の中で、「この判決は金100万円の担保を供したときは仮執行を免れることができる」というような文言が付される場合があります。これが仮執行免脱宣言で、被告は100万円を担保として供すれば仮執行を免れることができます。

■仮処分（かりしょぶん）

将来の強制執行に備えるために金銭債権以外の債権を保全する民事保全の一種です（民事保全法23条）。仮処分は、係争物（争いとなっている権利や物のこと）に関する仮処分と仮の地位を定める仮処分に分けられます。

係争物に関する仮処分の例としては、不動産を処分して登記を移転されることを防ぐ処分が挙げられます。具体的には、Aが所有している不動産の登記がB名義になっているような場合に、訴訟の間にBが第三者に勝手に登記を移転させないようにするため、不動産の処分を禁止するよう裁判所に申し立てることになります。

仮の地位を定める仮処分としては、不当に解雇された従業員が、裁判の判決がでるまでの間は雇用されているものと扱われることにする処分があります。従業員としては、裁判の判決がでるまでの生活費を確保する必要があるので、仮に給料をもらえる地位が必要になるためです。

■仮処分解放金（かりしょぶんかいほうきん）

仮処分によって確保しようとしている権利が、金銭の支払いによって目的を達成できる権利の場合、裁判所により仮処分の執行停止またはすでにした仮処分の執行の取消しが認められることがあります。その際、債務者は、一定額の金銭を供託しなければなりません。この供託金が仮処分解放金です（民事保全法25条）。

不動産の処分を仮処分によって禁止されたものの、当該不動産についてよい買い手が現れたなど、債務者がどうしても不動産を処分したいような場合には、仮処分解放金を支払って仮処分を取り消してもらい、当該不動産を処分することになります。

■仮処分命令（かりしょぶんめいれい）

現状の変更により、債権者が権利を実行することができなくなるおそれがあるとき、または権利を実行するのに著しい困難を生ずるおそれがあるときに裁判所が発する命令です（民事保全法23条）。

仮処分を行いたい時には債権者は裁判所に仮処分命令の申立てを行い、裁判所はそれに従って仮処分命令を出すことになります。債権者は申立ての理由として「保全すべき権利」と「保全の必要性」を記載し、仮処分をする必要のある事情を説明しなければなりません。申立てに理由があると認めた場合には裁判所は仮処分命令を下し、仮処分の効果が発生します。

なお、命令は、迅速性が求められるため、裁判所による調査が十分でないまま出されることもありますが、それによって債務者の権利が必要以上に害されることがないよう、一定の担保が要求される場合がほとんどです。この点については仮差押命令と同じです。

■仮登記（かりとうき）

将来の本登記に備えて、あらかじめ登記の順番を確保するためになされる登記のことです。登記できる権利が発生しているが、必要書面の不備などですぐには登記できない場合や、権利はまだ発生していないが将来発生するであろう物権変動の請求権を取得した場合などに仮登記をすることができます。仮登記には２つの種類があります。１つは１号仮登記といわれるもので、登記できる権利は生じているが、添付情報などを提供することができない場合に行う登記です。もう１つは、２号仮登記といわれるもので、登記できる権利は生じていないが、将来発生するであろう請求権が生じている場合に行う登記です。

■仮登記仮処分（かりとうきかりしょぶん）

仮登記をするように裁判所が命じる仮処分のことをいいます（不動産登記法108条）。相手方が登記手続に協力しない場合に、仮登記仮処分がなされます。

■仮登記担保（かりとうきたんぽ）

仮登記することによって発生する担保権のことです。「仮登記担保契約に関する法律」により規律されています。債務者が債務の履行を怠ったとき、所有権が債権者に移転するという契約によって仮登記担保権が発生します。たとえば、AがBに金銭を貸して、Bの有している不動産に仮登記をしておきます。そして、Bが金銭を返済できない場合に、Aは仮登記を本登記にすることでBの土地を入手できます。これにより、仮登記が担保としての役割を果たします。

なお、仮登記担保については、不動産の評価額と残債権額との差額である清算金の見積額の通知など、仮登記担保法の規定に従った手続きをすることが必要です。

■仮登記担保権の実行（かりとうきたんぽけんのじっこう）

債務者による債務の弁済がされないときに、仮登記担保権の担保となっている不動産等を、債権者が取得することです。あらかじめ定めた不動産等の取得日（債務不履行の場合に債権者が不動産等を取得できる日）以降に、清算金の額を債務者に通知し、通知後2か月経過すると債権者に所有権が移転することになります。登記手続きとしては、担保仮登記の本登記をすることになります。

■仮登記を命じる処分（かりとうきをめいじるしょぶん）

仮登記の登記権利者の申立てにより、裁判所が仮登記のための処分をすることです。仮登記を申請する際に、処分の決定書の正本を添付すると、登記権利者は単独で仮登記の申請をすることができます。

仮登記を命じる処分を申し立てる場合として、不動産の売買予約をしたが、登記義務者が仮登記の申請に協力しないときなどがあります。

■仮の地位を定める仮処分（かりのちいをさだめるかりしょぶん）

権利関係の争いについて、裁判が終了するまで待っていては、債権者に著しい損害が発生したり急迫の危険があると認められる場合に、暫定的に法律上の地位を決定する仮処分のことです。たとえば、不当解雇を争うため、解雇無効確認訴訟を提起した場合に、同時に労働者の地位保全および賃金仮払いの仮処分の申立てを行う場合がありますが、これが「仮の地位を定める仮処分」にあたります。

「仮の地位を定める仮処分」の決定は、仮の決定であり、その後の裁判で内容が覆ってしまう可能性があります。その場合、債務者に損害が生じる危険性もあるため、仮処分が認められるためには保証金が必要になる場合もあります。

■過料（かりょう）

行政上の秩序違反に対して科せられる秩序罰で、金銭罰として科されるものです。行政罰の一種で、行政上の秩序罰とも呼ばれます。刑罰の一種である「科料」と読み方は同じですが、過料は罪を犯した場合に科せられるものではなく、刑罰

とは異なります。過料が課せられるケースはさまざまですが、たとえば、民事訴訟において正当な理由なく証人が出頭しなかった場合には、証人に対しては過料が科せられます。

■**簡易確定手続き（かんいかくていてつづき）**

消費者裁判手続特例法で定められている消費者被害回復のための訴訟手続き（被害回復裁判手続き）において、第二段階で行われる手続きのことをいいます。共通義務確認の訴えで、請求認諾、和解、認容判決が出た場合に、個々の消費者のうち、誰にいくら支払うかを確定する手続きのことです。簡易確定が決定されると、事業者は該当する消費者に支払いをすることになります。

■**簡易裁判所（かんいさいばんしょ）**

行政事件を除く民事訴訟事件について、訴額140万円以下の事件を扱う裁判所です。少額訴訟を管轄する他、軽微な刑事事件も扱います（裁判所法33条）。

軽微な額に関する紛争については慎重さや確実さよりも迅速性や簡易性が重視される場合もあります。このようなニーズに対応するために全国各地に簡易裁判所が設けられ、軽微な事件を取り扱っています。

■**換価（かんか）**

不動産などを売却して金銭に換えることをいいます。たとえば、競売手続きでは、物を換価してその代金から債権者は債権を回収することになります。

■**管轄（かんかつ）**

訴訟において、事件が起こった場合にどの裁判所がその事件を担当するのか、という裁判所の仕事の分担のことを管轄といいます。

管轄については、法律の規定によって定められているのが原則です（法定管轄）。法定管轄には、行使される裁判権の内容によって定めた「職分管轄」、訴額等により第一審裁判所を定めた「事物管轄」、事件や土地と管轄区域の関係によって定めた「土地管轄」があります。

また、法定管轄のもう一つの分類方法として、当事者間の合意による変更が認められている管轄を「任意管轄」（民事訴訟法3条の7）というのに対し、特定裁判所のみに管轄を認め、当事者間の合意による変更が認められていない管轄を「専属管轄」といいます。

一方、あらかじめ当事者の合意により契約書や約款などで定めた管轄を「合意管轄」、管轄違いの訴えが提起された場合でも被告が異議なく応訴したときに生じる管轄を「応訴管轄」といいます。

管轄違いの訴えが提起された場合、申立てにより、または職権で、これを管轄裁判所に移送することができる場合があります。

■**間接強制（かんせつきょうせい）**

債務者に対してその不履行に一定の不利益を課して債務者に圧力をかけ、債務者による履行を強いる強制執行の方法です（民事執行法172条）。

具体的には、代替執行に不適当な債務（たとえばある芸術家が肖像を描く債務）につき債務者が債務を履行するまでの間、裁判所が債務者に対して一定の金

銭の支払義務を課すことによって債務者を心理的に圧迫して、間接的に債権の内容を実現させようという方法です。与える債務（債務の目的が債権者への物の引渡しを内容とする債務のこと）や代替執行可能な債務についても債権者の申立てにより間接強制ができます。

■**間接事実（かんせつじじつ）**

主要事実を推測させる事実のことです。

たとえば、貸金返還訴訟において、貸主が借主に金を渡したという事実は主要事実になります。このとき、借主の羽振りがよかったという事実は、貸主から金を受け取ったということを推認させる事実であり、間接事実となります。

間接事実については、弁論主義の適用がないと考えられています。そのため、間接事実については、裁判所は当事者が主張していない事実についても認定することができます。

■**間接証拠（かんせつしょうこ）**

甲事実を直接証明できない場合に、間接的に甲事実の存在を推認させる乙という事実を証明する証拠のことです。

たとえば、金銭消費貸借で金銭の授受を争っているときに、受取書や振込書がなく、直接受渡しがあったことを証明できないときに、授受があったとされる翌日に高価な自動車を買ったなど、金銭のやりとりがあったことをうかがわせる証拠が間接証拠に該当します。

■**間接証明（かんせつしょうめい）**

関連事実の存否について心証が得られたのを手がかりにして法律要件の存否を推測して認定することです。

間接証拠により、間接事実を証明し、それにより主要事実の存在が推認できれば、間接証明が成立します。

たとえば、金銭の貸主から借主に対して貸金返還訴訟が提起されているときに、被告の金回りが急によくなったという事実を証明すれば、被告は金を借りていたという事実が推測できます。被告の金回りがよくなったという主要事実と直接関係のない事実から、被告は金を借りたという主要事実を証明しているので、これは間接証明になります。

■**間接反証（かんせつはんしょう）**

ある主要事実の存在が間接事実の積み重ねによって立証されている場合に、主要事実の存在を基礎付けている間接事実と両立する別の間接事実の存在を立証することで、間接事実による主要事実の推定を事実上打ち破ることを間接反証といいます。間接反証は反証ですので、主要事実の存否を不明に追い込むことが目的となります。

たとえば、貸金の返還訴訟において、原告の「被告の羽振りがよかった」という主張は、金銭の受渡しがあったことを推測させる間接事実となります。このとき、被告が、宝くじに当選していたという事実を主張することは間接反証になります。被告の羽振りがよかったのは宝くじに当選していたからであり、原告から金を受け取っていたからではないかもしれないと考えられるためです。

■**鑑定（かんてい）**

民事訴訟において、裁判所が大学教授など特別な学識経験のある者に対して、その学識経験に基づいた法則の報告や具

体的事実についての判断を求めることです（民事訴訟法212条）。

医療過誤事件や精神鑑定など、高度な専門的知識や経験則が必要となるものについては、学識経験を有する者の判断を仰いだ方が裁判の公平性や正当性を維持することができます。このような場合に鑑定が必要になります。

鑑定を依頼された者を「鑑定人」と呼び、裁判所の命令により事実判断を報告することになります。鑑定人は以下の点で証人と異なります。

・鑑定人は専門的知識さえ有すればよいので代替性がありますが、証人には代替性がありません。
・鑑定人は欠格や忌避が認められていますが、証人にはそのような制限は認められません。

■鑑定書（かんていしょ）

民事訴訟において、鑑定人が鑑定の経過や結果を記載した書面です。建築物に関する訴訟で、建築物が法令・契約にのっとって適切に建築されたかどうかについて建築士が書いたものや、交通事故における物証と事故の原因や状況を結びつける専門家の見解を記載した書面などが例として挙げられます。

■鑑定証人（かんていしょうにん）

自己の体験した事実であって、専門の学識経験により知り得たものを供述する者です。たとえば、交通事故損害賠償請求訴訟において、被害者の治療にあたった医師は鑑定証人として、負傷の状況、治療経過などを証言することになります。鑑定証人に対する尋問は、証人尋問の方法により行われます。

■管理命令（かんりめいれい）

被差押債権が継続的給付を目的とするものであるとき（たとえば賃料債権は、毎月一定の金銭を受け取ることのできる債権なので継続的給付を目的とする債権になります）に、執行裁判所が管理人を選任して、その債権の管理を命ずる命令のことです。管理命令は、譲渡命令、売却命令と同様、例外的な換価方法（特別換価命令）のひとつです。

たとえば、被差押債権に条件や期限が付着している場合や、反対給付にかかっている場合などの事由で、取り立てることが困難な場合に利用されます。

これらの方法は利害関係人に重大な影響を及ぼす可能性があるため、債務者を審尋しなければなりません。

■関連裁判籍（かんれんさいばんせき）

他の事件またはその訴訟手続と関連を有することに基づいて、これに関係のある裁判所に管轄が認められる場合をいいます。

たとえば、愛知県に住んでいるAが、静岡県に住んでいるBに対し、神奈川県に所在する不動産の引渡しを請求すると共に、Aの住所に持参して支払うことになっている金銭債務の履行を共に請求する場合を考えます。この場合、Aは愛知県のAの住所を管轄する裁判所に、これらを併合して訴えを起こすことができます。

本来、不動産の引渡し訴訟は、被告の普通裁判籍のある静岡県または不動産の所在地である神奈川県の管轄裁判所でしか開始できませんが、同じ当事者間の別の争い（金銭債務履行請求訴訟）について愛知県の裁判所に起こすことができるため、これに併せて訴えることは、当事

者間で過度の負担とはならないとして認められています。この場合、本来は裁判籍のない不動産の引渡し訴訟について、愛知県で訴えることができる関連裁判籍が生じたといいます。

き

■期間入札（きかんにゅうさつ）

定められた一定期間の間に、入札を受け付ける入札方法のことをいいます。裁判所へ出頭しなくても、郵送により入札することができます。

期間入札の場合、開札期日に最高価買受申出人（最も高値をつけた者）を決定することになります。なお、開札がされるまでの間に入札書の改ざんなどができないように、入札書を提出する段階で入札書用封筒に封入することになっています。

■棄却（ききゃく）

民事訴訟法に関する用語として、原告の請求に理由がない場合に、裁判所が請求を退けることを棄却といいます。たとえば、貸金債権の返済を求めて訴えを提起した場合に、審理の結果すでに返済されているという心証を裁判所が抱いた場合には原告の請求は認められないことになるため、請求棄却判決を下すことになります。控訴審・上告審では控訴人・上告人の請求を退ける場合が棄却判決となります。

なお、行政法においても、適法な不服申立てに対し、申立ての中身を検討し、理由がないとして申立てを退けることを棄却といいます。

■期限の利益喪失条項（きげんのりえきそうしつじょうこう）

期限の利益とは、期限の到来までは債務の履行をしなくてもよい、という債務者の利益のことです。一方、債権者側からみると、期限の到来まで債務者が債務を履行するのを待たなければならない不利益です。債務者に期限の利益がある状態では、債権者は債務者に対し、債務の履行を強制することができません。

民法137条に期限の利益喪失事由が定められていますが、民法に定められている事由以外にも、当事者間の契約で債務者の期限の利益を失わせる条項を規定することができます。これが期限の利益喪失条項（または期限の利益喪失約款）と呼ばれるもので、ⓐ破産・会社更生手続開始、民事再生手続開始・特別清算開始などの申立てがあったとき、ⓑ手形や小切手について1回でも不渡りを出したとき、ⓒ支払を停止したとき、ⓓ強制執行・仮差押・仮処分・滞納処分があり、ⓔその他、信用を損なう事由が生じたとき、などといった事由を挙げて、その場合には債務者が期限の利益を喪失する旨の条項を盛り込みます。この条項を特約として定めておけば、列挙した事由のひとつでも発生した場合に、債権者は債務者の期限の利益を喪失させ、債務の履行を請求できることになります。

■期日（きじつ）

ある特定の日付そのものを表す、「いつ」という意味で使われる言葉ですが、訴訟においては、裁判機関、当事者その他の訴訟関係人が一定の場所に集合して訴訟行為をなすべきものと定められた日時のことを期日といいます。

期日は、申立てによりまたは職権で、裁判長が指定します（民事訴訟法93条1項）。提出した訴状に不備がないときは、当事者双方に対して、「最初の口頭弁論期日」が指定されます。また、この期日に訴訟行為が完了しなかった場合に指定される期日（2回目以降）を「続行期日」といいます。

刑事訴訟においても、裁判所、当事者その他の訴訟関係者が集まって訴訟についての行為をするために設定される日時のことを期日といいます。

■期日入札（きじつにゅうさつ）

指定された日に裁判所に出頭して、入札をし、最高価買受申出人（最も高値をつけた者）をその場で決定するという入札方法のことをいいます。

期日入札の場合、入札日当日に、入札参加申込書および必要書類などを提出し、入札保証金を納めることになります。

■擬制自白（ぎせいじはく）

民事訴訟法上、相手方の主張する事実を明らかに争わない場合、自白したものとみなされます（民事訴訟法159条）。これを擬制自白といいます。事実審の口頭弁論終結時において、その成否が判断されます。たとえば、被告が口頭弁論期日に答弁書などを提出することなく欠席した場合、争う姿勢がないものとみなされ、原則として、擬制自白が成立します。

擬制自白が成立すると、裁判所はこれに拘束されることになり、上記の例による擬制自白で弁論が終結された場合は、請求認容判決が出されることになります。

一方、当事者は事実審の口頭弁論終結時までいつでも争うことができるため、擬制自白には当事者を拘束する力はありません。

なお、弁論準備手続きや準備的口頭弁論においても、相手方の主張した事実を争うことを明らかにしない場合は、擬制自白が成立することがあります。

■起訴前の和解（きそまえのわかい）

民事紛争を訴訟によらないで処理するために、紛争当事者が、簡易裁判所に和解を申し立てることです。当事者間で紛争処理につき合意ができるとその内容が調書に記載され、その調書が確定判決と同一の効力を有することになります（民事訴訟法267条）。

起訴前の和解は、「訴え提起前の和解」「即決和解」ともいわれ、「訴訟上の和解」と共に「裁判上の和解」といわれます。訴額に関係なく簡易裁判所の管轄となり、当事者双方が簡易裁判所に出頭し、裁判官の面前でなされます。

この制度の趣旨は、当事者間の自主的な紛争解決を促し、将来への起訴を予防するところにあります。また、和解調書は債務名義となるため、強制執行に利用できるという利点もあります（民事執行法22条7号）。

■既判力（きはんりょく）

民事訴訟法上は、裁判が確定した場合に、その判断内容に当事者と裁判所が拘束されるという効力です。当事者は同じ事項を蒸し返すような主張ができなくなり、裁判所も前の判決と矛盾する判決ができなくなります。既判力は、原則として、判決主文に包含されているものに限り、訴訟の当事者間で生じます。

なお、刑事訴訟においても、判決が確

定した場合に、同一事件について再び審理することを許さない効果のことを既判力と呼びます。

■既判力による遮断効（きはんりょくによるしゃだんこう）

口頭弁論終結時までに発生した事実に基づく当事者の主張が認められなくなり、口頭弁論終結時前の事情を主張して法律関係を争うことができなくなることをいいます。

たとえば、強制執行に対する抗告をするときには、口頭弁論終結時前に存在した事実に基づく抗告の主張は、口頭弁論時に主張するべきものであったとして、主張をすることが許されません。そのため、貸金返還請求権に基づいて強制執行を受けることになった債務者は、口頭弁論終結時前に債務を返済していたとしても、それを口頭弁論のときに主張しなければ、「口頭弁論終結前に金を返した」という事実が主張できなくなります。

■既判力の基準時（きはんりょくのきじゅんじ）

権利関係の確定の基準となる時点のことです。既判力の基準時は、事実審（第一審または控訴審）の最終口頭弁論終結時であり、この時点までに提出された資料を基礎として、権利の存否が判断されます。このため、既判力の基準時までに存在していた事由を、後訴で当事者が既判力に反して争うことは許されず、裁判所もこれに反する審理・判断をすることも許されません（既判力の遮断効といいます。なお、相殺の意思表示に基づく債務消滅の主張は、既判力によって遮断されません）。一方、既判力の基準時後に発生した新しい事由については、原則として審理・判断の対象となります。

■忌避（きひ）

除斥原因以外に裁判官が不公正な裁判をするおそれがある場合に、当事者の申立てによって、その裁判官を職務執行から排除することです。

忌避は、除斥や回避と共に、公正な裁判を実現するために規定されているものです。除斥は、法律上当然に職務執行ができないという点で、回避は自発的に職務執行から退いているという点で忌避とは異なっています。忌避の代表例としては、裁判官が当事者の一方と内縁関係にある場合などがあります。忌避の目的を達成するためには、当事者の申立てが必要とされ、この申立てがあったときは、公正を保つために原則として訴訟手続が停止されます。そして、忌避の裁判によって職務執行から排除する効果が発生します。

なお、忌避の原因があることを知らなかったとき、または忌避の原因がその後に生じたときを除き、裁判官の面前において弁論をし、または弁論準備手続において申述をしたときは、その裁判官を忌避することができません（民事訴訟法24条2項）。

■却下（きゃっか）

民事手続きにおいて、原告の申立てを不適法として、理由を判断するまでもなく裁判所が門前払いすることを却下といいます。訴状に不備があり、原告が不備を補正しないときは、裁判長は、命令で、訴状を却下しなければなりません（民事訴訟法137条1項2項）。たとえば、訴状の必要的記載事項が書かれていない場合

や手数料額の印紙が貼付されていないという形式的な要件が欠けている場合に訴状の却下がなされます。

また、訴えが不適法でその不備を補正することができないときは、裁判所は、口頭弁論を経ないで、判決で、訴えを却下することができます（同法140条）。たとえば、宗教法人の代表役員の地位にあることの確認を求める訴えにおいて、実質的に宗教上の争いである場合には、法律上の争訟にはあたらないとして訴えが却下されます（最高裁平成11年9月28日判決）。

却下と混同しやすいものとして、棄却があります。棄却は、訴えが適法であり、裁判所が理由を判断した上で、請求に理由がないとして訴えを退けるものです。

■却下決定（きゃっかけってい）

証拠調べをする必要がない証拠を、証拠として採用しないとする裁判所の判断のことです。民事訴訟でも刑事訴訟でも証拠調べの申立てに対する却下決定がなされます。また、証拠調べ以外でも、訴訟における申立てに対しては却下決定がなされることがあります。

■旧訴訟物理論（きゅうそしょうぶつりろん）

訴訟物は、法律上の個別的・具体的な権利や法律関係そのものであり、実体法上の個々の権利ごとに訴訟物は現れてくるとする考え方のことです。

たとえば、クリーニングに出した衣服をクリーニング業者が紛失した場合、客は、債務不履行による損害賠償請求権（民法415条）と不法行為による損害賠償請求権（同法709条）と2通りの請求権を根拠にクリーニング業者に請求することが可能です。旧訴訟物理論によれば、権利関係が2つあるため、訴訟物は2つとなります。

■給付の訴え（きゅうふのうったえ）

金銭の支払いや、物の引渡しや明渡しなど、被告に対する特定の給付請求権の存在を主張し、給付を命ずる判決を求める訴えのことです。訴えの類型のひとつで、給付の訴えの他には確認の訴えと形成の訴えがあります。給付の訴えに対する請求認容の判決に基づいて、原告は強制執行により被告の給付義務の強制的な実現を求めることができます。

たとえば、売買契約が締結されているにもかかわらず売主が目的物を引き渡さない場合に、買主が売主に対して提起するのは、売買の目的物の引渡請求になりますが、これは給付の訴えです。

■境界確定の訴え（きょうかいかくていのうったえ）

隣接する土地間の境界線について争いがある場合に、境界線の確定を求める訴えのことです。

境界確定の訴えは、形式的形成訴訟のひとつであるとされています。裁判所が積極的に関与し、当事者の主張する境界に束縛されず、裁判所が独自に判断して境界を決定することができます。弁論主義が適用されないため、裁判所は当事者の主張に拘束されることなく、自由に境界を決めることができます。なお、筆界確定の訴えともいいます。

なお、不動産登記法では、境界確定の訴え（境界確定訴訟）のことを、「筆界確定訴訟」と表現しています。

■競合的管轄の合意（きょうごうてきかんかつのごうい）

数個の裁判所を管轄裁判所とする内容の管轄の合意です。

法定の管轄裁判所に加え、法定管轄権のない裁判所を管轄裁判所に加える合意をいいます。たとえば、金銭消費貸借契約において、債務者の普通裁判籍のある岐阜地裁の支部や、義務履行地である金融機関の支店所在地を管轄する岐阜地裁の本庁の他、支店を統括する部署のある名古屋本社のある名古屋地裁にも管轄権を与えるような合意をいいます。

■強制管理（きょうせいかんり）

金銭債権に基づいて執行裁判所が債務者の有する不動産を差し押さえ、その不動産を管理して収益を上げ、その収益を債権者に分配して債権者への弁済にあてるという執行方法のことです（民事執行法93条）。強制管理は、不動産に対する強制執行のひとつですが、裁判所が管理人を選任し、そこからの収益を債権者に分配する点に特徴があります。

強制管理は、不動産の時価が低く競売になじまない場合などに行われます。競売をするより、不動産の収益を債権者に分配した方が安定した債権回収の効果が期待できることもあるからです。

強制管理では、執行裁判所の強制管理開始決定により管理人が選任されます。債務者が不動産から上げた利益を消費してしまうことは禁止されています。管理人については、法人もなることができます。

なお、すでに強制管理の開始決定がされ、または担保不動産収益執行の開始決定がされた不動産について強制管理の申立てがあったときは、さらに裁判所は強制管理の開始決定をすることができます。これを二重開始決定といいます（同法93条の２）。強制競売との併用も可能です。

■強制競売（きょうせいけいばい）

債務者の不動産を差し押さえ、不動産を金銭に換えて、その代金によって債権を回収するという執行方法です。

法律用語の「競売」は「けいばい」と呼ばれています。この「強制競売」は、不動産を強制執行手続によって売却、換価（金銭に換えること）することをいいます。「担保不動産競売」と共に不動産競売といわれています。

強制競売は債権者の申立てにより始まります。債権者の申立てを受けた執行裁判所は、その申立てを審査し、強制競売開始決定をします。その後、執行裁判所による債務者の財産の差押えがなされます。差押えの効力は、原則として債務者に送達されたときに生じますが、差押えの登記がこの前になされたときは、登記の時に効力が生じます。

執行裁判所はこれを入札等の方法で売却します。その売却代金については配当表に基づいて分配が行われ、残額がある場合には債務者に交付されます。

■行政事件（ぎょうせいじけん）

私人が原告になって、国や地方公共団体を被告として提起するする訴訟のうち、行政法規の適用に関する訴訟事件をいいます。主に、国等の行政庁の公権力の行使について、これを是正する目的で提起されることが多いようです。具体的な訴訟類型等については、行政事件訴訟法が規定しています。たとえば、違法な課税

処分を受けた者が、課税処分の取消訴訟を提起する場合などが挙げられます。

■強制執行（きょうせいしっこう）

民事上、国家が債権者の請求権を強制的に実現する手続きのことを強制執行といいます。たとえば判決が確定した場合、判決で支払いを命じられた金銭や、引渡しを命じられた物を、国の機関（執行機関）が強制的に被告から取り上げて、原告に引き渡すことができます。強制執行が認められるためには、権利の存在を証明する「債務名義」と、強制執行できることを証明する「執行文」および「送達証明」が必要です。

たとえば、「被告は原告に100万円を支払え」という確定判決を得た原告は、被告の意思にかかわらず、被告の現金、不動産、動産、債権といった財産から適当なものを執行機関に差し押さえてもらい、それぞれの手続きに従い換価（金銭に換えること）して、100万円を受領することができます。相手の意思に反してでも自己の権利を実現するためには、強制執行による以外に方法はありません（自力救済の禁止）。相手方の権利を強制的に奪うことになるため、厳格な手続きが求められることになります。

■強制執行妨害罪（きょうせいしっこうぼうがいざい）

財産に関する強制執行を免れるつもりで財産を隠し、壊し、譲ったように見せかけ、または債務が存在しないのに存在すると見せかけることによって成立する犯罪をいいます（刑法96条の2）。3年以下の懲役、250万円以下の罰金が科されます。封印破棄罪（同法96条）と同様に、強制執行の適正を保護するものです。

このような行為があれば成立し、現実に強制執行が妨害されたことまでは必要ありません。

■行政上の強制執行（ぎょうせいじょうのきょうせいしっこう）

行政が、私人に強制的に義務を履行させたり、義務の履行があったのと同じ状態を作り出す手段のことをいいます。

行政上の強制執行は、国民の権利・利益を強く制約することになります。そのため、行政上の強制執行を行うには、原則として法律の根拠が必要になるとされています。たとえば、税金を強制的に徴収することは、国税徴収法を根拠に行われます。行政上の強制執行の具体的な方法としては、代執行・執行罰・直接強制・強制徴収があります。

■強制徴収（きょうせいちょうしゅう）

滞納されている租税債務について、差押え、公売処分（税金滞納者の財産を売却することで税金を徴収すること）などにより義務を履行したと同じ状態を実現する制度です。租税債権については、訴訟によらずに行政が強制的に徴収できるとされています。

国税徴収法の手続きは、行政代執行の費用の徴収手続としても用いられます（行政代執行法6条）。

■強制認知（きょうせいにんち）

父が認知をしない場合に非嫡出子などが認知の訴えを提起し、裁判によって確定される認知のことを強制認知といいます（民法787条）。父が認知をしたくない場合には、母が他の男とも情交関係を結

んでいたことを示す(不貞の抗弁)といった手段で争うことになります。

認知の訴えを提起することができる者は、子や子の法定代理人などに限定されています。

■行政法(ぎょうせいほう)

行政に固有または特有の国内公法。「行政法」というまとまった法典があるわけではありません。行政法は、大きく行政組織法、行政作用法、行政救済法に分けることができます。

■強制履行(きょうせいりこう)

国家機関が強制的に債務を履行させることです。直接強制、代替執行、間接強制の3種類があります。

直接強制は、直接に債権の内容を実現することをいいます。たとえば、債務者の財産を強制的に金銭にかえて債権者がその金銭を受け取るのが直接強制です。

代替執行は第三者の手により債務者に代わって債権の内容を実現することをいいます。たとえば、債務者の土地にある建物を業者に壊してもらって、その費用を債務者に請求するのが代替執行です。

間接強制は、一定の場合には債務者に金銭の支払を強制して、債務の履行の確保をしようとするものです。たとえば、騒音を出す人がいる場合に、次に騒音を出した場合には金銭を支払わなければならないとするのは間接強制です。

■供託(きょうたく)

金銭や物品を供託所(法務局)に預けることです。弁済の目的物を供託所に預けて債務を免れる制度で、債権の消滅原因のひとつです。供託の典型例は、債務の履行ができないときに供託することで、債務を免れる目的で行う弁済供託です。その他に、担保の提供のために行われる担保保証供託、差押え命令が出た金銭債権の債務者が行う執行供託、供託物の保管・保全が目的の保管供託、一定の場合に供託物に対する供託者の所有権をはく奪する没取供託、という全部で5つの種類があります。

■共通義務確認訴訟(きょうつうぎむかくにんそしょう)

消費者裁判手続特例法で定められている消費者被害回復のための訴訟手続き(被害回復裁判手続き)において、第一段階で行われる訴訟のことをいいます。この訴訟で、事業者に金銭支払いの義務があるかどうかを確認することになります。

共通義務確認訴訟は、まず特定適格消費者団体が共通義務確認の訴えを提起することで始まります。その後、共通義務に関する審理が行われ、請求認諾、和解、認容判決などの判決が出ると、簡易確定手続きに進むことになります。

■共同鑑定(きょうどうかんてい)

複数の鑑定人が、共同で鑑定書を作成することを、共同鑑定といいます。多数の診療科目が問題になっているようなケースにおいて認められています。共同鑑定の場合、共同作業によって1通の鑑定書を作成することになります。

■共同訴訟(きょうどうそしょう)

民事訴訟において、原告または被告が複数いる訴訟のことです。共同で原告になる人や共同で被告になる人それぞれの紛争が、相互に関連性が認められる場合

には、共通した争点について審理が重複することを避けることができ、また、紛争が一回で解決可能であるために、共同訴訟が認められています。共同訴訟は、大きく「通常共同訴訟」と「必要的共同訴訟」の2つに分けられます。

■共同訴訟参加（きょうどうそしょうさんか）

訴訟の目的が当事者の一方と第三者の間で統一されたものであることを要する場合に、その第三者が原告または被告の共同訴訟人として訴訟に参加することです（民事訴訟法52条）。たとえば、ある株主が提起した株主総会決議取消訴訟に他の株主が原告の共同訴訟人として訴訟に参加する場合がこれにあたります。

参加を望む者はその趣旨および理由を明らかにして、書面で裁判所に申し出なければなりません。具体例としては、上記の他、就業規則の不利益変更の有効性を問う裁判で、ある従業員が原告となっているときに、別の従業員が共同訴訟人として訴訟に参加する場合などがあります。

■共同訴訟的補助参加（きょうどうそしょうてきほじょさんか）

判決の効力が及ぶのに、当事者適格がないために共同訴訟人として参加できない第三者が、自己の利益を守るためにその訴訟に参加することです。

たとえば、債権者代位権（民法423条）を用いて、債権者が第三債務者に対し、訴訟をしている場合に、債務者が訴訟に参加することが共同訴訟的補助参加となります。AがBに対して債権を有し、BがCに対して債権を有する場合には、AはBに代わってBの権利を行使することができます。これが債権者代位です。しかし、債権者代位訴訟がなされる場合でも、訴訟の当事者はAとCになるので何もしなければBは債権者代位訴訟には関与しないことになります。

しかし、債務者であるBは、訴訟の結果により、その権利を失うこともあります。そのため、Bのような者には共同訴訟的補助参加が認められており、通常の補助参加と異なり、被参加人の行為に反する行為もすることができます。

■共同訴訟人独立の原則（きょうどうそしょうにんどくりつのげんそく）

通常共同訴訟においては、一人の共同訴訟人がなした行為またはその一人になされた訴訟行為は他の共同訴訟人には影響を与えないとする原則です（民事訴訟法39条）。

たとえば、Aが主たる債務者Bと連帯保証人Cに対して貸金返還請求訴訟と保証債務履行請求訴訟を起こした場合、Bが金銭を借りていることを認めたとします。これにより、Bは金銭を借りたことについて争うことはできなくなりますが、Cは、「Bは金銭を借りていない」と主張してなお争うことができます。

一方、共同訴訟人の一人が提出した証拠は他の共同訴訟人が援用しなくても他の共同訴訟人についての事実認定の資料とすることができます。これを「証拠共通の原則」といいます。

■共同担保目録（きょうどうたんぽもくろく）

担保物件が複数ある場合に、その一覧を記載した書面のことです。1つの債権が2つ以上の不動産により担保されるこ

とがありますが、このような場合に共同担保目録が作成されます。

■**共同抵当（きょうどうていとう）**

同じ債権の担保として、複数の不動産の上に抵当権が設定されている場合をいいます。総括抵当ともいいます。

たとえば、900万円の債権を担保するために、2000万円のA不動産と1000万円のB不動産の上に抵当権を設定することは共同抵当となります。

債権者は、どちらか一方の抵当権を実行してもよく、同時に実行することもできます。同時に実行した場合には、原則として不動産の価格の割合に応じて弁済を受けることになります（民法392条）。

先の例で、A・B不動産が同時に実行された場合には、債権者はA不動産から600万円、B不動産から300万円の弁済を受けることになります。

■**許可抗告（きょかこうこく）**

原裁判をした高裁が、最高裁判所の判例と異なる判断をした場合などに、当事者の申立てにより最高裁判所への抗告を許可する制度です。

高等裁判所の決定や命令について最高裁判所の判断を求めたい場合には、2種類の抗告制度があります。1つは特別抗告で、憲法違反、憲法上の解釈や誤りを理由とするものに限られます。もう1つが、許可抗告です。高等裁判所の許可を得れば、判例と相反する判断がある場合、法令の解釈に関する重要な事項を含むと認められる場合についても最高裁判所の裁判を求めることができます。

■**金銭執行（きんせんしっこう）**

金銭の支払を目的とする債権についての強制執行です。不動産、船舶、動産、債権に対する執行に分かれます。債務者等の有するこれらの財産に対し、差押え、競売、換価（金銭に換えること）、配当という手順を経て、申立人に金銭が支払われます。物の引渡しなどを執行する非金銭執行に対する用語です。

く

■**クラス・アクション（くらす・あくしょん）**

多数の被害者が原因や争点を共通にする少額の損害賠償請求権をもつ場合に、その被害者集団（クラス）の中から代表者が名乗り出てクラスに属する全員の請求総額を一括して訴訟にのせ、一挙に全体の権利の実現を図るという手段です。

薬害被害者の製薬会社や国に対する損害賠償請求訴訟、たばこ会社への嫌煙権訴訟等が典型例です。

け

■**計画審理（けいかくしんり）**

民事訴訟において、事件が複雑な場合に裁判所および当事者は、ⓐ争点・証拠の整理を行う期間、ⓑ証人・当事者本人の尋問を行う期間、ⓒ口頭弁論の終結、判決言渡しの時期など、審理の計画を定めなければならないとする制度です。

訴訟には時間がかかり過ぎるという批判を受け、適正かつ迅速な審理の実現を目的に導入された制度です。裁判所は必要に応じ、当事者双方と協議の上、計画を変更することができます。

か行

■形式的形成訴訟（けいしきてけいせいそしょう）

判決により法律関係が変動するという点で形成訴訟と類似しますが、形成要件（法律関係を変動させるために必要な要件）について法律に定めがなく、裁判所が裁量によって法律関係を形成することになる訴訟のことをいいます。

当事者が具体的事実を主張する必要がなく、当事者の主張に拘束されずに裁判が行われる点に特徴があります。たとえば、公法上の境界を決めるための訴訟である「境界確定訴訟」は形式的形成訴訟に属するというのが通説です。この訴訟では、具体的な境界を明示する必要はなく、請求の趣旨で「境界の確定を求める」旨を明示すれば足りるとされます（弁論主義の不適用）。たとえ具体的な境界を明示した主張があったとしても、裁判所はそれに拘束されず、裁量で境界を確定させることができます。

また、境界確定訴訟は公法上の境界を決めるための訴訟であるため、請求の認諾や和解の余地はありません（処分権主義の制限）。控訴審においては、「不利益変更禁止の原則」の適用がないため、裁判所は、控訴人に不利益になる境界を確定させることもできます。

■形式的証拠力（けいしきてきしょうこりょく）

文書がある作成者の一定の考え方を表現したものであると認められることを形式的証拠力といいます。

文書において、当該文書が事実認定の資料として認められるためには、作成者の意思に基づいて真正に作成された文書であることが必要です（たとえば、真正の遺言書であるかどうかが問題となる場合です）。そのためには、形式的に証拠として認められることが必要になり、認められれば形式的証拠力になります。

公文書については、真正に成立した公文書と推定する規定が置かれており（民事訴訟法228条2項）、文書の形式的証拠力はあるものと推定されます。

なお、形式的証拠力が認められれば事実認定の資料となりますが、その内容や証明すべき事実との関係での証拠力（実質的証拠力）については、裁判官があらゆる事情を考慮して、自由に判断することになります。

■形式的真実主義（けいしきてきしんじつしゅぎ）

民事訴訟における当事者間で争いのない事実についてはそれを真実として扱い、争いのある事実についてのみ立証によって真実を判断するという建前です。

弁論主義から導かれます。裁判所は裁判において絶対的な真実を探求することは求められておらず、仮に真実かどうか疑わしい事実があっても、当事者が争わないものは真実として扱うことが求められています。

■刑事事件（けいじじけん）

検察官が原告になって、犯罪を行ったと思われる者に対して、犯罪行為を行ったのか否か、また、犯罪行為を行っていた場合に、いかなる刑罰を科すべきかを判断するための訴訟事件をいいます。刑罰権を科す権限は国家に与えられているため、刑事訴訟は、国家の刑罰権の行使のための訴訟ということができます。犯罪を行った者に対しては、刑罰（懲役や

罰金等）が科せられることになります。

■形成権（けいせいけん）

単に意思表示をすることで法律関係を変動させることのできる権利のことをいいます。通常の請求権では、意思表示をしただけでは法律関係の変動は起こらないので、その点で形成権は特殊であるといえます。

解除権、取消権、建物買取請求権、遺留分減殺請求権などが形成権に該当します。

たとえば、建物買取請求権の場合、建物買取請求権を行使する意思表示をした時点で所有権が移転することになります。

■形成の訴え（けいせいのうったえ）

法律の原因に基づく特定の法律関係の変動を、判決によって宣言することを求める訴えのことです。

離婚の訴え（民法770条）や株主総会決議取消しの訴え（会社法831条）が形成の訴えとしての代表例です。会社関係の法令や親族関係の法令に多く見られます。形成の訴えは、法律に規定があるため、一般的に訴えの利益も存在します。

ただ、事情の変更によって訴えの利益を失う場合も存在します。取締役の選任につき株主が株主総会決議取消の訴えを提起した場合で、当該取締役が退任したときには、訴えの利益を失うことになります。この訴えを認める判決を形成判決といい、新たな法律関係を形成する力（形成力）を有します。

■形成力（けいせいりょく）

民事訴訟において、形成判決で認められた法律状態の変動を引き起こす効力のことです。たとえば、土地の境界確定訴訟であれば、判決により境界が定められます。また、離婚請求訴訟であれば、離婚を認める判決が確定することにより、当然に離婚の効力が発生します。

■係争物（けいそうぶつ）

訴訟において、争いの目的となっている特定物のことを係争物といいます。

たとえば、AがBにXという建物を貸しており、AがBにXの返還を求めている場合は、Xという建物が本件の係争物であるということになります。

■係争物に関する仮処分（けいそうぶつにかんするかりしょぶん）

特定の物などを対象として、債権者の権利を守るために、債務者がその物などの処分を禁じる仮処分のことをいいます（民事保全法23条）。

将来の権利の実行が困難になるおそれがある場合に発令されます。

たとえば、売主Aが、甲土地を買主Bに売却し、買主Bが土地代金を支払ったにもかかわらず、売主Aが甲土地の所有権移転登記に協力しないという場合があります。この場合、売主Aが甲土地を第三者に売却してしまうおそれがあります。

このような場合、買主Bは、裁判所に対して、甲土地を第三者に売却することを禁止する「係争物に関する仮処分」を申請することができます。

■継続審理主義（けいぞくしんりしゅぎ）

民事訴訟において1つの事件の数回にわたる口頭弁論を集中的に継続して行い、その終了後にはじめて他の事件の審理に移行する審理方式です。

並行審理主義に対する用語です。審理

第2部 用語解説編 155

の効率化のためには継続審理主義の方がよいとされますが、弁護士と依頼者との協議や書面の作成準備に要する時間なども必要であり、現実には並行審理が行われています。

■競売（けいばい）
　ある物を売却しようとするときに、複数の買い手に買値をつけさせて、その中で一番高い値段をつけた人に売却をすることです。債務者の財産を差し押さえ、強制的に売却し、債権者に代金を配当するときに競売がなされます。買主が値段を「競」ることで「売」却がなされるので、競売と呼ばれます。

■競売開始決定（けいばいかいしけってい）
　不動産競売の申立てが適法で問題がなかった場合に、裁判所が競売の開始を宣言することをいいます。通常は、申立てが受理されてから約1週間から2週間程度で競売開始決定が行われます。
　競売開始決定によって、該当する不動産に差押えの効果が生じます。競売開始決定が債務者に送達されたときから、債務者は不動産を処分できなくなります。

■競売等妨害罪（けいばいとうぼうがいざい）
　国や公共団体が行う競売を妨害する罪のことをいいます（刑法96条の6）。3年以下の懲役または250万円以下の罰金が科されます。威力を用いて競売を行う者に圧力をかけたり、談合をすれば、競売等妨害罪が成立します。

■結審（けっしん）
　訴訟の審理がすべて終了することを結審といいます。結審すると、訴訟手続きは判決の言渡しに進むことになります。
　ただし、結審の後であっても、新しい証拠が発見された場合など、さらに審理をする必要性が生じた場合については、審理が再開することもあります。

■決定（けってい）
　訴訟一般で行われる手続きのひとつですが、民事手続きにおいては、裁判所の判決以外の裁判のことをいいます。決定を行う場合には、口頭弁論を経る必要はありません。また、決定に対する不服申立ての方法は抗告です。たとえば、訴訟指揮に関する事項（弁論の分離・併合など）は、決定によって裁判が行われます。

■厳格な証明（げんかくなしょうめい）
　証拠能力が認められ、かつ適法な証拠調べ手続を経た証拠によって行われる証明のことです。犯罪事実の証明は厳格な証明によらなければなりません。
　民事訴訟においては、法定の証拠調べ手続きによる証明のことを厳格な証明といいます（民事訴訟法180条以下）。
　厳格な証明と対置される概念として自由な証明があります。

■原告（げんこく）
　民事訴訟において、訴えを起こした者を原告といいます。たとえば、貸主Aが、借主Bに対して貸したお金の返還請求をする民事訴訟の場合には、貸主Aが原告となります。逆に、借主Bがお金を借りていないことの確認を求める民事訴訟の場合には、借主Bが原告となります。

■原告適格（げんこくてきかく）
　民事訴訟法上、訴えを起こすことができる資格のことです。
　原告として、訴訟を行い、判決の名宛人となることにより確実に紛争を解決することができ、保護されるべき法的利益がある場合に原告適格が認められます。
　原告適格のない者が起こした訴えは、訴えの内容を審査されることなく却下されます。たとえば、Aが、Bから甲建物を賃借し、その後、Cが甲建物は自己が所有権を有する建物であると主張して、明渡しを請求してきた事例において、借主Aは、Cとの紛争解決のために、「甲建物がBの所有に属することを確認する」との判決を求めて訴えを提起することができます。なぜなら、この訴えはAC間の紛争解決（ないしAの法的地位の安定）に有益であり、Aの訴えには確認の利益があるからです。
　逆に、全く自分と関係のない者の土地の所有権確認の訴えなどは、紛争の解決の点から意味がないので、原告適格がないものとして訴えが却下されます。
　なお、行政法上も、訴訟を起こすことについて法律上の利益のある者のことを「原告適格がある」と表現します。

■原始的複数（げんしてきふくすう）
　複数請求訴訟のうち、訴えの当初から複数の請求がある場合を原始的複数といいます。後発的複数に対する用語です。訴訟の当初から、原告が貸金の返還と物の引渡しの両方を相手方に請求するようなケースです。

■検証（けんしょう）
　裁判官が五官（視覚、聴覚、嗅覚、味覚、触覚）の作用によって、直接に人や物の性状を認識して、その結果を証拠資料とする証拠調べです。たとえば、交通事故に関する損害賠償請求の案件であれば、当該事故の現場を見ることが検証です。
　検証は、民事訴訟でも刑事訴訟でも行われます。刑事訴訟における検証は強制処分としても任意処分としても行われることがあります。

■原状回復の裁判（げんじょうかいふくのさいばん）
　仮処分命令により債権者が物の引渡しを受けた後に、裁判所が仮処分命令を取り消す場合において、債権者に対して債務者に物を返還するように命じる裁判等のことです（民事保全法33条）。
　仮処分命令がなされた場合には、通常、債権者は債務者から何らかの給付を受けていることがよくあります。しかし、仮処分命令が取り消されたような場合には、債権者が債務者から給付されたものを保持しておく根拠がなくなることになります。この場合に、仮処分がなされる前の状態に戻すための手続きとして原状回復の裁判があります。

■顕著な事実（けんちょなじじつ）
　裁判所が知り尽くしている事実のことで、証明が不要になります。裁判所に顕著な事実ともいいます。広く世に知られていて誰でも知っているような事実である「公知の事実」と、裁判官がその職務過程で知り得た事実である「職務上顕著な事実」が、顕著な事実です。たとえば、「日本の人口は、約1億2000万人である」という事実が「公知の事実」に該当します。
　また、たとえば「当該裁判官が、自ら

下した他の案件の判決」が「職務上顕著な事実」に該当します。前述したような事実は、裁判所にとって明確であり、誰もが納得する事ができる事実であるため証明が不要になります。したがって、裁判官が、個人的・私的に知り得た事実は、「職務上顕著な事実」には該当しません。

■原本（げんぽん）

判決書などの公文書や私文書の本体・実物を原本といいます。

契約書であれば、契約当事者が2通作成し、それぞれ1通ずつ持つことにして、署名押印した書面が契約書の原本です。一方、戸籍については、原本は役所内に保管されているため、請求者が取得できるのは、原本の写しである謄本となります。

■権利抗弁（けんりこうべん）

訴訟において、その権利を行使すると表明しなければ、裁判所に抗弁として扱ってもらえないものを権利抗弁といいます。同時履行の抗弁権（民法533条）などの主張がこれに該当します。

売買代金請求訴訟において、被告である買主が瑕疵のない売買の目的物を原告である売主から受け取っていないことが訴訟の経過でわかっても、被告側が「完成品は未受領であるから代金支払義務がない」と主張して、同時履行の抗弁を主張しなければ、その主張を認める引換給付判決を裁判所は出すことができません。

■権利根拠規定（けんりこんきょきてい）

権利関係の発生要件を規定する法規のことです。権利関係は、権利根拠規定が定める要件事実を満たしているときに、発生します。たとえば、消費貸借は、その権利根拠規定である民法587条が定める2つの要件事実（「種類、品質および数量の同じ物の返還の約束」「目的物の受領」）があった場合に、その権利関係が発生します。なお、権利根拠規定が定める要件事実は、その要件事実を満たすことによって発生する権利を主張する者が証明責任を負います。

■権利主張参加（けんりしゅちょうさんか）

民事訴訟において、訴訟の目的の全部または一部が自己の権利であることを主張する第三者が、参加申出をする場合をいいます。他人間で係属中の訴訟に当事者として参加する独立当事者参加の一形態です。たとえば、AがBに貸した物の返還請求訴訟をしたときに、Cがその物に対する所有権を主張して参加する場合が挙げられます。

こ

■故意（こい）

民事事件においては、損害等の結果が発生することを認識していながら、それを受け入れて行為に至る心理状態をいいます。主に、不法行為に基づく損害賠償請求訴訟において、加害者が損害発生について故意の有無が問題になります。なお、刑事事件では、犯罪を犯す意思を指して、故意の用語が用いられています。

■合意管轄（ごういかんかつ）

当事者の合意によって発生する管轄のことです。原告と被告が合意により訴訟を争う裁判所を決めた場合には、その裁

判所に管轄が生じます。

たとえば、神奈川県に住むAと埼玉県に住むBが契約を締結し、「第一審は東京地方裁判所とする」という契約条項を盛り込んだ場合などに東京地裁に管轄が生じるのが合意管轄です。

通常の民事訴訟に関しては、原則として相手方の住所地を管轄する裁判所に訴えなければなりません。しかし、取引の相手方が遠隔地の場合には、多額のコストがかかって不便なことも多くあるため、とくに企業間の取引では当事者にとって都合のよい裁判所を契約書の合意管轄条項で定めておくのが通常です。

なお、合意管轄には、特定の裁判所のみを管轄裁判所とする「専属的管轄の合意」と、複数の裁判所を管轄裁判所とする「競合的管轄の合意」があります。

■公開主義（こうかいしゅぎ）

審判は公開の法廷で行われなければならないという原則のことです。審理を公開することが公の秩序または良好な風俗を害するおそれがある（たとえば、性風俗に関する裁判は一般大衆に好奇の目で見られるので、公開すること自体が望ましくない）と裁判官全員が認めた場合には審理を非公開とすることができます。

秘密裁判は憲法により禁止されています（憲法82条）。この原則により、国民は裁判を傍聴することができ、公正な裁判が行われているかチェックすることが可能になります。ただし、性風俗に関する裁判や、当事者のプライバシーの観点から人事訴訟は、公開の場では行われないことがあります。

■公課証明書（こうかしょうめいしょ）

公課証明は、不動産に関する課税標準額および税相当額を記載した文書をいいます。公課証明書には、不動産の評価額に関する評価証明書の記載事項もあわせて記載されます。公課証明書は、原則として、その不動産の所有者にのみ発行されることになっています。そのため、不動産競売申立書を作成した後にそれをコピーし、それを提出して、競売申立てに必要であることを示し、発行を申請します。

■合議制（ごうぎせい）

単独ではなく、複数の構成員の意思を統合することで意思決定を行う制度のことです。裁判所では、たとえば最高裁判所の小法廷では5名、大法廷では15名の裁判官から構成される合議制が採用されています。地方裁判所は単独性が原則ですが、事件によっては合議制となることがあります。

■攻撃防御方法（こうげきぼうぎょほうほう）

民事訴訟において、原告または被告が行う陳述や証拠の申出のことです。原告側の提出するのが攻撃方法、被告側の提出するのが防御方法です。

たとえば、貸金返還訴訟であれば、お金を貸した原告側が、金銭消費貸借契約証書や返済状況を示す書類などを示して、貸借があって期限までに返済がなされていないことを主張することになります。これらの資料が攻撃方法です。一方、お金を借りたとされる被告側は「返済済みである」「別の債権と相殺した」「受け取ったお金は貸借でなく贈与されたものである」などと主張し、証拠を示して、

防御することになります。

■甲号証（こうごうしょう）

民事訴訟において、原告が提出した書証のことを甲号証といいます。提出する書証の順番に従って、「甲第1号証」「甲第2号証」「甲第3号証」というように、番号をつけることになっています。

なお、被告が提出した書証は乙号証といいます。

■抗告（こうこく）

裁判所の決定や裁判官の命令に対する不服申立方法です。

民事訴訟では、不服申立期間の違いにより、通常抗告と即時抗告に分けられ、審級の違いにより、抗告と再抗告とに分けられます（民事訴訟法328条以下）。また、確定後の申立てである特別抗告もあります。刑事訴訟では、最高裁判所に対する特別抗告とそれ以外の一般抗告に分けられます。一般抗告は、不服申立期間の違いにより、通常抗告と即時抗告に分けられます（刑事訴訟法419条以下）。

抗告は、判決における控訴に対応する用語です。上級審への不服申立てであり、法の定めがある場合にのみ行うことができます。抗告は抗告状を原裁判所（決定や命令をした裁判所）に提出して行います。抗告を受けた裁判所は、再度の考案を行った上で、これを認めないとした場合に、抗告裁判所に事件を送付します。

■交互尋問（こうごじんもん）

最初に証人の取調べを申し出た当事者が尋問し（主尋問）、続いて他方の当事者が尋問（反対尋問）、さらに主尋問をした当事者が尋問する（再主尋問）、というように当事者が交互に証人を尋問する方式のことです。証人から必要かつ正確な証言を引き出すと共に、証人の信頼性を確認するのに適切な方法と考えられています。民事訴訟でも刑事訴訟でも交互尋問は行われます。

■公示送達（こうじそうたつ）

受取人が行方不明のときなど書類等の送付が不可能な場合に、一定の公示手続き（官報や庁舎の掲示板に載せるなど）をとることで、送達されたものとみなすことです。

原則として原告の申立てにより行われますが、訴訟の遅滞を避けるため、職権で行われるときもあります。なお、公示送達により呼出しを受けた当事者は、口頭弁論の期日に出頭したり書面を提出しなくても、自白の擬制はなく、相手方の主張した事実を認めたことにはなりません。

■公証人（こうしょうにん）

法務局などに所属し、法務大臣が指定する所属法務局の管轄の公証役場において事務をする者のことです。公証役場の中には電子公証（パソコンに読みこめる電子ファイルを使って作成された文書についての公証業務のこと）を行っている場所もあります。

公証人は、公正証書の作成や定款の認証といった公証業務を行う権限をもちます。法律の専門知識をもつ者（裁判官や検察官、弁護士であった者など）の中から、法務大臣が任命します。

■公正証書（こうせいしょうしょ）

公証役場で、公証人によって作成される公文書のことです。

公正証書には、公正証書化できるものとできないものとがあります。公正証書化できるものは、個人の権利義務に関係があるものです。たとえば、金銭の貸し借りについて公正証書を作成することが考えられます。他方、公正証書化できないものは、内容が公序良俗（社会で一般的に通用している秩序・利益や道徳のこと）に違反していたり、法令に違反していたりするものです。たとえば、「当然にサービス残業をする」といったことを強要することが考えられます。

一定の公正証書については、債務名義になるという利点が認められます。

■公正証書原本不実記載等罪（こうせいしょうしょげんぽんふじつきさいとうざい）

公務員に対して虚偽の申立てをして、公務員にウソの内容の書類を作成させることは公正証書不実等記載罪に該当します（刑法157条）。原則として5年以下の懲役または50万円以下の罰金が科されます。

たとえば、離婚するつもりがないのに離婚したと装って離婚届を提出して戸籍簿にその旨を記載させた場合や、登記名義を有する者に無断で、不動産の譲渡の事実はないのにその旨の登記の申請をして登記簿にウソの事実の記載をさせたような場合に、公正証書原本不実記載等罪が成立します。

■控訴（こうそ）

第一審の終局判決に対して、不服を申し立てることをいいます。簡易裁判所が民事事件の第一審であれば、地方裁判所に控訴することになり、地方裁判所が第一審であれば、高等裁判所に控訴することになります。控訴は第一審の裁判所に、判決書の送達日から2週間以内に控訴状を提出して提起します。控訴審では、不服申立ての限度においてのみ、第一審判決の取消し、変更が行われます。

刑事裁判においても、第一審の終局判決に対しての不服申立てのことを控訴といいます。

■控訴棄却（こうそききゃく）

原判決が正当で、控訴または附帯控訴による不服申立てを理由がないとする場合に、控訴または附帯控訴を棄却する判決です。控訴審で下される本案判決のうち、原判決を是認するものです。当事者がこれに不満の場合は、上告を検討することになりますが、上告審は法律審であり、上告理由は憲法違反、判例違反などに限定されています。

■公知の事実（こうちのじじつ）

通常の知識経験を有する一般人が疑いを抱かない程度に知れわたっている事実です。公知の事実は、顕著な事実のひとつであり、事実であることを証明することなく、訴訟において事実として用いることができます。たとえば、平成7年（1995年）に神戸で地震が起こったという事実や、平成23年（2011年）に東北で地震が起こったという事実は、誰もが知っていることですので、訴訟において証明することなく事実として用いることができます。

■高等裁判所（こうとうさいばんしょ）

最高裁判所に次ぐ裁判所で、地方裁判所の第一審判決に対する控訴などについて裁判権をもちます。札幌・東京・大阪

など全国8か所に設置されています。

裁判官3名の合議体で事件を取り扱います。この他、家庭裁判所の判決や簡易裁判所の刑事事件に関する判決についての控訴審、簡易裁判所の民事事件に関する判決についての上告審なども受け持ちます。最高裁判所は法律審であるため、訴訟における事実認定については、高等裁判所が最終審となります。

■口頭主義（こうとうしゅぎ）

民事訴訟において、弁論と証拠調べは口頭で行うとする原則です。民事訴訟法では、口頭主義が原則とされており、書面主義は例外とされています。

すべての主張は口頭弁論において、口頭でなされるのが原則であるため、口頭弁論を欠席した場合には、初回の口頭弁論期日を除き、事前に書面を提出しても陳述したとは認められません。ただし、簡易裁判所においては、口頭主義が緩和され、第2回目以降の口頭弁論期日において欠席した場合も書面による陳述擬制が認められています。

■口頭弁論（こうとうべんろん）

裁判官の前で、口頭で訴えについての主張や反論を行うことです。

口頭弁論は公開で当事者双方が出席して行われます。弁論主義の原則から、当事者は口頭弁論において、事実を主張し、証拠を申し出て、自己の求めるような判決を下すよう、裁判官に働きかけることになります。裁判官は口頭弁論を開かなければ判決をすることはできません。

また、口頭弁論の実施にあたっては、攻撃防御方法の準備をするため、当事者双方がそれぞれ準備書面を用意し、裁判所に提出すると共に、相手方に送付しなければなりません。

■口頭弁論一体性の原則（こうとうべんろんいったいせいのげんそく）

口頭弁論は、数回の期日にわたることが通常で、その間になされた弁論や証拠調べは、同一の効果をもち、裁判所の心証も、弁論の全趣旨を通じて形成されていきます。これを口頭弁論一体性の原則といいます。口頭弁論は、請求の趣旨の証明あるいは否定という大きな目的に沿って行われるもので、個々の弁論や証拠もそのためのものだということが、この原則により位置付けられます。

■口頭弁論の欠席（こうとうべんろんのけっせき）

民事訴訟の当事者が口頭弁論に欠席することをいいます。

民事訴訟における口頭弁論は、当事者が裁判所に行くことによって行われますが、当事者が口頭弁論を欠席することもあります。そのような場合を想定して民事訴訟法はいくつかの規定を置いています。

まず、相手方が在廷していない口頭弁論では、準備書面に記載した事実でなければ主張することができません（民事訴訟法161条3項）。また、最初の口頭弁論の日においては、欠席した当事者が答弁書や準備書面を提出していた場合には、それを陳述したものとみなすことができます（同法158条）。さらに、当事者双方が口頭弁論を欠席して1か月以内に期日の申立てをしない場合や、当事者双方が連続して2回の口頭弁論期日を欠席した場合には訴えの取下げがあったものとみなされます（同法263条）。

■交付送達（こうふそうたつ）

送達名宛人に対し送達書類を直接交付して行う送達方法です。送達を受ける者の住所、営業所等において、郵便の業務に従事する者が、送達名宛人に書類を交付して送達するのが、通常の送達方法です。交付送達ができないときは、出会送達、補充送達、差置送達、書留郵便等による送達をすることになり、それもできないときは、申立てにより公示送達を行うことになります。

■公文書（こうぶんしょ）

役所が職務上作成する文書のことをいいます。公文書を偽造した場合は公文書偽造罪として処罰されます（刑法155条）。

また、民事訴訟において、公文書は真正に作成されたものであると推定されます（民事訴訟法228条）。

■抗弁（こうべん）

被告が、原告の主張を単に否定するのではなく、別個の事実を主張して争うことで、原告の攻撃に対する被告の防御方法のひとつです。

たとえば、貸金返還訴訟において、貸主に証書はあるがお金は受け取っていないと主張するのではなく（否認）、「すでに借りたお金は返済した」あるいは、「別の債権と相殺した」「債権譲渡通知を受けて別の人に返済した」などと主張して、相手の主張に反論することをいいます。抗弁の場合、被告側にその主張する事実について立証責任があります。

■小切手訴訟（こぎってそしょう）

小切手制度が、小切手の市場での円滑な流通と迅速な決済を予定する制度であることから、証拠を書証に限定し、迅速に債権者に債務名義を取得させることを目的とした訴訟のことを小切手訴訟といいます（民事訴訟法367条）。

小切手をめぐる訴訟においても通常訴訟をとることはできます。しかし、券面額や当事者が定まっており、争点が少ないケースが多いので、迅速性を重視した小切手訴訟が創設されました。

小切手訴訟では目的物は小切手債権と、利息に限られ、訴えられた側は反訴ができず、証拠も書証に限定されています。原則として一期日で終了し、判決には職権で仮執行宣言が付せられます。

■告知（こくち）

何らかの事実を告げることを告知といいます。たとえば、民事訴訟の当事者は、利害関係を有する第三者に対して訴訟が行われていることを告知できます（民事訴訟法53条）。また、裁判所による訴訟の呼出し（同法94条）も告知の例です。

■固有必要的共同訴訟（こゆうひつようてききょうどうそしょう）

原告となるべき者が複数いる場合には全員が原告として名を連ねなければ訴訟を提起することができず、被告となるべき者が複数いる場合には全員を被告として訴えなければならないような訴訟の形態をいいます。原告・被告が複数いる共同訴訟のうち、共同訴訟人全員について一律に紛争解決が図られる必要的共同訴訟の一形態です。たとえば、ある土地が共有の場合に隣地との境界の確定を求める訴えや、共有不動産の所有権移転登記請求訴訟が挙げられます。

さ

■債権計算書（さいけんけいさんしょ）

債権計算書とは、配当期日を基準として、債権額を計算した書面のことです。配当を実施するにあたり、債権者は債権計算書を裁判所に提出することになっています。提出された債権計算書に基づいて、配当表が作成され、配当が行われることになります。

債権計算書には、事件番号、日付、債権者の住所・氏名・押印・電話番号、債権額合計、債権の発生年月日・原因、元金現在額、利息の利率・現在額、損害金の現在額、執行費用などを記載します。

なお、債権計算書は、配当期日呼出状を受け取った日から1週間以内に提出することになっています。

■債権差押命令（さいけんさしおさえめいれい）

債権執行の申立てが適法であった場合に、執行裁判所が発する命令のことを、債権差押命令といいます。

債権差押命令は、まず第三債務者に送達され、次に、債務者に対して送達されます。これは、債権執行の申立てを察知した債務者が先回りして、第三債務者から弁済を受けてしまうことを避けるためです。その後、執行裁判所から差押債権者に対して送達月日が通知されます。債権差押命令が債務者に送達されてから1週間経過すれば、差押債権者は第三債務者から債権の取立てができます。

■債権執行（さいけんしっこう）

債務者が有している金銭債権を、強制執行によって差し押さえることをいいます。債権を差し押さえると、第三債務者から弁済を受けられるようになります。

債権は姿かたちがないので、債務者が誰に対して債権をもっているのか、認識しにくいという特徴があります。そのため、債権者が以前から債務者の債権について耳にしているなど、情報がないと債権執行は申し立てられないことになります。

■債権者代位権（さいけんしゃだいいけん）

債務者が自分の権利を行使しない場合に、債権者が債務者に代わってその権利を行使して、債務者の財産の充実を図る制度です（民法423条）。

権利行使の要件は、ⓐ債務者が無資力であること、ⓑ債務者自身が権利を行使しないこと、ⓒ債権者の一身専属的な権利でないこと、ⓓ原則として保全すべき債権が履行期にあること、です。たとえば、AがBに対して金銭債権を有し、BはCに対して金銭債権を有していたとします。このとき、Aは、BのCに対する金銭債権をBに代位して行使できます。

■債権者取消権（さいけんしゃとりけしけん）

債権者が不利益を被るとわかって行った、債務者と他の者の間の法律行為の効果を債権者が取り消すことを認める権利です（民法424条）。詐害行為取消権ともいいます。債権者は債務者の財産処分行為を取り消し、失った財産を債務者の財産の中に戻すことができます。権利行使の要件は、ⓐ財産権を目的とする行為であること、ⓑその行為によって債務者の責任財産が減少し、その結果、債権者が債権を回収できなくなってしまうこと、

ⓒその行為により資力の不足を生じることを債務者が知っていること（詐害意思）、ⓓ債権者取消権の行使の相手方である受益者や転得者が、債務者の行為により債権者が害されることを知っていること、です。

たとえば、AがBに対して金銭債権を有しており、BはBの唯一の財産である土地をCに贈与したとします。このとき、Aは債権者取消権を行使して、BのCに対する贈与を取り消すことができます。

債権者取消権は裁判外で行使することはできません。そのため、債権者取消権を行使するためには、訴訟を提起する必要があります。債権者取消訴訟を提起する場合には、受益者や転得者のみを被告とすればよく、債務者を被告とする必要はありません。なお、債権者取消権の効果は、債権者と受益者・転得者の間でのみ生じると考えられています。

■**債権者平等の原則（さいけんしゃびょうどうのげんそく）**

債務不履行の場合に行われる債権の強制執行において、すべての債権者が債権額に比例して平等に配当されるとする原則をいいます。

たとえば、債務者の責任財産が100万円なのに対し、債権者Aが300万円、同Bが100万円の債権を有していた場合、責任財産はAとBの債権額の合計に満たず、またABの債権額の比が3：1なので、100万円を3：1で配当します。つまり、Aは75万円、Bは25万円を受け取ることができます。

■**債権届出（さいけんとどけで）**

一定の債権を有する債権者が、裁判所からの催告を受けて、債権を裁判所に届け出る手続きのことを債権届出といいます。

債権者が債務者所有の不動産に対して、すでに抵当権の設定を受けていたり、仮差押をしていた場合に、他の債権者の申立てにより競売開始決定がなされると、裁判所から、債権を届け出るように催告されることになっています。

申立てをした債権者よりも、その不動産に対して優先的な担保権などをもっている者がいれば、その担保されている債権の額をそれぞれ明らかにします。その上で、不動産を競売し、売却代金から優先順位に従って配当されます。

■**最高価買受申出人（さいこうかかいうけもうしでにん）**

入札または競り売りにおいて、最も高額の買受けの申出をした者をいいます。

入札期日において、執行官が開札して最高価買受申出人を定めます。最高価買受申出人が決まった後に競売の申立てを取り下げるには、その同意を得なければなりません。最高価買受申出人は、買い受ける資格がないなどの売却不許可事由に該当しない限り、売却決定期日において売却許可を受けて買受人となり、買受代金の入金を経て、所有権を得ることになります。

■**再抗告（さいこうこく）**

抗告をした裁判所の決定に憲法違反があること、または明らかな法令違反がある場合に、抗告をした裁判所の決定について再度の抗告をすることをいいます（民事訴訟法330条）。

簡易裁判所の決定に対して地方裁判所へ抗告したものの、その決定に対してさ

らに高等裁判所に抗告する場合を再抗告といいます。憲法違反や憲法解釈の誤り、決定に影響を及ぼすことが明らかな法令違反のみを理由とすることができます。

なお、刑事訴訟においては、再抗告は禁止されています（刑事訴訟法427条）。

■最高裁判所（さいこうさいばんしょ）

国の司法を担当する最高機関です。常に合議制で、15人の裁判官全員で構成される大法廷と、5人の裁判官で構成される3つの小法廷があります（裁判所法9条）。

最高裁判所の長官は内閣の指名に基づき、天皇が任命します（憲法6条）。最高裁判所の裁判官は内閣が任命しますが、任命後、最初に行われる衆議院議員総選挙の際に国民審査を受けることになっており、投票者の多数が罷免を可とした場合は罷免されます。国民審査から10年を経たときは、さらに新たな国民審査を受けなければなりません（同法79条）。最高裁判所は違憲立法審査権を持ち、いわゆる三権分立の一角を占めます（同法81条）。

■最高裁判所規則（さいこうさいばんしょきそく）

⇨裁判所規則

■財産開示手続き（ざいさんかいじてつづき）

金銭債権についての強制執行等を確実に行うために、債権者の申出によって債務者の財産を明らかにするための制度です（民事執行法196条以下）。

たとえば、金銭支払を命じる判決が出たとしてもその判決が支払方法を具体的に指示しているとは限らず、また支払を命じられた者の財産状態を明らかにするわけではありません。このような場合で支払を命じられた側が素直に支払わないときには、強制執行を行うことになります。しかし、支払いを命じられた側が財産を隠すなど、素直に従わない場合もあります。このようなときには財産開示手続きを申し立て、支払を命じられた者の財産状況を明らかにすることができます。

財産開示手続きは確定判決や和解調書の持ち主が地方裁判所に申立てをすることで始まります。裁判所は期日を指定して支払を命じられた者に財産目録を作成させ、提出を命じます（不服申立てが認められています）。その上で支払を命じられた者は期日に出頭して宣誓し、財産についての陳述を行うことになります。

■再審（さいしん）

確定した判決の事実認定に誤りがあった場合などに、裁判をやり直す制度です。主な再審事由としては、法律上関与してはならない裁判官が関与したこと、代理権を欠く者が訴訟を行ったこと、重要な事実についての判断の漏れがあることなどが挙げられます。たとえば、脅迫などで重要な証人が出廷できず証拠が限定的となり、判決が事実に即していなかった場合などには再審が認められます。

なお、刑事訴訟では、証拠が偽造であったことが判明したことや、新たな証拠が発見されたことなど、被告人に有利な場合にのみ、再審が認められます。

■再訴禁止効（さいそきんしこう）

同一の問題について訴えを再度行うことができなくなる効果を再訴禁止効といいます。判決のもつ効力のひとつであり、

判決まで出たにもかかわらずまた同じことを訴えていたのでは労力がムダになることから認められています。たとえば終局判決が出た後に訴えを取り下げたとしても、同一事項については再訴ができないことが再訴禁止効の典型です（民事訴訟法262条2項）。

■裁判（さいばん）
　裁判所または裁判官の法律行為で、具体的な争訟を解決するためになされる法的判断の表示です。裁判は裁判を下す主体や審理方法、告知方法などの違いにより判決、決定、命令の3種類に区分されます。たとえば金銭消費貸借契約をめぐるトラブルがあった場合に、裁判所は次のような判断をします。
ⓐ　貸主が借主に金銭の返還を求めて訴訟を起こした場合、口頭弁論が必ず開かれ、裁判所による「判決」が下されます。
ⓑ　貸主が借主の資産処分に不安を抱いて仮差押を申し立てた場合、口頭弁論は必ずしも必要ではなく、裁判所によって仮差押命令という「決定」がなされます（命令ですが性質としては決定です）。
ⓒ　訴訟において裁判官に期日申立てをした場合には、裁判官が期日を決定する「命令」を出します。

■裁判員（さいばんいん）
　裁判員裁判において、国民の中から選ばれて裁判を行う者のことをいいます。
　裁判員は国民の中から無作為に選ばれます。裁判員に選ばれると原則として辞退をすることはできません。

■裁判所（さいばんしょ）
　司法権を行使する機関のことです。憲法76条において、すべての司法権は最高裁判所と下級裁判所に属すると定められています。裁判所には、最高裁判所、高等裁判所、地方裁判所、家庭裁判所、簡易裁判所があります。また、裁判所法という法律があり、そこで裁判所の中身について詳しく定められています。

■裁判書（さいばんしょ）
　裁判の内容や結果などを記載した書類のことで、民事訴訟においては、裁判の原本のことを指します。具体的には、判決書などがこれにあたります。
　「裁判所」と区別するために、「さいばんがき」と呼ばれることもあります。

■裁判上の自白（さいばんじょうのじはく）
　⇨自白

■裁判上の和解（さいばんじょうのわかい）
　原告と被告が、訴訟の途中に、裁判所で「訴訟を終わらせよう」と、一定の解決方法を両者で定めて合意し、裁判所にその意思を表示することです。
　たとえば、不動産明渡請求訴訟で、被告は明け渡す代わりに原告から引越代を受け取るというように、判決までに要する時間や証拠の強弱を考慮して、両者が双方の主張の一部をそれぞれ取り下げて歩み寄ることにより、和解が成立します。裁判所が和解を主導するケースも多くあります。裁判上の和解が成立すると和解調書が作成されます。和解調書は債務名義となります。

■裁判所規則（さいばんしょきそく）

訴訟に関する手続きや、裁判所内の事務処理に関する事項について、最高裁判所が定める法規範をいいます。最高裁判所規則ともいいます。

憲法77条1項は、最高裁判所に裁判所規則の制定権を与えています。これは、裁判所の自主性を確保して、国会、内閣から司法権の独立を達成すると共に、裁判所の専門的判断を尊重するためです。ただし、裁判所の対象となり得る事項について、法律で定めることができないとするものではなく、法律でこれを制定することも許されます。

■裁判所書記官（さいばんしょしょきかん）

各裁判所に置かれる機関で、調書・記録の作成、保管、送達事務、訴訟上の事項の公証などを行います。

裁判所書記官は裁判記録の「公証的役割」と裁判官の「補助的役割」を担います。前者については裁判所書記官の作成した調書は法廷でどのようなことが行われたかを示すものです。法廷の内容を証明するには、この調書のみが証拠となります。後者については原告の訴状に不備がある場合などにその補正を促したり、訴え後は審理進行の見込みを立てたり、訴訟が円滑に進むような役割を果たします。

■裁判所に顕著な事実（さいばんしょにけんちょなじじつ）

⇒顕著な事実

■裁判所法（さいばんしょほう）

最高裁判所、下級裁判所の構成や裁判権の範囲について定めた法律です。たとえば、民事訴訟の請求額が140万円を超える場合であれば地方裁判所の管轄になるといったことも、裁判所法に定められています。このような裁判所の管轄に関することの他、各裁判所の合議制・一人制、裁判官の任免、裁判所職員や司法修習生に関すること、法廷の公開・非公開や秩序維持に関すること、評議における評決の方法などが定められています。

■裁判籍（さいばんせき）

裁判の管轄権があることを裁判籍があるといいます。

裁判籍は普通裁判籍と特別裁判籍に分かれます。普通裁判籍は、原則として被告の住所地にあり、当該被告に対するすべての裁判を普通裁判籍を管轄する裁判所に提訴することができます。特別裁判籍は事件の内容により認められる裁判籍です。専属管轄でなければ、普通裁判籍のある裁判所と特別裁判籍のある裁判所のどちらに提訴してもかまいません。

■裁判の羈束力（さいばんのきそくりょく）

裁判でなされた判断が、その裁判がなされた裁判所や他の裁判所を拘束する効力のことです。裁判での判断がその判断をした裁判所自身を拘束するので、訴訟の結果に不服のある当事者は上訴や再審によって裁判所による判断の取消しを求めることになります。

また、他の裁判所を拘束している例としては、上級審でなされた取消判決の理由となった判断の部分については差戻審を拘束することや（民事訴訟法325条3項）、事実審で確定した事実認定の判断は上告審を拘束すること（同法321条1

項）が挙げられます。

■裁判の公開（さいばんのこうかい）
　憲法82条１項は、原則として裁判は公開で行われなければならないことを定めています。これを裁判の公開といいます。
　裁判を公開し、裁判を国民が監視できるようにすることで、公平・公正な裁判が担保されると考えられています。
　裁判官の全員が裁判の公開により公の秩序を害すると考えた場合は裁判の中でも審理を非公開とすることができます。しかし、政治犯や表現の自由等が問題となっている裁判については公開しなければなりません。

■裁判費用（さいばんひよう）
　訴訟の手数料や送達費用など、裁判所の行為に必要な訴訟費用のことです。
　訴状やその他の申立書に貼る収入印紙費用、書類の郵送費用、証人の旅費日当などが訴訟費用となります。原則として勝訴した側が相手方に請求できます。なお、弁護士費用は裁判のために必要な費用ですが、訴訟費用にはなりません。

■裁判離婚（さいばんりこん）
　調停で話し合いがつかない、裁判所の審判にも納得がいかない、という場合に、最終的に訴訟を起こして離婚することです。離婚が認められるためには、法定離婚原因（法的に定められた離婚理由）がなければなりません。家庭裁判所において離婚原因の有無が判断されます。

■裁判を受ける権利（さいばんをうけるけんり）
　憲法32条で保障されている人権です。

独立・公平な裁判所において、平等に権利・自由の救済を受けることができ、裁判所以外の機関により裁判されることがないということを内容とします。
　裁判所は、司法上の救済を求めて裁判を起こした者を拒絶することはできません。憲法32条が保障する裁判とは訴訟事件（当事者の権利・義務関係について判断する民事事件や刑事事件のこと）を意味し、非訟事件は含まれません。

■債務名義（さいむめいぎ）
　強制執行することによって実現される請求権（債権）が、たしかに存在するということを公に証明する文書のことです。
　確定判決や調停調書、仮執行宣言付支払督促など、強制執行の根拠となる文書のことです。たとえば100万円の貸金返還請求訴訟を行い、勝訴判決を得た場合には当該判決が債務名義となります。また、判決確定前であっても判決に仮執行宣言が付されていれば、それも債務名義としての効力をもちます。裁判所関与外では執行認諾約款のある金銭支払に関する公正証書も債務名義をもつものとして認められています。

■詐害行為取消権（さがいこういとりけしけん）
　⇒債権者取消権

■詐害防止参加（さがいぼうしさんか）
　民事訴訟において、訴訟の結果によって、自分の権利が侵害されると主張する第三者が、参加申出をする場合をいいます。他人間で係属中の訴訟に当事者として参加する独立当事者参加の一形態です。たとえば、不動産の売買契約が無効

さ行

であるとして、AがBに対して、移転登記抹消請求訴訟を提起したときに、その不動産に抵当権をもつC（抵当権者）が、その不動産がBの所有であることを確認するために参加する場合が挙げられます。

■先取特権（さきどりとっけん）

法律に定めた一定の債権を担保するために認められる法定担保物権です。

先取特権には、ⓐ債務者の総財産を対象とする一般先取特権、ⓑ債務者の特定動産を対象とする動産先取特権、ⓒ債務者の特定不動産を対象とする不動産先取特権があります。従業員の賃金債権の他、不動産賃貸借における借主の債務や不動産の工事費用を担保するためにも先取特権が認められています。

■差置送達（さしおきそうたつ）

送達名宛人または就業場所以外の場所における補充送達受領資格者（送達名宛人に送達書類を渡すことを期待できる能力を有する者をいいます）が、正当の理由がないのに受領を拒否した場合に、その場に送達書類を置いてくることによって行う送達方法です。

就業場所では、補充送達受領資格者に差置送達はできません。差置送達では差し置いた日に、送達の効力が生じることになります。差置送達ができない場合には、書留郵便による送達等を検討することになります。

■差押え（さしおさえ）

民事法上、確定して上訴できなくなった判決、その他の債務名義に基づいて金銭債権を強制的に執行できるよう、債務者の財産の事実上または法律上の処分（譲渡など）を禁止するために行われる手続きをいいます（民法154条など）。債務者の財産を確保して適正な配当ができるようにするために行われます。

なお、刑事手続きにおいては証拠物の取得手段として「差押え」という用語が用いられています。個人が所持しているものを、無理やり取り上げて捜査機関が取得する処分のことを差押えといいます。

■差押禁止財産（さしおさえきんしざいさん）

債務者の所有する財産であっても、強制執行の目的物として差し押さえることが禁止される財産をいいます。債務者の生活に必要な財産まで取り上げて債務者が困窮に陥るのを防止するためです。

具体的には、債務者等の生活に必要な衣服、寝具、家具、生活費（差押禁止動産）、給料債権、退職金債権の一部（差押禁止債権）があります。

給料債権については、4分の3に相当する部分は差し押さえてはならないものとされています（民事執行法152条）。ただし、手取額が44万円を超える場合には、33万円を超える額については全額の差押えが認められています。

■差押債権者（さしおさえさいけんしゃ）

債務者の財産を差し押さえた債権者のことを差押債権者といいます。

債務者が債務の履行をしない場合には、債権者は債務者の財産から自らの債権を回収することになります。そのため、債務者の財産に対して差押えをします。

■差押登記（さしおさえとうき）

不動産が強制執行の手続中であることを公示するための登記です。債権者は裁判所に申し立てて、将来債務者の不動産を競売し、その配当から債権の回収をする準備として、不動産を差し押さえることができます。そして差押えがあったことを誰もが知ることができるように、裁判所の嘱託によって差押登記が行われます。

差押登記は、債権者が債務者の不動産に対して強制競売を申し立てた場合、または抵当権者などが担保権実行を申し立てた場合、裁判所が申立てを認めれば登記されます。この場合、裁判所は、強制競売開始決定をすると共に、差押えをします。強制競売開始決定が下されると、裁判所書記官から法務局に差押えの登記の嘱託を行います。嘱託を受けた法務局は、差押登記を行います。

■差押え等に係る自己の物に関する特例（さしおさえとうにかかるじこのものにかんするとくれい）

非現住建造物や建造物以外の物に対して放火をしても、火をつけられた物が放火犯自身の所有するものであれば、他人の物に放火した場合と比較して刑が軽くなります（刑法109条2項、110条）。

しかし、差押えや保険の対象となっている物に放火した場合には、それが放火犯自身の所有するものであっても、他人の所有する物に放火したのと同じ扱いをすることとされています（同法115条）。これが、差押等に係る自己の物に関する特例です。自分の所有する物に放火したとしても、差押えや保険の対象となっていれば、他人の物に放火したのと変わらないと考えられているからです。

■差止請求（さしとめせいきゅう）

他人が自分にとって不利益となるおそれのある行為をし、またはしようとしているときに、それをやめるように求めることをいいます。請求が認められた場合には、加害行為は一応止むことになります。たとえば、隣人のギターの音がうるさい場合には、法的措置として差止請求をすることになります。損害は金銭によって賠償するのが原則です（民法722条）。しかし、たとえば、公害や表現行為については、それが継続される場合、新たな損害が日々生じます。そのため、公害を発生させている行為や表現行為そのものを止めることを求める必要性があり、差止請求が認められています。

差止請求の根拠としては、人格権（憲法13条）、不法行為（民法709条）などがあります。ただ、差止請求は、相手方の利害と大きく衝突します。たとえば、公害については他人の営業の自由（憲法22条1項）、表現行為については他人の表現の自由（同法21条1項）と衝突します。そこで、差止請求が認められる要件は狭く解されるのが通常です。

■差引納付の申出（さしひきのうふのもうしで）

強制競売を申し立てた債権者が落札をした場合に、差引納付を申し出ることを、差引納付の申出といいます。差引納付とは、売却代金から受けるべき配当額を差し引いた額を納付することで、簡易・迅速な決済方法として認められています。

差引納付の申出は、売却決定期日の終了までに申し出ることが必要です。

■差戻し（さしもどし）

　原判決を破棄する場合、原裁判所（控訴審が行われた裁判所、高等裁判所が第一審の場合にはその高等裁判所）に差し戻して審理させることが一般的であり、このことを破棄差戻しといいます。

　刑事裁判でも民事裁判でも、原判決が妥当でないと判断された場合には、差戻しが行われる可能性があります。

■参加承継（さんかしょうけい）

　民事訴訟において、当事者等が変わった場合に、新たに当事者等になる者の申出により訴訟の承継がなされるのが参加承継です。参加承継は民事訴訟法49条に規定されています。たとえば、訴訟の当事者がＡＢで、訴訟外にＣがいるとします。このとき、Ｃの側からＡＢの訴訟への参加を申し出るのが参加承継です。参加承継により訴訟に参加した者は、原則として従前の訴訟の結果を引き継ぎます。

■参加的効力（さんかてきこうりょく）

　民事訴訟に補助参加した者やその訴訟の当事者から訴訟告知（民事訴訟法53条）を受けた者に生ずる効力です。被参加人が敗訴した場合で、被参加人と参加人の間においてのみ生じます。

　たとえば、ＡがＢから強迫を受けて土地をＢに売却し、Ｂは善意（強迫の事実を知らないこと）のＣにこの土地を売却したとして、ＡがＣに返還請求訴訟を起こしているとします。ＣはＢに訴訟告知をして、Ｂを訴訟に参加させることができます。そして、その結果、Ａが勝訴してＢの強迫が認められたとします。この場合、Ｃは土地をＡに返すことになりますが、Ｂに損害賠償請求をすることができます。そしてその後、ＢとＣが争うことになった場合において、ＢはＡに対する強迫はなかったとＣに対し主張することはできません。この効果を参加的効力といいます。第三者が補助参加した場合に参加的効力が生じる他、第三者が訴訟告知を受けた場合は、告知を受けると、参加できるときに参加したとみなされ、参加しなくても参加的効力が発生します。

■残業代不払い返還訴訟（ざんぎょうだいふばらいへんかんそしょう）

　時間外労働をしているにもかかわらず、会社が残業代を支払わない場合に、従業員が申し立てる訴訟のことをいいます。

　労働基準法では、1日8時間、1週間40時間を超える労働は時間外労働であると規定されています。残業代は、「時間外労働の時間数×1時間あたりの賃金×1.25（1か月の時間外労働が60時間を超える場合は、その超える部分については×1.5）」というように計算されます。

　残業代不払い返還訴訟を提起する場合は、何時から何時まで働いたか、支払われた賃金はいくらであったかなどを証明することが重要になります。

■三審制（さんしんせい）

　一審、二審、三審というように、審判の機会を三度設けることです。たとえば地裁管轄の訴訟を起こす場合にはまずは地方裁判所に訴えを提起します（一審）。

　地裁判決に不服がある場合には高等裁判所に控訴ができます（二審）。

　高裁判決にも不服で一定の理由がある場合には最高裁判所に上告して三度審判を受けることになります（三審）。

■暫定真実（ざんていしんじつ）

　推定は、ある事実を証明することで他の事実が推認されるのが通常の形態です。

　しかし、何らの前提事実を証明しないで、無条件に一定の事実を推定する規定も存在します。このように、無条件に推定される事実を暫定真実といいます。法律上の推定と同様に、証明責任を転換させ、立証者の負担を軽減するものですが、前提事実の証明すら不要な点が異なります。

　たとえば、取得時効においては占有が善意・平穏・公然であることが要件となっていますが、民法186条1項の規定により、占有は善意・平穏・公然であると推定されることになります。そのため、善意・平穏・公然の要件は存在するものとして扱われるので、これらを否定する者が反証する必要があります。

■残部判決（ざんぶはんけつ）

　民事訴訟において、一部判決の後に、審理が続行された部分を完結する判決です。

　たとえば、AがBに対し、貸金返還請求と賃貸物引渡請求の2つの請求を併合して訴訟しているときに、貸金返還請求についてのみ先に一部判決が出て、その後に賃貸物引渡請求について審理して判決が出た場合の、賃貸物引渡請求に関する判決が残部判決となります。

し

■敷金返還請求訴訟（しききんへんかんせいきゅうそしょう）

　不動産の賃貸借契約が終了し、退去をした場合に、借主側が貸主側に敷金の返還を求めて申し立てる訴訟のことをいいます。敷金とは、賃貸借契約の締結時に貸主が借主から預かる金銭です。敷金は、賃料の不払いや家屋の保管義務違反があった場合に、その損害を補てんするために利用されます。これらの違反行為がない場合は、退去に伴って、借主に敷金返還請求権が生じるものとされており、貸主は借主に敷金を返還しなければならないことになっています。

■時機に後れた攻撃防御方法（じきにおくれたこうげきぼうぎょほうほう）

　訴訟の早い段階でも可能だった主張や提出できた証拠を、訴訟が進行してから提出することをいいます。新事実でもないのに一審後、控訴審でいきなり新たな攻撃防御方法（たとえば、貸金返還請求訴訟で第三者弁済を主張するなど）を出す場合などがこれにあたります。訴訟遅延が見込まれる場合には、時機に遅れた攻撃防御方法は、申立てや職権で却下されることになります（民事訴訟法157条）。

■事件番号（じけんばんごう）

　裁判所が訴状を受け付けた際に、事件を識別するために、事件記録につけた番号をいいます。訴状が受理されると受付印が押され、事件番号が決まります。事件番号は、その後裁判所に問い合わせをするような場合に使用します。

　具体的には、事件の種類ごとに記号がつけられ（簡易裁判所の和解事件は「イ」、一般訴訟事件は「ハ」など）、その後ろに事件の種類ごとの通し番号がつけられ、事件が記号番号により特定されることになります。

■自己拘束力（じこうそくりょく）
　ひとたび言い渡された判決は、言い渡した裁判所によって変更したり撤回することができなくなることをいいます。民事訴訟や刑事訴訟の終局判決に発生する効力のことです。

■事後審（じごしん）
　裁判のやり直しの方法として、別に審判をやり直すのではなく、原審判の当否を事後的に審査する方式のことをいいます。現在の民事訴訟や刑事訴訟における上告審は事後審としての役割を果たしています。

■事実上の推定（じじつじょうのすいてい）
　事実認定に際し、裁判官の自由心証主義の一作用として経験則を適用して、ある事実から他の事実を推認することです。
　法律上の推定に対する用語です。たとえば、不倫に係る慰謝料請求訴訟では、ラブホテルに２人で入ったという事実を立証すれば、不貞行為のあったことが一般的に推認されることになります。

■事実審（じじつしん）
　事実認定を行う裁判のことです。貸金返還請求訴訟などで当事者同士の主張を証拠を基に判断し（事実認定）、そこに法律判断を加えるのが事実審です。民事訴訟では一審と控訴審が事実審となります。対義語の法律審は民事訴訟では上告審が対象となり、ここでは事実認定は行わず、法律判断のみ（前審判断が判例などから問題があるかなど）を行います。

■事実認定（じじつにんてい）
　事実があったのかなかったのかを認定する作業のことです。
　たとえば、貸金返還請求訴訟で被告が「弁済した」と主張し、原告が「それは別の債権のものだ」と主張した場合に、証拠をもとに弁済の事実があったか否かを認定するのが事実認定です。

■示談（じだん）
　当事者同士で民事の紛争を解決する契約です。お互いに譲歩があれば、和解となります。たとえば不法行為（民法709条）による損害賠償請求が問題となっている事件において当事者間で「○万円支払う」という条件で合意する場合です。民事上で紛争防止の役割を果たすだけでなく、公訴提起に相手の告訴が必要な一部の刑事事件（ちかん事件など）では刑事上の機能も果たすことになります。

■執行異議（しっこういぎ）
　執行裁判所の執行処分で執行抗告をすることができないものに対する異議申立てのことです（民事執行法11条）。
　執行抗告（民事執行法10条）以外の不服申立ては執行異議によることになります。原則として、執行手続きについては、執行異議により不服を申し立てることになります。ただし、競売開始決定などにおいては担保権の消滅や不存在を理由に執行異議を行うことができます。

■執行官（しっこうかん）
　各地方裁判所に置かれ、裁判の執行、裁判所の発する文書の送達などの事務を行う単独制の機関です（民事執行法２条）。執行吏ともいいます。たとえば訴

状の送達などは執行官が行います。
　また、強制執行に際してたとえば不動産の現況調査（不動産の現在や内容を把握するための調査のこと）を行って売却手続を主宰したり、債務者の家宅を訪ねて動産物件などを持っていくなどの役割を行うのも執行官です。

■**執行官法（しっこうかんほう）**
　裁判所に配属されて、送達事務・強制執行・競売などの事務を担当する公務員である執行官の職務・除斥・手数料などについて定めた法律です。
　なお、執行官は、他の裁判所職員が給与制であるのと違い、職務執行の手数料が収入となります。

■**執行機関（しっこうきかん）**
　民事法上、申立てに基づいて執行手続を実施する機関です（民事執行法2条）。原則として、執行裁判所と執行官がこれにあたります。
　金銭執行における不動産や船舶に対する執行、債権の執行などにあたっては、執行裁判所が執行機関となります。執行官も、動産に対する執行、不動産などの引渡し・明渡しの執行などの実力行使をするので執行機関に該当します。
　なお、行政法上は、警察官、消防職員など行政目的を実現するために実力を行使する行政機関のことを執行機関といいます。

■**執行供託（しっこうきょうたく）**
　供託の種類のうち、強制執行のためにする供託のことを執行供託といいます。
　たとえば、金銭債権が差し押さえられた場合、第三債務者は金銭債権の全額に相当する金額を供託することができます。また、同一の金銭債権が重複して差し押さえられた場合、第三債務者は金銭債権の全額に相当する金銭を供託しなければなりません。これらの供託が執行供託にあたります。

■**執行抗告（しっこうこうこく）**
　民事執行の手続に関する執行裁判所の裁判に対し、手続違反を主張して、その取消し・変更を求める不服申立てのことです（民事執行法10条1項）。
　差押命令が出た後、執行抗告期間内であれば、債務者は「差押禁止物件に差押えをした」などの理由を添えて執行抗告をすることができます。
　裁判所の手続きに不備がある場合などに執行抗告が認められます。
　執行抗告は、明文で規定されている場合にのみ認められています。原則として、執行手続の違法についてのみ不服申立てをすることができ、権利の内容が正しいかどうかといった点については別の手続で不服申立てをすることが必要です。

■**執行裁判所（しっこうさいばんしょ）**
　独自に執行行為をなす他、執行官がなす執行行為に協力し、また、これを監督する機関のことを執行裁判所といいます（民事執行法3条）。つまり、具体的な強制執行の手続等をするのが執行裁判所です。
　執行の内容としては、不動産執行、動産執行、配当手続き、債権執行、間接強制などがあります。

■**執行証書（しっこうしょうしょ）**
　公正証書のうち、債務者が直ちに強制執行に服する旨が記載されているものを執

行証書といいます（民事執行法22条5号）。

債務名義の一種です。債権者はあらかじめ執行証書を得ておけば、訴訟をせずに強制執行ができるというメリットがあります。たとえば離婚した夫婦が養育費・慰謝料などの支払を定め、強制執行認諾約款を設けた離婚合意書などを公正証書の形で作成したものが執行証書です。この場合に養育費・慰謝料の支払が行われなかった場合には当該条項を根拠に強制執行を行うことができます。

■執行の停止／執行の取消し（しっこうのていし／しっこうのとりけし）

強制執行が開始された後にこれを停止することを強制執行の停止といいます。民事訴訟法403条や民事執行法36条に規定されています。たとえば、下級審で判決が出ても上訴がなされたような場合に、判決で認められた強制執行が停止されることがあります。

また、執行機関が執行処分の効力を失わせることを執行の取消しといいます。民事執行法40条1項に規定があります。

■執行費用（しっこうひよう）

強制執行のために必要な費用のことを執行費用といいます。執行官手数料、印紙料、差押物の保管料などが執行費用に該当します。執行費用については原則として債務者が負担することになります（民事執行法41条1項）。

■執行文（しっこうぶん）

債務名義によって直ちに強制執行してもよいことを証明する文書のことです（民事執行法26条）。

たとえば民事調停などを行った債権者が債務者に対して強制執行を行う際には民事調停の書面に裁判所書記官に「債権者Aは、債務者Bに対し、この債務名義に基づき強制執行することができる」といった文言を付与してもらい、この文言を根拠として強制執行を行うことになります。これが執行文です。

民事訴訟において権利の存否を決定する裁判所（受訴裁判所）と、その権利に基づいて強制執行を行う裁判所（執行裁判所）は別々であるため、強制執行を根拠付ける証拠がなければ執行裁判所はうかつに強制執行できません。そのため、執行裁判所が強制執行を行うことができるように執行文が要求されます。

■執行文付与の訴え（しっこうぶんふよのうったえ）

執行文を付与してもらうために必要な書類を提供できない場合に、訴訟上で証明することにより、その書類に替えることができます。そのための訴訟を執行文付与の訴えといいます。

本来、執行文は裁判所書記官や公証人から付与されることになります。ただし、執行文を付与してもらうために必要な書類を提供できないなどの事情で、裁判所書記官や公証人から執行文の付与を受けられない場合があります。たとえば、ある事実を強制執行の条件としていた場合に、事実を文書によって証明することが難しい場合などです。この場合、訴訟によって執行文の付与に必要な書類の提出に替えることができます。

■執行命令（しっこうめいれい）

法律を実施するための細則を定める法規命令です。執行命令は行政機関が定め

ます。法施行規則などの表題で、法律では規定されていない細かい部分についてまで定めたものです。

■**執行吏（しっこうり）**
⇨執行官

■**執行力（しっこうりょく）**
　債務名義に基づいて強制執行ができる効力のことを執行力といいます。たとえば、金銭債権を有する者が債務者の財産から強制的に自分の債権を回収すれば、債権者は執行力を行使したことになります。執行力は給付判決が確定したような場合に生じます。
　強制執行には、執行力のある債務名義が必要であり、確定判決の他、仮執行の宣言を付した支払督促、強制執行認諾文言のある公正証書、調停調書などに執行力が認められています。

■**実質証拠（じっしつしょうこ）**
　訴訟において提出された証拠が、要証事実の有無を証明しようとしている場合、それを実質証拠といいます。
　たとえば、Aの万引き行為が問題となっているような場合、Aの万引き行為を見たというBの証言が、要証事実であるAの万引き行為の有無を証明する実質証拠となります。

■**実質的証拠力（じっしつてきしょうこりょく）**
　文書の証拠としての価値のことです。具体的には、文書の内容が、事実の真否に対する裁判官の心証形成に影響を与える程度のことをいいます。
　たとえば同じ人が作成したとされる文書でも、改ざんしやすい上にその痕跡（こんせき）も残らないワードなどのデジタルデータによるものと、紙に書いたものとでは実質的証拠力は変わってくることになります。ただし、実質的証拠力はあくまで自由心証であり、同じものが必ずしも同じ証拠力として扱われるわけではありません。

■**実体法（じったいほう）**
　法的関係そのものについて定めた法のことを実体法といいます。「こんな場合にはこういう内容の権利や義務が発生する」ということを定めた法律のことで、たとえば、「借りた金は返さなければならない」「人を傷つけた者は罰せられる」など、社会の規範を直接規律する法律が実体法です。権利の発生・変更・消滅などの要件について定めた法で、民法・商法・刑法などが実体法に分類されます。
　これに対して、実体法が定める法律関係を実現するための手続きを定めた法を手続法といいます。民事訴訟法、刑事訴訟法、不動産登記法、商業登記法などがこれに属します。

■**指定簡易裁判所（していかんいさいばんしょ）**
　電子情報処理組織を用いて督促手続を取り扱う裁判所として最高裁判所規則で定める簡易裁判所です。
　東京簡裁が指定されており、東京簡裁の管轄地の他、現在のところ、東京高裁、大阪高裁、福岡高裁、札幌高裁、仙台高裁、高松高裁の管轄地域に住所地のある債務者に対しては、東京簡裁が実施しているオンラインによる手続きを利用して支払督促を申し立てることができます。

■指定管轄（していかんかつ）

管轄裁判所がはっきりしない場合に、上級の裁判所が、裁判によって定める管轄のことです（民事訴訟法10条）。

たとえばある事件について東京と千葉のいずれの管轄に属するか明らかでない場合などには東京高裁がどちらに属するかを指定することになります。

また、本来は管轄となる裁判所が決まっていても、当該裁判所の担当裁判官全員が除斥・忌避しなければならないような訴えが提起された場合には当該裁判所で受訴することはできないため、やはり指定管轄がなされることになります。

■私的鑑定書（してきかんていしょ）

訴訟の当事者が、自ら選択した鑑定人（医師）に鑑定を依頼して、作成してもらった鑑定書（医学的な知見について意見を記載した書類）のことを、私的鑑定書といいます。

私的鑑定書は、裁判所を通じて作成された鑑定書に比べて、信用性に欠けると判断される危険性もあります。そのため、作成を依頼する鑑定人には、その道の専門医を選択することが重要になります。

■自白（じはく）

民事訴訟法上は、相手方の主張する自己に不利益な事実を認める行為のことです。口頭弁論や弁論準備手続きにおいて行われるため、裁判上の自白ともいいます。自白が成立すると、裁判所は、自白事実を裁判の基礎とし、自白によって得られた事実は、証明が不要になります（民事訴訟法179条）。不利益な事実を認める陳述の他、相手の陳述に対する沈黙についても、弁論の全趣旨によりその事実を争ったと認められない限り、裁判上の自白が成立します。

たとえば、貸金請求訴訟で、被告側が「金銭は受け取ったが、後で返した」と主張したときは、金銭授受については裁判上の自白が成立し、原告はこれを立証する必要がなくなります。

なお、自白という用語は刑事手続きにおいても用いられており、刑事訴訟法上は、自己の犯罪事実の全部または重要な部分を認める被疑者・被告人の供述のことを自白といいます。

■自白契約（じはくけいやく）

口頭弁論において特定の事実を認めて争わない旨の合意です。たとえば貸金返還訴訟において両者の間で金銭消費貸借契約が締結されたことについては争わない場合などが自白契約の一例となります。

■自白の撤回（じはくのてっかい）

民事訴訟において、相手方の主張を認める陳述をした場合、原則としてその陳述を撤回することは許されません。しかし、例外的に自白の撤回をすることが許される場面があります。これが、自白の撤回と呼ばれる問題です。

ⓐ自白が訴訟の相手方の刑事上罰すべき行為（脅迫など）によりなされた場合、ⓑ相手方が自白の撤回に同意した場合、ⓒ自白内容が真実に反し、かつ、自白が錯誤に基づいてなされた場合にのみ、自白の撤回が許されるとされています。

たとえば貸金返還請求訴訟が提起された場合に、被告が「金は借りたが、返した」と主張した場合には、被告は原告から金を借りていたことを認めたことになります。そのため、被告が金を借りていたと

いう事実については自白が成立し、以後、被告が「やっぱり金は借りていなかった」と主張することは許されなくなります。

自白は、原則として主要事実にのみ成立するので、自白の撤回も主要事実に関するものが問題となります。

■支払督促（しはらいとくそく）

簡易裁判所の裁判所書記官を通じて債務者に対して債務を支払うように督促（催促）する制度です（民事訴訟法382条以下）。

金銭その他の給付請求権について、債務者が支給権の存在を争わないことが予想される場合に、簡易迅速に債務名義を付与することを目的にした制度といえます。

たとえば50万円の債権について支払督促手続を行い、債務者が異議を申し立てない場合には最終的に強制執行を行うことが可能になります。具体的には支払督促を申し立てた後、支払督促正本が債務者に届いて債務者が異議を述べないまま2週間が経過した場合に債権者は仮執行宣言を申し立てます。仮執行宣言付支払督促が債務者に届いてから2週間債務者が異議を述べなかった場合には強制執行をすることが可能になります。

債務者が異議を申し立てると通常の訴訟手続に移行します。

支払督促には、限度額の制限はないため、金額の大小にかかわらず支払督促を利用することができます。ただし、訴訟と異なり公示送達の制度が認められていないため、相手の住所や居所が不明の場合、支払督促を利用することはできません。

■支払保証委託契約（しはらいほしょういたくけいやく）

強制執行がなされようとしている場面で、債務者は担保を提供することで強制執行を免れることができます。担保の提供は金銭や有価証券で行うのではなく、担保提供者と金融機関との間の保証契約で行うこともできます。このとき、金融機関と締結される契約が、支払保証委託契約です。担保の提供方法としては、支払保証委託契約の他に、供託があります。

■自判（じはん）

上訴審が原判決を取り消し、自ら判決を行うことです。

原審が審理不十分であるときに、原審を再度行わせる「差戻し」に対する用語です。控訴審は自判が原則ですが、第一審が訴え却下の訴訟判決であったときは、審級の利益確保のため自判できず、必ず差戻しになります。上告審では逆に差戻しが原則となります。

■事物管轄（じぶつかんかつ）

第一審の訴訟を地方裁判所と簡易裁判所のどちらにするかの定めのことです。民事訴訟では、訴訟の目的の価額（＝訴額）を基準として、140万円以下が簡易裁判所、140万円を超える場合が地方裁判所の管轄になります（裁判所法33条）。

たとえば事件の対象となっている金額が60万円であり、少額訴訟を起こす場合には簡易裁判所に対して提起することになります。逆に500万円の貸金返還訴訟を提起する場合には地方裁判所に対して提起することになります。

■私法（しほう）
　市民と市民、市民と会社などの関係を規律する法律です。国や自治体と個人との関係を規律する公法と比較されます。
　民法、会社法などが私法です。私法は私人間の取引について規律するものが多いことから明文に反する特約を許容している任意規定が多い点に特徴があります。逆に憲法、刑法、民事訴訟法などは公法です。

■司法委員（しほういいん）
　簡易裁判所において、裁判官の和解の勧めを手助けし、審理に立ち会って意見を述べる委員です。非常勤の裁判所職員であり、法律の知識とは関係なく、一般市民の中から選任されます。司法委員の職務は、その社会経験や職業上の専門知識を生かして、裁判官に助言したり、裁判官と共に当事者に対する説明や説得にあたることです。

■司法権（しほうけん）
　民事事件、刑事事件、行政事件について、法を適用して紛争を解決する国家の権能を司法権といいます（憲法76条）。
　行政権、立法権に対する用語です。司法権は裁判所が持ち、提起された事件に対して法を適用することで紛争を解決することが権能の内容となります。

■司法権の独立（しほうけんのどくりつ）
　司法権は、立法権や行政権から独立して権能を行使することができるとされています。これを司法権の独立といいます。
　司法権の下で行われる裁判に対して立法権や行政権に干渉されると、公正な裁判ができず私人の人権を保障できなくなるおそれがあります。そのために、司法権の独立は憲法によって保障されています（憲法76条1項）。
　また、裁判の公平性を確保するために、司法権の独立だけでなく、裁判官の独立も保障されています（憲法76条3項）。

■司法事実（しほうじじつ）
　⇒判決事実

■借地非訟（しゃくちひしょう）
　契約内容の変更や借地権の譲渡など、一定の借地についてのトラブルが生じている場合に、裁判所が当事者の間に入って紛争解決のサポートをすることをいいます。手続きは申立てによる他、裁判所の職権によって開始されることもあります。

■釈明権（しゃくめいけん）
　事件の内容をなす事実関係や法律関係を明らかにするために、当事者に対して、事実上、法律上の事項について質問したり、証拠を提出するよう促す裁判所の権能のことです（民事訴訟法149条）。
　裁判所が当事者に対して質問したり立証を求めることを釈明といいます。訴訟関係を明らかにするため、釈明を求めることは裁判長の権限です。釈明には、不明瞭な部分を明らかにする消極的釈明と、当事者に主張や立証を促す積極的釈明があります。消極的釈明をすることは当然に認められますが、積極的釈明は当事者の主張立証に裁判所が介入するものなので、限定的にのみ認められます。
　刑事裁判においても裁判所には釈明権が認められ、消極的釈明と積極的釈明のどちらも行われています。訴訟の状況に

よっては釈明を求めることが裁判官の義務とされることもあります。

■**釈明処分（しゃくめいしょぶん）**

裁判所が訴訟関係を明瞭にするためになす処分のことです（民事訴訟法151条）。たとえば訴訟の事実関係の確認に必要な資料が存在する場合に裁判所が当該資料の提出を求めるのが釈明処分です。なお、刑事訴訟においても釈明処分は行われます（刑事訴訟規則208条）。

■**終局裁判（しゅうきょくさいばん）**

事件の全部または一部について、その審級の審理（現在管理を行っているその裁判所での審理）を完結させる裁判のことをいいます。民事訴訟においては請求の認容、棄却判決などが、刑事訴訟では有罪判決、無罪判決、公訴棄却判決、免訴判決などが終局裁判に該当します。

■**終局判決（しゅうきょくはんけつ）**

事件の全部または一部について、その審級の審理を完結させる判決のことです。たとえば民事裁判の貸金返還訴訟などにおいて「被告は原告に支払え」という判決が終局判決です。終局判決が出されるとその審級での手続きは完了し、以降は上の審級で続行するか、確定するかどちらかになります。また、刑事裁判で有罪判決や無罪判決を出して、その審級の審理を完結させる判決のことも終局判決といいます。

■**自由心証主義（じゆうしんしょうしゅぎ）**

訴訟に現れた証拠などをどのように評価するかは、すべて裁判官にまかせるとする原則のことです（民事訴訟法247条、刑事訴訟法318条）。心証とは、裁判で認定すべき事実に対する裁判官の内心的な判断のことです。たとえば原告に有利な証言をした証人Aと不利な証言をした証人Bがいる場合に、裁判官はA、Bのどちらの証言を採用するか、あるいは双方とも採用しないかなどの事項について法規などに縛られることなく自らの良心に基づいて決めることができます。

刑事訴訟においても自由心証主義が採用されています。ただし、自白が唯一の証拠となっている場合には被告人を有罪とはできないなど、自由心証主義に対する一定の制約は存在します。

■**集中証拠調べ（しゅうちゅうしょうこしらべ）**

証人・当事者の尋問は、できる限り、争点・証拠整理手続き終了後の最初の口頭弁論期日に、まとめて集中して行わなければならないことをいいます。

たとえば証人となり得るべき人が大勢いる場合に、全員の証言を同様に扱っていると膨大な時間がかかります。このような場合に本当に尋問が必要な証人を見極め、口頭弁論期日において短期かつ効率的な証人尋問を行うことを目的として集中証拠調べがなされます。

■**自由な証明（じゆうなしょうめい）**

民事訴訟においては、法定の証拠調べ手続きによらない証明のことです。民事訴訟においては、職権調査事項、たとえば、当事者能力や訴訟能力についての証明は自由な証明でかまわないとされています。

なお、自由な証明は刑事訴訟上の概念

でもあり、刑事訴訟では、証拠能力のある証拠によらない証明や法定の証拠調べ手続きによらない証明のことを自由な証明といいます。

■主観的追加的併合（しゅかんてきついかてきへいごう）

訴訟の継続中に、第三者の当事者に対する請求または当事者の第三者に対する請求につき、併合審判を求めることです。

たとえば、貸金返還請求訴訟において、債権者が債務者を訴えていたが、その後、連帯保証人に対して保証の履行を求める訴えを併合して裁判をするような場合がこれにあたります。

■主観的予備的併合（しゅかんてきよびてきへいごう）

数名に対する請求が実体論理上両立し得ない関係にあるとき、各請求に順位をつけ、先順位の申立てが認容された場合には後順位の申立ての審判を求めるとする併合形態です。

たとえば、建物から瓦が落下して通行人がこれにあたって負傷した場合を想定します。通行人は、建物の占有者に対し、管理責任を問い、不法行為による損害賠償請求をすることができますが、これを否定された場合に備えて、二次的に責任を負う建物の所有者に対しても、併せて損害賠償を請求できます。この場合、占有者の責任が認められれば、所有者に対する審理は開始されずに終わります。

■受継申立て（じゅけいもうしたて）

中断している手続の続行を求める旨の当事者による申立てのことです（民事訴訟法124条）。当事者が死亡する、もしくは訴訟代理人の資格が消滅するなどして訴訟が中断した場合において、その当事者の承継人（相続人・後継訴訟代理人）が決定した場合には訴訟を再開するために受継申立てをすることになります。

■主尋問（しゅじんもん）

証人の取調べを請求した当事者が最初に行う尋問のことです。

証人尋問の手順として、主尋問が最初に行われ、その後、他方の当事者からの反対尋問があり、裁判長の尋問がこれに続くことになっています。

■受託裁判官（じゅたくさいばんかん）

事件の担当裁判所から特定の事項を嘱託された他の裁判所の裁判官です。

証拠調べや尋問について、訴えが係属している裁判所から離れた遠隔地で行うことが適切である場合に、受託裁判官に対する嘱託が行われます。たとえば、証人が受訴裁判所に出頭するのに不相当な時間や費用がかかるとき、現場において証人を尋問することが事実を発見するために必要であるときに嘱託がなされます。

■主張／立証（しゅちょう／りっしょう）

訴訟において、原告と被告が、共に自分に有利な判決を求めて、自己の申立てを理由付けるために行う陳述を主張といいます。具体的な権利の存否に関する陳述を法律上の主張といい、これを理由付けるための陳述を事実主張といいます。

自己に有利な事実に関して、裁判官に確信を持たせるために、証拠等の提出を行う当事者の行為を立証といいます。

■**主張共通（しゅちょうきょうつう）**
　事実の主張について、一方当事者あるいはある共同訴訟人の主張を、他の当事者あるいは他の共同訴訟人のためにもなされたものとみなすことをいいます。たとえば、土地共有者AとBが賃借人Cに明渡請求訴訟をしているときに、Aが「Cは契約違反をしたから契約解除をしたので建物を明け渡せ」と主張すれば、Bが仮に主張しなくても、裁判所はBがこれを主張したものとして扱うことができます。なお、共同訴訟の場合は、必要的共同訴訟においてのみ、主張共通は認められます。

■**主張責任（しゅちょうせきにん）**
　当事者が主張した事実だけを判決の基礎資料とすることができる弁論主義の原則です。自己に有利な判決を得るために必要な事実を主張しなければ、その事実は判決の基礎とされず、主張責任を負っている当事者は不利益を受けます。
　たとえば、貸金返還請求訴訟の被告について、何らかの証拠により、貸金が返済済みであることが判明したとしても、返済したことを当事者が主張しなければ、裁判所はその事実を認定することはできません。この場合に、事実を主張しないことによる不利益は主張責任を負っている被告が負い、未返済であるとされることになります。なお、主張責任と類似する考え方として、自己に有利な事実を立証できないことにより不利益を被るとする立証責任という概念があります。

■**主文（しゅぶん）**
　裁判の対象となっている事項に対する最終的な結論のことです。

　民事訴訟では、たとえば貸金返還請求訴訟の場合においては、「被告は原告に対し○○円支払え」あるいは「原告の請求を棄却する」などが主文となります。原則として、主文に示された事項について既判力が生じます。
　刑事訴訟においては、たとえば、「被告人を無罪とする」「被告人を懲役○○年とする」という表示が主文になります。

■**受命裁判官（じゅめいさいばんかん）**
　合議体の中で法定事項の処理を委任されたその構成裁判官の一部の者です（民事訴訟規則31条）。裁判所外で証拠調べをするときなどに任命されます。たとえば、証人が入院中であるとき、現場において証人を尋問することが事実を発見するために必要であるときが挙げられます。弁論準備手続き、和解の試みも受命裁判官により行うことができます。

■**主要事実（しゅようじじつ）**
　民事訴訟において、法的効果を発生させるために直接必要となる事実のことを主要事実といいます。要件事実と呼ばれることもあり、主要事実を推認させることになる間接事実と対置される言葉です。
　たとえば、原告が被告に対して貸金の返還を求める訴訟を提起した場合、ⓐ原告が被告にお金を渡したこと、ⓑそのお金を被告は原告に返還をする合意をしたことの2つが、原告側が証明しなければならない主要事実となります。
　この例では、原告が「最近被告の羽振りがよかった」という事実を主張した場合は、それは間接事実として扱われます。「最近被告の羽振りがよかった」という事実があれば、被告の羽振りがよかった

のは原告から金を受け取っていたからだ、ということを推測できます。そのため、「最近被告の羽振りがよかった」という事実は、ⓐの原告が被告にお金を渡したという主要事実を推認させる間接事実となります。

　主要事実に該当する事実については自白が成立しますが、間接事実については自白は成立しないと考えられています。自白が成立した主要事実については、裁判所はその事実について判決の基礎としなければならないとされています。先の例で、ⓐの原告が被告にお金を渡した事実があると被告が認めた場合には、裁判所は原告が被告にお金を渡していないことを理由として請求棄却判決をすることができなくなります。

■準抗告（じゅんこうこく）

　民事訴訟においては、受命裁判官や受託裁判官のした裁判に対する不服申立てのことを準抗告といいます（民事訴訟法329条）。準抗告は刑事訴訟上の概念でもあり、刑事訴訟では、捜査の過程で裁判官が行った命令や、検察官・検察事務官・司法警察職員のした処分に対して行う、不服申立てのことを意味します（刑事訴訟法429条）。

■準独立当事者参加（じゅんどくりつとうじしゃさんか）

　訴訟の結果によって権利が害されることを主張する第三者または訴訟の目的の全部もしくは一部が自己の権利であることを主張する第三者が、その訴訟の当事者の一方を相手方として、当事者としてその訴訟に参加することをいいます（民事訴訟法47条）。

独立当事者参加が当事者双方を相手方とするのに対し、当事者の一方を相手方とする場合をいいます。たとえば、貸金返還請求訴訟において、債権者Aが物上保証人Bを訴えているときに、債務者Cが金銭消費貸借契約の無効を主張してAを相手方として、当事者として訴訟に参加するケースが挙げられます。Cは訴訟に補助参加することもできますが、当事者として参加することにより、Bの意思に関係なく、自由に訴訟上の行為をすることが可能になります。

■準備書面（じゅんびしょめん）

　民事訴訟において、当事者が口頭弁論で陳述しようとする事項を記載した書面です（民事訴訟法161条）。口頭弁論前に裁判所に提出し、裁判所から相手方当事者に送達されます。

　たとえば、貸金返還請求訴訟において原告は「金銭消費貸借契約を結んだ」「現在になっても返済されていない」などの記載をした準備書面を用意することになります。この場合、口頭弁論期日においては「準備書面通りに陳述します」と述べればよいことになります。最初の口頭弁論期日に欠席しても、準備書面を提出しておけば、準備書面の内容を陳述したものとして扱われます。

■準備的口頭弁論（じゅんびてきこうとうべんろん）

　本来の口頭弁論の前に行う争点および証拠の整理を目的とする口頭弁論のことです。口頭弁論の一種です（民事訴訟法164条以下）。たとえば交通事故などによる損害賠償請求訴訟を行っている場合に、事故の原因となり得る被告の過失が

ハンドル操作のミスなのか、脇見運転によるものなのかなど、争点となる部分やそのための証拠を整理するために開かれる口頭弁論が準備的口頭弁論です。

準備的口頭弁論で主張しなかった事項を後から主張しようとする場合には、準備的口頭弁論の段階で主張できなかった理由を説明しなければなりません（同法167条）。

■準備手続き（じゅんびてつづき）

口頭弁論または公判における審理が効率よく行われるようにするために、争点や証拠を整理する事前の手続きです。準備的口頭弁論、弁論準備手続き、書面による準備手続きがあります。裁判所が事件によりその必要性を判断して実施します。

■少額訴訟（しょうがくそしょう）

売掛金、少額の貸付金、飲食料金、敷金、保証金などの60万円以下の金銭の支払請求に限り、利用できる訴訟で、原則として1回の期日で直ちに判決が言い渡されます（民事訴訟法368条以下）。

少額訴訟の訴えの提起は簡易裁判所に対して行います。当事者が判決に対して異議を述べると、通常の訴訟に移行します。

■少額訴訟債権執行（しょうがくそしょうさいけんしっこう）

少額訴訟に係る債務名義による金銭債権に対する強制執行のうち、裁判所書記官を執行機関とする強制執行手続きです。

たとえば敷金返還請求などで債務名義を得たAが債務名義を受けた簡易裁判所で執行手続に入るのが少額訴訟債権執行です。通常、執行手続きは地方裁判所が行いますが、それでは手間がかかります。

そのため、少額訴訟を起こした簡易裁判所ですぐに執行手続きに入ることができる少額訴訟債権執行という手続きが認められています。

■承継執行文（しょうけいしっこうぶん）

債務名義に表示された者以外の者を債権者または債務者とする場合に必要となる執行文のことをいいます。

たとえば、債務名義に表示された債権が債権譲渡された場合や、相続の対象となって相続人に移転した場合は、承継執行文が付与されて初めて強制執行をすることができるようになります。

■証言拒絶権（しょうげんきょぜつけん）

訴訟において証言を拒否できる権利のことです。ⓐ証人本人または一定範囲の親族等の刑事訴追や有罪判決または名誉を害すべきことになる事項、ⓑ公務員が職務上守秘義務を負う事項、ⓒ医師・弁護士等が職務上知った他人の秘密、ⓓ技術または職業上の秘密に関する事項について証言を拒絶することができる権利（民事訴訟法196～197条）のことです。

証言拒絶に対しては制裁がありますが、上記の場合は拒絶が認められます。ただし、その理由は疎明しなければなりません。証言拒絶に対しては、受訴裁判所が当事者を審尋してその当否を決定します。

■条件成就執行文（じょうけんじょうじゅしっこうぶん）

債務名義に表示された債権が、一定の事実の到来（条件）にかかっている場合

に必要となる執行文のことをいいます。

条件成就執行文の付与にあたっての証明は、文書で行います。文書による証明ができないときは、執行文付与の訴えによらなければなりません。

■証拠（しょうこ）

裁判官が事実認定する際に用いる資料（材料）のことです。たとえば契約書、証人などが証拠になります。

証拠には主要事実を直接に証明する直接証拠（契約書など）と、主要事実を推認させる間接事実や補助事実を証明するための間接証拠（当事者の金銭状態などを示す証言）があります。

■証拠価値（しょうこかち）

証拠調べの結果、得られた証拠資料がもっている価値のことで、裁判官を納得させることができる力のことです。証拠力ともいわれます。証拠は経験則を用いて事実認定に用いられますが、その証拠価値は裁判官の裁量に委ねられています。ただし、証言内容が曖昧な証人の証言は証拠価値は低いといえますし、本人のサインがある文書は本人が作成したことを立証する力は強いといえます。

■証拠共通の原則（しょうこきょうつうのげんそく）

いったん提出された証拠は、それを提出した者にとって有利な形で利用しようと、不利な形で利用しようと、すべて裁判官に委ねられているとする原則のことです。たとえば、貸金返還訴訟で、貸主の側が弁済に対する領収書を提出した場合でも、この領収書から弁済の事実があったとする貸主に不利な事実を認定す

ることは可能です。

■上告（じょうこく）

控訴審の判決に対して、法令の解釈適用につき違反のあることを理由に、その破棄を上告裁判所に求める不服申立てのことです（民事訴訟法311条、刑事訴訟法405条）。上告審の判決に対しては、不服申立てはできません。

一審が地方裁判所であった場合には最高裁判所、一審が簡易裁判所であった場合には高等裁判所に上告を行うことになります。上告審は法律審であるため、上告理由も法律違反などによる場合に限られています。

■上告受理申立て（じょうこくじゅりもうしたて）

最高裁判所が、法令解釈の統一性確保の観点から、法令解釈に関する重要な事項を含むと認めた場合に、申立てにより、上告事件として事件を受理することができるとする制度です（民事訴訟法318条）。裁量上告ともいいます。上告理由が制限されたことの反面、最高裁判所の裁量による上告の受理を認めようとするものです。

上告の理由は憲法解釈の誤りや判決に関与できない裁判官が判決に関与したなどの裁判所自身の訴訟法違反に限られており、それ以外の判例違反等による上告は上告受理申立ての制度を利用することが必要です。上告状を原裁判所に提出し、最高裁判所が受理の可否を決定します。

■証拠契約（しょうこけいやく）

法律関係の前提となる事実の確定方法についての当事者の合意のことを証拠契約といいます。たとえば、建物賃貸借契

約において、「退去の申出は書面によらなければならない」と定めるのは、証拠制限契約と呼ばれる証拠契約の一種です。また、建築物請負契約における、「建築の瑕疵が後日問題となったときは、○○建築協会に判断を委ね、その決定に従う」といった鑑定についての条項も証拠契約の例として挙げられます。

■証拠決定（しょうこけってい）

　証拠の採否について、裁判所が決定をすることです。当事者が申し出た証拠について、裁判所は証拠調べをするかどうかを決定することができます。証拠決定され、調べられた証拠は、自由心証主義により、裁判所の事実認定に際し、影響を与えることになります。民事訴訟でも刑事訴訟でも証拠決定は行われます。

■証拠原因（しょうこげんいん）

　証拠資料のうち、裁判所の事実認定に用いられたものです。証言Aから甲という事実が認定されたような場合には、証言Aは証拠原因として使われたことになります。上記例の他、たとえば、書証である納品書から、売買物を納品したという事実が認定された場合、納品書は証拠原因となります。

■証拠調べ（しょうこしらべ）

　訴訟において裁判所が証拠を取り調べて心証を形成する手続きのことです。証拠調べの手続きには、証人尋問、当事者尋問などの人的証拠に関するものと、検証、書証の物的証拠に関するものがあります。証拠調べの手続きは、原則として口頭弁論で行われます。

　たとえば、当事者尋問や証人尋問がそれぞれの手続きに則って行われることが証拠調べの一例です。

■証拠資料（しょうこしりょう）

　証拠方法を取り調べた結果、得られた内容物のことで、証人の証言や、証拠物の形状・書証の記載内容などがこれにあたります。

　たとえば、交通事故の訴訟においては証人尋問における証人の「被告の車は赤信号を無視していました」と発言した場合や、鑑定人の「現場のスリップ痕から車は制限速度を大幅に超過していたと思われます」という鑑定結果などが証拠資料として扱われることになります。

■証拠能力（しょうこのうりょく）

　ある証拠方法が証拠となり得る一般的な資格のことです。証拠能力がない物を証拠調べの対象とすることはできません。民事訴訟では証拠方法に法的な制限を加えないという建前をとっています（自由心証主義）ので、原則として証拠能力に制限はありません。少額訴訟では、即座に調べることができるものに、証拠が制限されているなどの一部の例外があるのみです。刑事訴訟では、違法な手段によってとられた証拠や伝聞証拠等に証拠能力が認められません。

■証拠方法（しょうこほうほう）

　証拠調べの客体となる物で、証人や証拠物・書証（文書）などのことです。証拠方法としては証人と物証があります。証人には当事者、証人、鑑定人があり、物証には文書と検証物があります。証拠方法ごとに異なる証拠調べが行われます。

■証拠方法の無制限（しょうこほうほうのむせいげん）

自由心証主義の内容のひとつで、裁判官が事実認定のために取り調べる証拠方法は制限されないという意味です。

たとえば、諾成契約（当事者の意思のみで成立する契約）の成立が争われている場合には、その事実認定のため、書面の他、テープなどの音声、電子的な記録、証人など、さまざまな証拠を取り調べることができます。どのような証拠から事実認定をして契約成立の有無を判断してもかまいません。

■証拠保全（しょうこほぜん）

本来の証拠調べが行われるのを待っていたのでは、証拠調べが不可能または困難になるおそれがある場合に、あらかじめ証拠調べを行い、その結果を将来の訴訟において利用するために確保しておく証拠調べのことです（民事訴訟法234条、刑事訴訟法179条）。

たとえば、証人の一人が重篤（病気が重いこと）である場合などにあらかじめ証人尋問を行うような場合です。また、医師や企業を相手とした訴訟においては相手側が研究資料やカルテなどを隠ぺいするおそれがあります。このような事態を防ぐためにも証拠保全が行われます。

■証拠力の自由評価（しょうこりょくのじゆうひょうか）

自由心証主義の内容のひとつで、証拠の証拠力の評価は裁判官の自由な判断にまかされるということです。

たとえば、証言の証拠力を評価するにあたり、裁判官は発言内容だけでなく、声の大小強弱、証人のしぐさ、態度などを総合的に考慮して、自己の経験則を用いて、証言の信ぴょう性の高低を他からの束縛をうけることなく決定し、事実認定に用いることができます。

■消除主義（しょうじょしゅぎ）

⇨引受主義／消除主義

■証書真否確認の訴え（しょうしょしんぴかくにんのうったえ）

法律関係を証する書面が作成名義人の意思に基づいて作成されたものかどうかの事実の確認を求める訴えのことです（民事訴訟法134条）。

公務員が職務上作成した文書、本人の署名または押印のある私文書は真正に成立したとの推定を受けます。その真否は筆跡、印影を対比することによっても証明することができます。なお、この訴えにおいては、書かれている内容が真実であるかどうかは問われません。

■上訴（じょうそ）

自己に不利益な裁判を受けた当事者が、その裁判の確定前に、上級裁判所に対して、自己の有利にその裁判の取消し・変更を求める不服申立ての方法です。一審判決の後、判決を不服とする当事者は地方裁判所を一審とする場合には高等裁判所に、簡易裁判所が一審であった場合には地方裁判所に控訴することができます（飛越上告の合意がある場合にはいきなり最上級審に上訴をすることができます）。二審の後さらに一定の事由がある場合には上告をすることができます。

■譲渡担保（じょうとたんぽ）

担保目的物の所有権を債権者に移転し

て、それを債務者が引き続き借りておくという形の担保権です。譲渡担保は、工場に備え付けの機械や、倉庫に保管してある在庫商品など、担保化のための明確な規定がない財産を担保にとる場合に、広く利用されます。譲渡担保は、債務者が担保の目的となった物を使用し続けられるという点に特徴があります。

■譲渡命令（じょうとめいれい）

差押えに係る債権を差押債権者に譲渡する裁判です（民事執行法161条）。たとえば、BのCに対する債権をAが差し押さえた場合に、BのCに対する債権についてAへの譲渡を命じるのが譲渡命令です。

譲渡命令は第三債務者（事例ではC）に送達されたときに差押債権者の執行債権および執行費用は、執行裁判所の定める価額で弁済されたものとされます。

■証人（しょうにん）

民事訴訟では、過去に知った事実を訴訟において供述することを命じられた第三者のことをいいます。訴訟当事者とその法定代理人以外の者が証人尋問の手続で尋問を受けます。証人は、意見や判断でなく、過去の事実を供述します。

たとえば交通事故に関する訴訟で信号無視が争われている場合に、たまたまその場に居合わせて事故現場を目撃していた第三者などが証人の典型例です。

刑事訴訟でも、過去に知った事実を訴訟において供述することを命じられた第三者のことを証人といいます。原則として、被告人以外の者は証人として尋問を受けます（刑事訴訟法304条）。

■証人喚問権（しょうにんかんもんけん）

被告人が自己に有利な証人の喚問を申請できる権利のことをいいます（憲法37条2項後段）。証人が訴訟で証言をすることで被告人は自分が無罪であることを証明できる場合があります。そのため、被告人の訴訟における権利を保障するために証人喚問権が認められています。

■証人義務（しょうにんぎむ）

証人として証人尋問に応じる義務のことです（民事訴訟法190条、刑事訴訟法143条）。証人義務には証人としての要請を受ければ裁判所に出頭しなければならないという出頭義務、証言に先立って宣誓しなければならない宣誓義務、供述義務があります。正当な理由なく出頭せず、証人義務に反した場合には罰則を受けることになります。

■証人尋問（しょうにんじんもん）

証人に対して口頭で質問し、証明の対象となる事実について、その者が経験した事実を供述させて、その証言を証拠とする証拠調べのことです（民事訴訟法190条、刑事訴訟法304条）。

交通事故を目撃した第三者などが当該事故について証人尋問を受ける場合などが典型例です。証人尋問は主尋問（申出当事者による尋問）、反対尋問（相手方からの尋問）の繰り返しで進行し、裁判長の補充尋問が最後に行われます。

■消費者裁判手続特例法（しょうひしゃさいばんてつづきとくれいほう）

正式名称を「消費者の財産的被害の集団的な回復のための民事の裁判手続きの

特例に関する法律」といいます。消費者の財産上の被害救済を図る制度として、平成25年12月に制定されました。

それ以前の消費者団体訴訟制度では、事業者の不当な行為に対して差止請求を行うことしか認められていませんでしたが、この法律により、不当な事業者に対して被害回復請求（損害賠償請求）を行うことができるようになりました。

■抄本（しょうほん）
⇨謄本／抄本

■証明（しょうめい）
裁判官に確信をもって納得させることを証明するといいます。判決に大きな影響を与えるような事実については、証明が必要です。たとえば、契約締結日に当事者が会議室で話をしており、契約書が存在していて、立会人などが証人として存在しているのであれば、両者が当日に契約を締結しただろうと大半の者は疑いを入れることなく確信すると思われます。これが証明です。

一方、両者が会議室で話をしていただけであれば契約を締結したとまではいえないので証明にはあたらない場合が多いといえますが、一応契約をしたらしいという疎明にはなります。

■証明責任（しょうめいせきにん）
民事訴訟において、ある事実を証明する責任があることを証明責任といいます。挙証責任、立証責任ともいいます。通常は、事実を証明することにより有利になる側が、その事実について立証する責任を負います。

たとえば、貸金返還請求訴訟において

は、原告は金を被告に渡したという事実と、その金を返還するという合意をしたという事実を証明する責任を負います。

なぜなら、この2つの事実は、原告の請求が認められるために必要な事実だからです。これに対して、被告がすでに弁済をしているという事実は、被告が証明すべき事実になります。すでに弁済をしているという事実が証明されれば、原告の請求は棄却されることになるので、弁済の事実は被告にとって有利な事実だからです。立証することができないと、その事実はないものとして扱われます。そのため、被告が証明責任を負っている弁済の事実について立証がなされない場合には、弁済の事実はないものとして扱われ、証明責任を負っている被告が不利益を負うことになります。

■証明責任の転換（しょうめいせきにんのてんかん）
本来は原告または被告が証明責任を負う場合に、その証明責任を相手側（被告または原告）に負わせることを証明責任の転換といいます。証明する側の負担が大きい場合や、保護の必要性がある場合などに、相手側が証明することを要求されます。たとえば、不法行為（民法709条）による損害賠償では、被害者が加害者の故意または過失を証明しなければなりません。しかし、自動車による事故の場合、自動車損害賠償保障法の規定があるため、加害者側で、自分に過失がなかったことを証明することになります。

■証明責任の分配（しょうめいせきにんのぶんぱい）
いかなる要件事実について、いずれの

当事者に証明責任を負担させるべきかの定めのことです。

当事者はそれぞれ一定の法律効果の存在を主張して争いますが、その主張する法律効果の発生を定める要件事実について証明責任を負います。たとえば、貸金返還請求訴訟では、債権者は金銭消費貸借契約の成立（法律効果）を主張し、金銭の授受、返還の約束の存在など（要件事実）について証明責任を負います。被告は、返還請求権の不存在（法律効果）を主張するのであれば、弁済や相殺したこと（要件事実）について証明責任を負います。

■証明妨害（しょうめいぼうがい）

証明責任を負わない当事者が、故意または過失により証明責任を負う当事者の立証を失敗させ、または困難にすることです。たとえば、医療過誤訴訟で医師側が保存しておくべきカルテを不法に廃棄したような場合がこれにあたります。証明妨害の程度により、妨害を受けた側の証明責任を軽減したり、主張を事実として推定するなどのペナルティが証明妨害をした側に課されます。

■証明力（しょうめいりょく）

証拠が事実認定に役立つ程度のことです。その証拠が、裁判官にある事実の有無を認定させるだけの力をどの程度もつかにより、その証拠の証明力が高い、低いというように使われます。

■剰余主義（じょうよしゅぎ）

不動産の強制競売などの場面において、不動産を売却した金銭等により差押債権者の債権に優先する不動産上の負担および執行費用を弁済して剰余が得られる場合にのみ、不動産の売却を許すという原則のことをいいます。たとえば、5000万円の不動産に対して被担保債権が1億円の第1順位の抵当権と、被担保債権が3000万円の第2順位の抵当権が設定されている場合には、第2順位の抵当権を有する者は、強制競売をすることができません。強制競売をしたとしても、売却代金はすべて第1順位の抵当権者が手に入れてしまうことになるからです。

剰余主義は、競売を申し立てた債権者に配当がなされない場合には、その者の申立てを認める実益がないとする考え方に基づくものであるとされています。

■将来の給付の訴え（しょうらいのきゅうふのうったえ）

将来の給付義務について給付判決を求める訴えのことです（民事訴訟法135条）。原則として認められませんが、履行期到来後、すぐに執行ができるように準備しておく必要がある場合など一定の場合に限って許されます。履行期が未到来の債権について将来給付の訴えを提起しても、原則として訴えは却下されます。ただし、債務者が債務の存在を否定するなど、履行期に債務者からの履行が期待できない場合は、前もって、将来の給付の訴えを起こすことができます。

■嘱託登記（しょくたくとうき）

国や地方公共団体が登記を行う場合に、役所（国や地方公共団体の機関）から直接依頼されて行う登記のことです。法令に規定がある場合に行われます。破産の登記や差押えの登記などがあります。

嘱託による登記には、役所以外の当事

者がある権利関係について争っているような場合に介入して行う場合と、役所が取引の主体となっている場合の2つがあります。たとえば、処分の制限に関する登記は、裁判所書記官の嘱託による登記の申請です。また、滞納処分によって不動産や権利が差し押さえられ、公売処分となった場合の、その公売処分による権利の移転の登記などについては役所の嘱託によって登記の申請が行われます。

役所の行う手続きに誤りはないとの判断から、役所が登記に関わる場合には一定の登記手続を省略することができます。

■職分管轄（しょくぶんかんかつ）

異なる種類の司法手続きを、それぞれ別の裁判所に配分する管轄のことです。

たとえば、人事訴訟や家事調停は家庭裁判所、起訴前の和解手続や支払督促手続は簡易裁判所の管轄であると定められており、このような区分けを職分管轄と呼びます。訴訟事件を処理する権限と執行手続きを処理する権限は別のものとされていて、それぞれ別個の職分権です。審級管轄も職分管轄のひとつとされています。

■職務上の当事者（しょくむじょうのとうじしゃ）

本来の当事者に代わって訴訟を行う者として、法律で定められている者のことを職務上の当事者といいます。

婚姻、養親縁組などの当事者が死亡した後に、婚姻、養親縁組などに関して訴訟が提起されたとします。この時、当事者が死亡しているため検察官が訴訟を行うことになりますが、この場合の検察官は職務上の当事者となります。

■除権決定（じょけんけってい）

有価証券を無効とする裁判のことを除権決定といいます。除権決定は手形などに対してなされることがよくあります。手形の盗難にあったり紛失した者が、除権決定を求めることになります。

除権決定がなされる場合には、除権決定の申立てがなされていることが公示されるので、何らかの事情でなくなった手形を入手した者の権利の保護が図られているといえます。

■書証（しょしょう）

民事訴訟において、文書に記載された意味内容を証拠資料とする証拠調べのことです（民事訴訟法219条）。あくまでも文書の意味内容を対象としたものでなければなりません。たとえば、売買代金支払請求訴訟であれば、売買契約書や納品書、受領書などが原告側の書証として提出されることになります。

■除斥（じょせき）

裁判官が当事者の一方の配偶者であるような場合など、法定の原因がある場合に、当然に職務を行うことをできないようにすることです（民事訴訟法23条、刑事訴訟法20条）。たとえば、民事訴訟においては裁判官自身や裁判官の配偶者が訴訟の当事者となっていることなどが除斥原因とされています。また、刑事訴訟においては、裁判官が被害者であったり、被告人や被害者の親族であることが除斥原因とされています。

■職権主義（しょっけんしゅぎ）

裁判所に訴訟の主導権を認める原則のことです。民事訴訟においては、訴えを

受け付ける受訴裁判所の管轄について、また、訴訟当事者の資格や訴訟手続きの進行については、職権主義により、裁判所が積極的に関与することになります。しかし、事件の内容である請求などの主張や事実証明については、弁論主義が採用されており、当事者が積極的に関与することになります。

　刑事訴訟でも、証拠の提出などについては原則として当事者が行うものとされていますが、管轄などについては裁判所が積極的に関与します。

■**職権証拠調べ（しょっけんしょうこしらべ）**

　裁判所が、職権で証拠を調べることです。

　民事訴訟では、原則として、当事者（原告または被告）の申出がなければ、証拠調べをすることができません（職権証拠調べの禁止の原則）。なぜなら、民事訴訟では私人間の財産関係などの争いであるため、当事者の意思を尊重することを重視しているためです。ただし、当事者の意思を害することがない場合や、当事者にまかせることが適当ではない場合は、職権で証拠調べをすることができます。たとえば、裁判の管轄（どの裁判所が訴訟を担当するか決めること）に関する事項や、当事者尋問、証拠の保全などについては、裁判所が職権で行うことができます。

　刑事訴訟においては、職権で証拠調べをすることが認められています（刑事訴訟法298条）。

■**職権進行主義（しょっけんしんこうしゅぎ）**

　裁判所が職権で、訴訟の進行をコントロールするという考えをいいます。たとえば、攻撃防御の適時提出の観点から当事者の弁論や証拠の申出を制限したり、証拠調べを行うかどうかの決定をするといった審理の進行や訴訟指揮については、裁判所の権限とされています。

■**職権探知主義（しょっけんたんちしゅぎ）**

　証拠資料の探索や収集を裁判所の職責でもあるとする建前です。

　民事訴訟では、弁論主義の原則から、証拠は当事者が収集し、提出することになっており、通常の民事訴訟においては職権探知主義は採用されていません。身分関係を定めるための人事訴訟（たとえば、養子縁組に関する訴訟や離婚訴訟）などにおいては、職権探知主義が採用されている例があります（人事訴訟法20条）。

■**職権調査事項（しょっけんちょうさじこう）**

　当事者から別段異議や申立てによる指摘がなくても、裁判所が自らその事項をとりあげて相応の処置をすべき事項のことです。訴訟経済など公益的なことに関わるものについては職権調査事項であるとされているものが多いといえます。

　たとえば、当事者能力の有無、訴訟能力の有無、裁判所の管轄などは裁判所の職権調査事項です。

■**職権による登記（しょっけんによるとうき）**

　登記官が職権で行う登記のことです。申請または嘱託による登記が原則ですが、例外として、登記官が申請や嘱託なしに職権で登記を行うことができる場合

があります。たとえば、民事保全手続きにおいて、登記官が保全仮登記に基づく本登記をする場足には、職権で、その保全仮登記と共に行った処分禁止の登記の抹消登記を行わなければなりません。

■処分禁止の仮処分（しょぶんきんしのかりしょぶん）

債務者が目的物について、譲渡したり担保権を設定することを禁止することを処分禁止の仮処分といいます（民事保全法23条1項）。

目的物に関する訴訟が提起されていたとしても、その後に目的物が譲渡されてしまうと訴訟が無意味になってしまいます（目的物が譲渡されても当然に訴訟の当事者が変更されるわけではないので、目的物に関する権利をもたない者に対する判決がなされてしまうことになるからです）。そのため、訴訟を提起する場合には、目的物が訴訟の当事者となっている者のところから移転してしまうことがないように、処分禁止の仮処分をすることが多いといえます。

■処分禁止の仮処分の登記（しょぶんきんしのかりしょぶんのとうき）

不動産に対する登記請求権を保全するための登記のことです。民事保全手続きのひとつです。登記義務者が登記申請に応じない場合などに、登記請求権者の申立てにより裁判所書記官の嘱託によって行われます。

所有権移転登記請求訴訟の原告となった登記請求権者は、勝訴判決を得て判決による登記をする際に、処分禁止の仮処分の登記の後に登記された甲区および乙区の登記を単独で抹消することができます。

■処分権主義（しょぶんけんしゅぎ）

個人間で生じた争いについて、いつどんな場合に訴えを提起し、どのような請求を行い、いつまで続けるのかについて、当事者に主導権を認めたものです。当事者は、訴訟上の和解などによって訴訟を判決によらずに終了させることができ、訴えや上訴を取り下げることで、訴訟手続き自体を初めからなかったことにすることもできます。

上記のような場面が処分権主義の表れですが、これにより訴訟において当事者の主体性が求められることになり、裁判所は当事者の請求の範囲内で判決を下すことになります（民事訴訟法246条）。

■書面主義（しょめんしゅぎ）

訴訟において、弁論と証拠調べを書面で行うとする原則です。民事訴訟法では、書面主義は例外です。

書面主義は口頭主義に対する用語です。訴えの変更や取下げは書面によらなければなりません。また、第1回口頭弁論では陳述擬制により書面の提出も有効とされる（被告に限る）他、簡易裁判所では2回目以降の期日においても、書面による陳述が認められています。

■書面による準備手続き（しょめんによるじゅんびてつづき）

当事者は出頭しないで、口頭弁論でどのような主張を行うかなどを記した準備書面を提出し、書面を交換して争点や証拠の整理を行う手続きのことです（民事訴訟法175条）。必要があれば、裁判官は、補助的に電話会議システムを使って当事者双方と協議することもできます。

書面による準備手続きは、準備的口頭

弁論や弁論準備手続と並ぶ争点および証拠を整理する手続きです。いずれを採用するかは裁判所が決定します。当事者の出頭が不要であり、遠隔地に当事者が住んでいる場合などに便利な手続きです。

■所有権留保（しょゆうけんりゅうほ）
　売買契約において、売買代金が支払われるまで、売買目的物の所有権を売主に留保するという担保の方法のことです。目的物自体は買主に引き渡されるため、買主が目的物を使用することは可能です。買主が売買代金を支払わない場合、売主は売買契約を解除でき、目的物の返還を請求することになります。

■審級管轄（しんきゅうかんかつ）
　訴訟を起こす場合に、どの裁判所がその事件を担当するのか、という裁判所の仕事の分担（管轄）について、上級裁判所と下級裁判所との関係の定めをいいます。法律の規定により管轄が定められている、法定管轄のひとつです。民事訴訟の場合、第一審は簡易裁判所か地方裁判所、第二審は地方裁判所か高等裁判所、第三審は高等裁判所か最高裁判所が事件を担当します。

■人事訴訟（じんじそしょう）
　婚姻・親子関係などの身分上の問題についての訴訟のことです。家庭裁判所の管轄であり、たとえば婚姻関係であれば婚姻無効の訴えや離婚の訴え（人事訴訟法2条1号）、親子関係であれば認知を求める訴えや嫡出否認の訴え（同法2条2号）、養親子関係の離縁を求める訴え（同法2条3号）がこれにあたります。

■人事訴訟法（じんじそしょうほう）
　婚姻や親子関係などの身分関係の形成や存否に関する訴訟についての訴訟法が人事訴訟法です。身分関係については当事者の主張を待たずに裁判所が職権で介入していくことが望ましいので、人事訴訟法により、一般の民事訴訟とは別の手続が定められています。

■真実義務（しんじつぎむ）
　訴訟の当事者は、真実に反すると知りながら主張事実を争ったり、証拠を申請することは許されないとする原則のことです。たとえば、訴訟代理人である弁護士などは勝敗によって報酬が変わってきますが、だからといって勝敗だけを考えて真実と反するような弁護をすることはできません。

■人証（じんしょう）
　証人や鑑定人、当事者本人など、生存している人間が証拠方法となる場合のことです。書証や物証に対する言葉です。証人尋問や当事者尋問により証拠調べが行われます。原則として、宣誓をさせた上で、証言をさせることになります。証人尋問は単独の裁判官が交代したような場合には、当事者の申出があれば、再度行わなければなりません。当事者尋問は申立てがなくても職権で行うこともできます。

■迅速な裁判（じんそくなさいばん）
　裁判は迅速に行わなければならないとする原則のことをいいます。憲法37条などに「裁判は迅速に行うべき」との規定が置かれています。裁判が長引くことは、訴訟経済に反しますし、訴訟の当事者の

負担も大きくなってしまいます。そのために、裁判は迅速に行うとされています。
　迅速な裁判の要請は、法律によっても求められています。裁判迅速化法は、民事事件（刑事事件も同様）の第一審手続きを、2年以内の可能な限り短期間で終了させるという目標を掲げています。

■人的担保（じんてきたんぽ）

　保証や連帯保証のように、保証人の一般財産で債権を担保するものです。保証人になったものは、自身が有する財産をもって、債務を履行しなければなりません。なお、不動産に抵当権を設定するなど、特定の財産のみを担保とすることを物的担保といいます。物的担保では、担保として提供した財産のみが担保の対象となり、他の財産を失うことはありません。

■審判（しんぱん）

　国の行政機関が、準司法手続き（行政行為について行政が自ら判断する手続きです。裁判所が関与せずに審理がなされるので準司法手続きと呼ばれます）によって法令を適用することを審判ということが多いようです。たとえば、家庭に関する事件は、プライバシーに配慮する必要があるため、裁判所が後見的な見地から関与することが相応しいため、非公開の手続きとして、家庭裁判所による審判手続きが設けられています。

■審判前の保全処分（しんぱんまえのほぜんしょぶん）

　審判後の強制執行を円滑に行うため、審判の効力が生じる前に、家庭裁判所が、暫定的な処分を命じておくことを、審判前の保全処分といいます。事件の関係人の財産が変動してしまうと、後日の強制執行が困難になる可能性がある場合に認められています。保全処分を申し立てるときには、申立てに理由があることを申立人が疎明する必要がありますが、裁判所も保全処分の必要性があるかどうかを調査することが可能です。

■審判離婚（しんぱんりこん）

　調停によっても話がまとまらず、調停委員が審判に回した方がよいと判断した場合、あるいは離婚には応じるが、金銭問題で解決がつかないといった場合に、家庭裁判所で行う審判による離婚のことです。審判においては、話し合いは一切行われませんが、審判の結果に納得がいかなければ不服を申し立てて、訴訟を起こすことができます。

■審問／審尋／尋問／質問（しんもん／しんじん／じんもん／しつもん）

　「審問」「審尋」は、特定の事実を明らかにするために、証人などを問いただすことをいいます。「審問」は、受託裁判官の手続きについても用いられる用語です。
　「尋問」「質問」は、特定の事実にこだわらずに一定の問題を問いただすことをいいます。「質問」よりも「尋問」の方が厳しく問いただすという意味があります。

■尋問事項書（じんもんじこうしょ）

　証人尋問の際に尋問する詳細内容について記載した書類のことを尋問事項書といいます。証人尋問を申し出る場合、裁判所に証拠申出書を提出する必要がありますが、証拠申出書の尋問事項の欄は、通常「別紙尋問事項記載の通り」と記載することになっています。そして、その

別紙として、尋問事項書を提出することになります。

■診療経過一覧表（しんりょうけいかいちらんひょう）
　患者の診療経過（入通院状況・所見・症状・検査・治療など）について、時系列順に記載した書類のことをいいます。
　診療経過一覧表は、医療訴訟の第1回口頭弁論期日に、裁判所が被告側に作成を命じます。その後、原告側が認否や反論を記載することになっています。

・・・・・・・す・・・・・・・

■推定（すいてい）
　一定の前提事実が証明された場合に、他の事実（推定事実）が認定されることをいいます。これは、立証の困難な推定事実を認定するのに、推定事実の立証ではなく、立証の容易な前提事実の証明で足りるとして、推定事実の証明責任（挙証責任）を負う者の救済を図るものです。具体的には、前提事実が証明され、推定事実が認定された場合、その判断を覆すためには、推定事実が存在しないことを相手方が証明しなければなりません。
　推定は、法律によって推定が強制されるかどうかにより法律上の推定と事実上の推定に分けられます。法律上の推定とは、推定が法律で定められている場合をいいます。事実上の推定とは、法律上の根拠なしに、裁判官が経験則などに照らして行う推定をいい、自由心証主義が現れている一場面とされます。
　推定の例としては、2つの時点での占有が立証されれば、その2つの時点の間はずっと占有がなされていたと推定されるとする民法186条2項の条文が挙げられます。この推定により、取得時効の立証が容易になります。

■スラップ訴訟（すらっぷそしょう）
　企業や政府など、一般に権力を持っている者が、弱者を恫喝・発言を封じる等の目的のために起こす訴訟をいいます。「Strategic Lawsuit Against Public Participation」の頭文字を取って、スラップ（SLAP）訴訟と呼ばれています。批判的な言論や訴訟、住民運動等を行っている弱者に対して、訴訟を提起することで弱者の不当な圧力につながるおそれがあります。しかし、スラップ訴訟にあたるか否かの線引は困難です。日本では、巨額の税金が投入された銀行について実状を取材で答えた元行員のみに対して、銀行側が多額の損害賠償を求めた事例等が、スラップ訴訟にあたるのではないかといわれています。

・・・・・・・せ・・・・・・・

■請求異議の訴え（せいきゅういぎのうったえ）
　債務名義に係る請求権の内容などについて異議のある債務者が、その債務名義による強制執行を止めるように求める訴えのことです（民事執行法35条）。
　たとえば、判決確定後に債務者が請求された金額を支払ったにもかかわらず、強制執行の送達を受けたときなど、不当執行に該当するときに請求異議の訴えを提起します。
　債務名義が判決のときは、口頭弁論終結後に生じた事由に限って異議を提起できます。債務名義が判決以外のとき、た

とえば公正証書が無権限の者によって作られたなど、債務名義の成立自体に対する異議も提起できます。

■請求棄却判決（せいきゅうききゃくはんけつ）
　原告が裁判所に起こした訴えに対して、原告の請求は認められないものとして退ける判決のことです。本案判決の形態のひとつで、事件の内容について審理した結果、原告が敗訴した場合、これを請求棄却判決といいます。なお、訴訟要件を満たさない訴えが提起された場合は、本案審理をせずに訴えは却下されます。

■請求認容判決（せいきゅうにんようはんけつ）
　訴訟上の請求を正当と認める判決のことです。原告の主張に理由があると判断されれば、原告が訴状の「請求の趣旨」で求めた通りの原告勝訴・被告敗訴の請求認容の判決がなされます。上記のような全部勝訴判決の他、請求の一部を認容する一部認容判決もあります。たとえば、100万円の支払を求めた訴訟で60万円分だけが認められたようなケースです。

■請求の原因（せいきゅうのげんいん）
　請求の趣旨だけでは審判の対象が十分に特定されない場合に、請求の趣旨の記載を補充する部分のことです（民事訴訟法133条）。
　貸金返還訴訟であれば、請求の原因として、いつ、いくら、いつまでにどのように返す約束で、いくらの利息で貸したのか、今までにいくらの返済があって残高はいくらなのか、損害金はどのように計算していくらなのかを記載し、「○万円を支払え」という請求の趣旨の根拠を示すことになります。

■請求の趣旨（せいきゅうのしゅし）
　原告が裁判所にどのような判決を求めるかを示す部分です（民事訴訟法133条）。判決の主文と同じ文言を使って表現します。
　たとえば貸金返還訴訟であれば、「被告は原告に対し○万円を支払え、訴訟費用は被告の負担とするとの判決を求める」と記載します。

■請求の認諾（せいきゅうのにんだく）
　被告が原告の請求に理由があることを認める意思表示のことです（民事訴訟法266条）。被告が争うことなく、原告の請求を認諾すれば、証拠調べなどの手続きを経ることなく、原告の主張通りの内容の調書が作られ、その調書は確定判決と同様の効力を有します（同法267条）。

■請求の併合（せいきゅうのへいごう）
　⇨訴えの併合

■請求の放棄（せいきゅうのほうき）
　原告が自分の請求に理由がないことを認める意思表示のことです（民事訴訟法266条）。この場合は、証拠調べなどの手続きを経ることなく、原告の請求が否定される旨の調書が作られることになります。また、この調書は確定判決と同一の効力を有するので、原告は同じ事件について再度提訴することはできなくなります。

■性別の取扱いの変更（せいべつのとりあつかいのへんこう）
　一定の要件を満たしている性同一性障害者が、生物学上の性別とは異なる取扱

いを受けることを求めて、家庭裁判所に申し立てることをいいます。

申立てが認められると、戸籍上の父母との続柄欄（長男・長女など）が更正されることになります。

■正本（せいほん）

原文書（原本）の写し（謄本）の一種で、原本と同一の効力をもつ書面です。たとえば、判決原本を保管する裁判所の書記官が謄本に「これは判決の正本である」と記載したものが正本の例です。

■責問権（せきもんけん）

裁判所が法に違反した訴訟運営を行った場合に、当事者が、裁判所に対して、その誤りを指摘し、是正を求めることができる権利のことです。異議権ともいいます。たとえば、除斥すべき裁判官を職務執行から排除しない場合や、宣誓させるべき証人を宣誓させずに尋問したような場合に、その是正を求める当事者の権利です。遅滞なく異議を申し出ないと、その権利を失うこともあります（民事訴訟法90条）。

■競り売り（せりうり）

買受けを希望する者が集まって、次々と買受希望価格を提示して、最高価格をつけた者に売却するという売買方法のことです。民事執行法で定められている強制競売の方法のひとつです。動産競売では、この方法が一般的となっています。

■先行自白（せんこうじはく）

民事訴訟において、自ら進んで自己に不利益な事実を陳述し、後に相手方が援用する場合のことです。

たとえば貸金返還請求訴訟で原告の側が「被告に100万円を貸して、期日に被告は50万円を返した、残りはまだ返還されていない」と主張した場合に、被告が「50万円を返した」という部分について自ら言及すると、50万円についてはすでに返済されたとして自白が成立し、原告はこれを撤回することができなくなります。

■専属管轄（せんぞくかんかつ）

法定管轄の中で、とくに訴訟事件処理の適正迅速という公益的要求に基づいて、ある事件を特定の裁判所の管轄のみに属するものとして、同一事件について他の裁判所が管轄をもつことを排除する管轄の定めのことです。

たとえば知的所有権に関する訴訟については、第一審は東京地裁と大阪地裁にのみ管轄権（民事訴訟法6条の2）があり、控訴審は東京高裁にのみ管轄権があります（知財高裁といわれています）。また、会社の組織に関する訴えは、会社の本店の所在地を管轄する地方裁判所の管轄に専属します。

■選択的併合（せんたくてきへいごう）

複数の請求のうち、どれか1つが認容されれば残りの請求は審理しなくてよいとして、訴えを併合することです。

たとえば、会社の従業員が業務中に交通事故を起こし第三者を轢いた場合に、被害者が従業員、管理者や役員、会社を相手どって訴訟をし、いずれかの者から慰謝料を支払ってもらえればそれでかまわない、といったケースが考えられます。

■選定当事者（せんていとうじしゃ）

原告または被告が多数になる場合に、

その中から選ばれて当事者となる者をいいます（民事訴訟法30条）。

訴訟を迅速、円滑に行うため、共同の利益を持つ者は選定当事者を定めて、訴訟から脱退することができます。確定判決の効力は脱退した者にも及びます。

■**全部判決（ぜんぶはんけつ）**

民事訴訟の終局判決のうち、同一訴訟手続によって審判される事件の全部を同時に完結させる判決のことです。

たとえば数人の債務者に対して連帯債務履行請求訴訟を提起した場合に、そのうちの一部の債務者に対して判決を出す場合があります。これを一部判決といいますが、全部判決はその反対で訴訟の場に出ている全員に対して出される終局的に完結させる判決です。

■**占有移転禁止の仮処分（せんゆういてんきんしのかりしょぶん）**

目的物の占有を移転することを禁じる仮処分のことを占有移転禁止の仮処分といいます（民事保全法23条1項）。

民事訴訟などで、債務者が目的物を移転させることを防ぐ目的で行われます。占有移転禁止の仮処分をしていないと、裁判で勝って強制執行しようとしても債務者の下に目的物がなく、執行することができないという事態が生じることがあります。

占有移転禁止の仮処分がなされた場合には、仮処分命令が出たことを知りながら債務者から目的物を譲り受けた者に対しても強制執行をすることができます。

■**先例（せんれい）**

通常は、前例のことを先例といいます。法律に明文の規定がない場合には、先例を参考にして行政活動が行われています。

また、登記実務ではとくに先例が活用されています。先例と矛盾しないような運用をするために、先例に則った登記事務がなされています。

そ

■**総括抵当（そうかつていとう）**
⇨共同抵当

■**相殺の抗弁（そうさいのこうべん）**

相殺とは、債務者が債権者に同種の債権を有する場合に、互いの債務を対当額で消滅させることです。民事訴訟において、原告が被告に対して債務の履行を求めたのに対して、被告が原告に対して有している債権と相殺することを主張するのが相殺の抗弁です。

民事訴訟での判決の既判力は訴訟物に対する判断についてのみ生じるのが原則ですが、相殺の抗弁に既判力が認められないと、前の訴訟では相殺の抗弁を主張して相手方の請求を棄却させておきながら、後の訴訟で相殺の抗弁の根拠となった債権に基づいた請求をすることも可能になってしまいます。

そのため、法律上、判決理由中の判断であっても相殺の抗弁について判断がなされた場合には既判力が生じるとされ、後訴で矛盾した事態が生じないように取り扱われています（民事訴訟法114条2項）。

■**相続財産管理人選任（そうぞくざいさんかんりにんせんにん）**

相続財産法人の財産を管理をする者（相続財産管理人）を選任することを、

相続財産管理人選任といいます。
　相続人が存在するかどうかが不明であるとき、相続財産は法人になりますが、その財産を管理する者が必要になります。そのため、利害関係人か検察官の請求によって、家庭裁判所が相続財産管理人を選任することになります。
　選任された相続財産管理人は、相続財産の管理や弁済などの清算の手続後、債権者や受遺者に対する催告の公告をします。そして、不明の相続人を捜索し、相続人に一定の期間内に権利を主張することを求める公告を行います。公告期間が経過すると相続は終了し、相続財産管理人が把握できなかった相続人、相続債権者、受遺者はその権利を失います。

■送達（そうたつ）
　裁判所が、当事者その他の訴訟関係人に対し、法定の方式に従い、訴訟上の書類の内容を理解させ、またはこれを交付する機会を与えるための通知行為です（民事訴訟法98条以下、刑事訴訟法54条）。たとえば原告が訴えを提起した場合には訴訟関係の書類は被告（もしくはその代理人）の住所に送達されることになります。被告の住所が不明な場合には就業場所への送達や出会送達（相手方に出会った場所で送達をすること）、あるいは公示送達などの手段がとられます。

■送達証明（そうたつしょうめい）
　送達を証明する書類のことで、債務名義や執行文と並んで強制執行を開始するために必要となる書類です。
　強制執行を開始するためには、債務者に債務名義を送達しなければなりませんが、さらに送達という手続を踏んだことも証明しなければなりません。
　なお、送達証明は、裁判所書記官や公証人に申請して発行してもらいます。

■争点効（そうてんこう）
　民事訴訟における判決の拘束力は、判決主文で述べられたものに限られるのが原則です（民事訴訟法114条1項）。
　しかし、当事者が真剣に争った事実については、判決理由中の判断であっても裁判所の判断が当事者を拘束することが妥当であると考えられるような場面も存在します。そのような場面で判決理由中の判断にも拘束力を生じさせようとするのが、争点効と呼ばれる考え方です。
　たとえば、AがBに対して所有権に基づく土地明渡請求訴訟を提起したとします。これに対して、Bに土地の賃借権があるとしてAの請求が棄却されたとすると、Aが土地の所有権を有していることは判決の前提とはなっていますが、判決理由中の判断にすぎないことになります。そのため、このような判決がなされた後にBの側からAの土地の所有権を争うことが可能になります。このような結論が不当と感じられるために争点効の理論が主張されています。
　しかし、判例は、判決の拘束力は主文にのみ生じるとして争点効の理論を否定しています。

■争点整理手続き（そうてんせいりてつづき）
　証拠調べを円滑に進めるために争いとなる点（争点）を整理する手続です。準備的口頭弁論（民事訴訟法164条以下）、弁論準備手続き（同法168条以下）、書面による準備手続き（同法175条以下）が

あります。争点整理手続きを行うか否か、また行う場合に上記のうちいずれの手続きによるかについては裁判所が職権により決定します。

■**双方審尋主義（そうほうしんじんしゅぎ）**

裁判では、当事者の一方だけでなく、双方に等しく自己の権利について主張し、あるいは相手に反論する機会を与えるべきであるとする原則です。口頭弁論における原則のひとつで、公平な判決のために不可欠とされます。同様の考え方から、証人尋問においても、当事者双方に尋問の機会が与えられています。

■**訴額（そがく）**

訴訟物の価額（請求しているものの価額）のことです（民事訴訟法8条）。民事訴訟において、原告が被告に対して主張する権利関係を金銭的に評価した額が訴額になります。

訴額により訴訟提起時の手数料が決まることになり、訴額が100万円であれば1万円、1000万円であれば5万円が手数料となります（民事訴訟費用に関する法律3条）。また、簡易裁判所と地方裁判所の管轄は訴額により分かれており、原則として訴額が140万円以下であれば簡易裁判所、140万円超であれば地方裁判所が第一審の管轄となります（裁判所法33条）。少額訴訟は訴額が60万円以下であるときに限られます。

■**即時抗告（そくじこうこく）**

裁判が行われた日から一定の期間内に提起しなければならない抗告のことです。

決定または命令という形式でなされた裁判について不服があるときには、異議または抗告の申立てをすることができますが、そのうち民事訴訟法では1週間、民事保全法では2週間以内に抗告状を提出しなければならないと定められているものが即時抗告です。たとえば、移送の決定、裁判長による訴状の却下の命令に対しては即時抗告がなされます。

■**即日判決（そくじつはんけつ）**

少額訴訟手続において、1回の期日で審理を終えて、即日判決を下すことをいいます。訴額が60万円以下の金銭の支払を求める場合に限って利用できる少額訴訟は、簡易迅速に紛争を処理することを目的にしています。そのため、1日で審理が終わるのが通常です（一期日審理の原則）。そして、原則として、口頭弁論終結後直ちに判決の言渡しが行われます。

■**続審制（ぞくしんせい）**

第一審判決に不服のある当事者の主張の当否を判断するのに必要な範囲で、事実認定と法律判断をし直す制度です。現在の民事訴訟法は、この続審制によっています。第一審における訴訟行為は、控訴審でも効力を有します。つまり控訴審ではじめから審理をやり直すと不効率なため、第一審の審理をもとに審理します。

■**訴訟（そしょう）**

裁判所という中立・公正な機関の手によって、法律上の争いを解決したり、権利を救済する手続きのことです。

民事訴訟においては、法的紛争を強制的かつ終局的に解決する手段であり、訴状を裁判所に提出することにより開始します。たとえば、請求してもどうしても

お金を支払わない債務者に強制的にお金を払わせるためには、確定した勝訴判決に基づいて強制執行をして回収するしかありません。訴訟は、訴えの内容により給付の訴え、確認の訴え、形成の訴えに分けられます。

また、刑事訴訟においては、人に刑罰を科すための手続きとして、被告人の行為が犯罪に該当するかどうかについての審理が行われます。

■訴状（そじょう）

民事訴訟において、訴える側（原告）が裁判所に提出する書面のことです。一定の事項を記載して、何について裁判してもらうかを明らかにし、これによって裁判所に求める審判の対象（訴訟物）が特定されます。

訴状の提出により、訴訟は開始されます。訴状には事件名、管轄裁判所、請求の趣旨、請求の原因、当事者、添付書類名などを記載し、所定の印紙を貼って所定の金額の郵便切手と共に提出します。特別送達という手続きにより、裁判所から被告に訴状は送付されます。

■訴訟救助（そしょうきゅうじょ）

訴訟を起こす際に納付する手数料（民事訴訟法137条1項）などの、裁判所に支払う費用に充てる資力がないような場合に、裁判所が支払を猶予する制度をいいます（同法82条）。支払を免除するものではありません。裁判所に支払う費用についての制度であり、付添いとしての弁護士報酬（同法83条1項2号）はこれに含まれますが、当事者が弁護士を頼む費用は対象になりません。

訴訟救助により費用の援助を受けた者が勝訴すれば、敗訴者から取り立てることができます（同法85条）。一方、敗訴した場合はそれまで猶予されていた費用を支払わなければならないため、勝つ見込みのない場合は訴訟救助が認められません（同法82条1項ただし書）。

■訴訟経済（そしょうけいざい）

訴訟において、裁判所や原告・被告をはじめとする当事者等の労力、時間、費用などの負担を、できるだけ最小限に抑えようとする原則をいいます。民事訴訟法上の基本原則のひとつです。訴訟により紛争が解決可能であっても、長い時間と莫大な経費がかかると、当事者が負う経済的・精神的負担は、あまりにも大きくなります。そのため、最小限の費用で迅速な訴訟制度が設けられています。

■訴訟係属（そしょうけいぞく）

ある事件について裁判所が訴訟を進めている状態です。民事訴訟では、訴状が被告の下に届いたときに訴訟が係属します（民事訴訟法138条）。訴訟が係属すると、裁判所には事件を審理し、裁判をする義務が生じます。また、当事者は、反訴、訴訟告知、当事者照会制度などをすることができるようになります。

■訴訟契約（そしょうけいやく）

訴訟上の手続きをどのように行っていくかを定めた当事者間の合意のことです。

たとえば、契約を交わしたときに契約書に「裁判管轄」などの条項を掲載しますが、こうした管轄に関する合意などが訴訟契約の一例です。

他にも、不控訴の合意や仲裁契約などが訴訟契約の例として挙げられます。

■訴訟行為（そしょうこうい）

当事者や裁判所・裁判官が行う訴訟上の行為です。民事では訴訟関係者の意思に基づく行為をいい、刑事では訴訟法上の効果が認められる訴訟手続行為をいいます。たとえば、主張する、挙証する、あるいは訴えを取り下げる、訴えの取下げの合意、請求の放棄などはそれぞれ訴訟行為です。また、民事訴訟での訴訟行為については、民法の意思表示の規定（たとえば錯誤など）は直接には適用されないと考えられています。そのため、何かを誤解したことで訴訟行為をしてしまうと、その訴訟行為を無効にできない可能性があります。

■訴訟告知（そしょうこくち）

当事者が、現在進行中の訴訟に利害関係をもっている第三者に対して、訴訟係属の事実を通知することです（民事訴訟法53条）。訴訟告知を受けた者が訴訟に参加しなかったとしても、その者は訴訟に参加したものとみなされることになり、当該裁判の効力が告知された者にも及ぶことになります。なお、訴訟告知は、当事者が書面を裁判所に提出して行わなければなりません。

■訴訟参加（そしょうさんか）

訴訟の途中から、第三者が参加することです。別の当事者として参加する独立当事者参加（民事訴訟法47条）と、当事者の一方を補助する形で参加する補助参加（同法42条）、原告または被告に加わって訴訟を行う共同訴訟参加（同法52条）があります。

たとえば、賃貸借契約の貸主が賃貸物の返還を借主に求めた訴訟で、借主がその借りた物を第三者に売却して引き渡してしまっていた場合、第三者である買主は、当該訴訟において利害関係のある第三者として、訴訟参加することができます。訴訟に参加した者には原則として、裁判の効力が及ぶことになります。

■訴訟指揮権（そしょうしきけん）

訴訟が適法かつ能率的に行われるように監視し、適切な処置をとることができるように裁判所に与えられた権限のことです（民事訴訟法148条、刑事訴訟法294条）。

職権進行主義のひとつの表れです。裁判所は訴訟指揮権に基づき、たとえば、証拠調べをするか否か、ある攻撃防御方法を適時提出の観点から認めるかどうか、といったことについて決定を下すことになります。当事者はこれに対し、異議を述べることができます。

■訴訟承継（そしょうしょうけい）

民事訴訟が続いている間に、当事者から他の人にその地位を引き継がせることです。地位を全部引き継ぐ当然承継（民事訴訟法124条）と、特定的に引き継ぐ特定承継があります。

AとBという土地をめぐり土地の所有者CがDに対して訴訟を提起したとします。この場合でCが死亡して相続人Eが全財産を相続した場合はEがＡＢ双方の土地に関する訴訟承継者となります（当然承継）。一方、FがCから土地Bを譲り受けた場合にはFはBに関してのみ訴訟承継者ということになります（特定承継）。

訴訟承継がなされると、前の当事者の訴訟行為は後の当事者に引き継がれることになります。

■訴訟上の和解（そしょうじょうのわかい）

訴訟係属中に、当事者双方が請求についての主張をお互いに譲歩し合い、訴訟を終了させる旨の合意です（民事訴訟法267条）。たとえば、貸金返還訴訟で500万円プラス損害金の一括支払を原告が求めているときに、原告が損害金の請求を放棄する代わりに、被告は元金を一時金で支払うことで合意するようなケースです。合意が成立すれば、和解調書を作成することになります。和解調書は既判力を持つと同時に債務名義となり、先の例では、約束の期日までに500万円を支払わなければ被告は強制執行を受けることになります。

■訴訟資料（そしょうしりょう）

当事者が弁論で主張した事実は訴訟資料とも呼ばれています。

証拠調べで得られた証拠資料に対する用語です。裁判は、訴訟資料が基礎となって進められ、当事者が口頭弁論で主張しなければ、証拠資料があっても裁判所は主要事実について認定することができません。たとえば、貸金返還請求訴訟であれば、原告は「お金を貸す約束をして渡したが、返してもらえない」という主張が訴訟資料となります。

■訴訟代理人（そしょうだいりにん）

民事訴訟において、訴訟行為の代理権限を与えられた者のことです（民事訴訟法54条）。一定の地位につく者に法令が訴訟代理権を認める旨を規定している法令による訴訟代理人と、特定の事件の訴訟追行のために代理権を授与された訴訟委任による訴訟代理人とがあります。

法令による訴訟代理人としては、未成年者に対する親権者、成年被後見人に対する後見人が例として挙げられます。訴訟委任による訴訟代理人には、弁護士の他、簡易裁判所においては、当該裁判所が認めた者の他、認定を受けた司法書士もなることができます。

■訴訟脱退（そしょうだったい）

第三者が訴訟に参加してきた場合に、当事者の一方が当該訴訟手続から脱退することです（民事訴訟法48条）。

訴訟参加のうち、独立当事者参加があった場合に、参加前の原告または被告は相手方の承諾を得て、訴訟から脱退できます。この場合、脱退した当事者に対しても、判決の効力は及ぶことになります。

■訴訟担当（そしょうたんとう）

本人以外の者で、本人に代わって訴訟行為を行う者のことです。訴訟担当には、法律の定めにより訴訟を行うことができる「法定訴訟担当」と、本人の意思により定められる「任意的訴訟担当」があります。法定訴訟担当の例としては、破産財団における破産管財人やすでに死亡した者に関しての婚姻、養子縁組などが訴訟となった場合の検察官が該当します。

任意的訴訟担当の例として、複数の者が訴訟に参加している場合に、その中から一部の者（選定当事者といいます）に訴訟行為を行わせる場合があります。

■訴訟手続きの中止（そしょうてつづきのちゅうし）

訴訟の中止とは、大地震などの天災または当事者の病気などによって訴訟手続が停止することをいいます（民事訴訟法

130〜131条)。訴訟の中断と異なり、当事者の交替は必要ありません。

中止の原因が消滅すれば、停止していた訴訟は再開します。

■訴訟手続きの中断（そしょうてつづきのちゅうだん）

当事者が死亡した場合などに、訴訟手続きを中断させることを訴訟手続きの中断といいます（民事訴訟法124条）。

当事者の死亡の他、当事者である法人の合併、当事者の訴訟能力の喪失、法定代理人の死亡などにより、訴訟手続きは中断します。ただし、訴訟代理人がいる場合は、訴訟手続きは、中断しません。訴訟手続きの引継ぎを行う受継という手続きにより、訴訟は再開されますが、判決の言渡しは中断している間であってもすることができます。

■訴訟手続きの停止（そしょうてつづきのていし）

訴訟手続きの中断と中止をあわせて訴訟手続の停止といいます。当事者の死亡、法人である当事者の合併等で当事者が存在しなくなり、訴訟をそのまま継続することができなくなったときに、訴訟の進行が止まることを訴訟手続きの中断といいます。当事者の事故や疾病による故障、地震など天災や火災による裁判所の職務不能のため、訴訟の進行が止まることを訴訟手続の停止といいます。

■訴訟能力（そしょうのうりょく）

民事訴訟法上、訴訟行為を有効になし得る能力のことです。

民事訴訟においては、未成年者と成年被後見人には訴訟能力がなく、それぞれ親権者、成年後見人が代理して訴訟をします。ただし、未成年者であっても、婚姻している場合、許された営業の範囲内で訴訟をする場合は訴訟能力があります（民事訴訟法28条）。被保佐人、被補助人は制限的訴訟能力者とされ、被保佐人は常に、被補助人は被補助行為の内容により、それぞれ保佐人、補助人の同意を得て訴訟行為ができることになります。

■訴状の審査（そじょうのしんさ）

民事訴訟が提起される際には、訴状が裁判所に提出されます。この訴状が適切なものかどうか審査するのが訴状の審査です（民事訴訟法137条）。

訴状の審査の結果、当事者・法定代理人、請求の趣旨や原因が記載されていない場合や、手数料を納付していないことが判明した場合には、補正が命じられます。当事者が補正に応じないような場合には訴状が却下されます。

■訴訟判決（そしょうはんけつ）

民事訴訟において、訴訟が適法となるための要件が欠けている場合に、本案判決の審理を打ち切り、本案判決をしないで訴えを不適法として却下する判決です。

■訴訟費用（そしょうひよう）

文字通り、訴訟にかかる費用をいいます。一般には弁護士報酬を含みますが、民事訴訟における訴訟費用は弁護士費用を含まず、ⓐ訴えを起こす際の手数料、ⓑ当事者や証人の出頭旅費、日当、ⓒ訴状や答弁書など書面の作成費などが該当します（民事訴訟費用等に関する法律2条）。

訴訟費用は、民事訴訟では原則として訴訟に負けた者が負担しますが（民事訴

訟法61条)、一部勝訴判決の場合など、事情に応じてその全部または一部をその相手方に負担させることもできます(民事訴訟法64条)。訴訟費用を誰が負担するかについては、訴訟に負けた者が全部負担する場合でも、訴訟費用負担の裁判がなされます(民事訴訟法67条)。具体的には、「訴訟費用は被告の負担とする」などと主文に書かれますが、具体的な金額が示されるものではありません。

刑事訴訟においても、証人の旅費や弁護人報酬を国が費用として支払います(刑事訴訟費用等に関する法律2条)。

■訴訟物(そしょうぶつ)

訴訟において審理の対象となるものであり、訴訟で当事者によってなされている請求のことです。請求あるいは訴訟上の権利とも呼ばれます。たとえば、貸金返還訴訟であれば、貸金返還請求権、売買した物の引渡請求訴訟であれば目的物引渡請求権が訴訟物となり、訴訟物をめぐって当事者がその存否を争うことになります。既判力は訴訟物に対する判断に対して生じます。また、二重起訴の禁止の規定(民事訴訟法142条)に抵触するかどうかの判断においても、訴訟物が大きな考慮要素となります。

訴訟物については旧訴訟物理論と新訴訟物理論の争いがあります。旧訴訟物理論は権利の根拠となっている法律ごとに訴訟物が定まるとする考え方で、新訴訟物理論は原告が何を求めているかによって訴訟物を決めようとする考え方です。

たとえば、医療ミスにより患者が損害を受けた場合、患者は医師に対して債務不履行に基づく損害賠償請求と不法行為に基づく損害賠償請求ができます。旧訴訟物理論によると、両者は請求の根拠となっている条文が異なっていますので、別の訴訟物ということになります。しかし、新訴訟物理論によると、どちらも損害賠償請求という同じ請求をしているので、同じ訴訟物ということになります。

■訴訟無能力制度(そしょうむのうりょくせいど)

民事訴訟法上、訴訟無能力者が行った行為は無効とすることで、その保護を図る制度です。

たとえば未成年者が訴訟無能力者の典型例であり、いかなる訴訟行為も法定代理人によってなされなければなりません。

■訴訟要件(そしょうようけん)

民事訴訟において、本案判決をするために必要な要件のことです。裁判所が自ら職権で調査します。

訴状が所定の方式に則ったものであるか、申立手数料が支払われているか、当事者が訴訟能力者であるか、裁判所の管轄にしたがった提訴であるかなどが訴訟要件を満たしているかの調査の対象となります。これらを満たしておらず、是正がなされないときや是正が困難なときは、訴訟判決により訴えは却下されます(民事訴訟法140条)。訴訟要件を満たしていなければ、裁判所が判断を下すべき事件ではないことがその理由です。

■即決和解(そっけつわかい)

⇨起訴前の和解

■続行命令(ぞっこうめいれい)

当事者双方が訴訟を受け継がせる手続を怠った場合に、裁判所が職権で、訴

手続きの続行を命ずることです（民事訴訟法129条）。たとえば当事者の一方が死亡した場合、訴訟は中断します。その後、当該事件についての承継人（相続人）が決定したが、両当事者が受継手続きをとらない場合には、裁判所側から続行命令を出して訴訟を再開することができます。

■疎明（そめい）

裁判官が確信をもって納得しないまでも、一応確からしいと納得させることです。判決に大きな影響を与えるような事実以外の事実については疎明で足ります。

たとえば、民事保全において、仮差押などの申立てをする場合、申立人は申立てについての権利または権利関係と、仮差押をする必要性について、裁判所に疎明しなければなりません（民事保全法13条）。

■疎明資料（そめいしりょう）

民事保全命令手続きの申立人が、申立て時に証拠として提出する書類等をいいます。被保全権利と保全の必要性に関して、申立人が疎明するために、事実関係等の事情を記載した書面（陳述書）が、疎明資料として提出される場合が多いようです。その他に、契約書や内容証明郵便が、疎明資料の例として挙げられます。

た

■代位取得（だいいしゅとく）

損害賠償請求権の代位取得のことです。第三者行為災害につき、治療費等を保険給付で行ったときは、その保険給付の価額の限度で、被保険者または被扶養者が有する損害賠償請求権を保険者が取得します。これを代位取得といいます。

■代位責任（だいいせきにん）

加害行為を行った者の責任を他の者が代わって負うことです。

たとえば、国家賠償責任は、公務員の違法行為の責任を国が代わって負うというのが一般的な考え方です。また、不法行為における使用者責任（民法715条）も代位責任であると考えられています。

■代位による登記（だいいによるとうき）

民法423条が債権者代位権を認めていることを根拠として、債権者が本人に代わって登記の申請を行うことです。

甲が乙から乙所有の不動産を買ったが、移転登記をすませていない状態であったとします。甲の債権者丙がその不動産を強制執行したい場合には、不動産の登記名義人が甲である必要があります。そのため、丙が甲に代位した上で乙と共同して乙から甲への所有権移転の登記を申請することになります。

■代位弁済（だいいべんさい）

弁済をすることで債権者に代位することができる弁済のことを代位弁済といいます。たとえば、保証人が債務者に代わって弁済をした場合には、保証人は債権者

に代位できるので代位弁済となります。

代位には任意代位（民法499条）と法定代位（同法500条）があります。任意代位は、債権者の承諾がある場合に可能になる代位のことです。また、法定代位は、弁済をすることに正当な利益を有する者が弁済をした場合に法律上認められる代位です。法定代位の効果については民法501条以下に規定されています。

■代価弁済（だいかべんさい）

抵当に入っている不動産が第三者に売却されたとき、債権者の意思で、抵当不動産の購入者に債権の一部を支払ってもらうことで抵当権を消滅させることができる制度です（民法378条）。

たとえば、債権者Aが債務者Bに2000万円を融資して、B所有の不動産に2000万円の抵当権を設定したとします。後にBが第三者のCに300万円でこの不動産を売却したとします（不動産の時価評価額が2300万円で、抵当権の分価格を下げて売却したものとします）。このとき債権者AはCに抵当権の対価の支払いを要求して（金額はAが自由に設定できます）、Cがそれを支払った場合には抵当権を抹消させることができます。

■第三債務者（だいさんさいむしゃ）

債務者の債務者です。つまり、債務者が有している債権の債務者で、債権者から見ると第三債務者と表現されます。

債権者が債務者に対してもつ債権を回収する際に、この第三債務者に対してもつ債権を差し押さえて、債権者がそれを直接取り立てることによって、債権の回収を図る債権執行などの手続方法があります。具体的には、AがBに対して債権をもち、BがCに債権をもっているときに、Aから見たCが第三債務者となります。

■第三者（だいさんしゃ）

一般的には、当事者以外の者のことを第三者といいます。

たとえば、民法177条における意味では、当事者以外の者で、登記がないことを主張する正当な利益をもっている者のことです。背信的悪意者（不動産の二重譲渡の事実を知っているだけでなく、嫌がらせ妨害等の目的を持つ者）などは、民法177条における第三者には該当しないとされています。

■第三者異議の訴え（だいさんしゃいぎのうったえ）

強制執行がなされる際に、強制執行の目的物についての第三者の権利が侵害される場合に、第三者が債権者に対してその目的物に対する強制執行を止めるように求める訴えをいいます（民事執行法38条）。たとえば、Aが宝石をBに貸していたが、Bの債権者であるCがその宝石を差し押さえた場合、Aはそれが自己の所有物であることを主張して第三者異議の訴えを起こすことができます。

■第三者の訴訟担当（だいさんしゃのそしょうたんとう）

民事訴訟の当事者以外の第三者が自ら当事者となって訴訟を行うことです。被担当者の意思に基づく任意的訴訟担当と法律の規定による法定訴訟担当があります。被後見人に代わって後見人が訴訟担当をする場合が法定訴訟担当の一例です。

また、原告が集団である訴訟の場合に審理の簡易化・迅速化などの観点から原告

代表者を決定し、その代表者が訴訟を担当する場合が任意的訴訟担当の一例です。

■第三取得者（だいさんしゅとくしゃ）

担保物権が設定された目的物について、新たに所有権や用益物権を取得した第三者のことをいいます。

たとえば、抵当権が設定された不動産を買い取った場合、その第三取得者は、抵当権が実行されることによって所有権を失い、損害を受ける危険に常にさらされていることになります。そこで、第三取得者と債権者（抵当権者）との利害の調和を図る必要が生まれてきます。第三取得者を保護するための方法として代価弁済（民法378条）と抵当権消滅請求（同法379条）という2つの方法があります。

■代償請求（だいしょうせいきゅう）

物の給付を請求する訴訟において、それが執行不能である場合に備え、その物の価格に相当する価額の請求を合わせて行うことをいいます。原告が1つの訴訟で複数の請求を行う形態（併合）のひとつで、各請求に条件をつけずに判決を求める単純併合に含まれます。たとえば、XはYに対して、「A会社の株式5000株を引き渡せ、もしXが株式の引渡をしないときは金1000万円を支払え」というような訴えが代償請求にあたります。

■対世効（たいせいこう）

訴訟の当事者（原告・被告）だけでなく、第三者に対しても判決の効力があることをいいます。判決の効力は原則として当事者間にのみ生じますが、権利関係を画一的に処理したいような場合には、法律により判決には対世効が生じることとされます。たとえば、会社の設立無効の訴えなど、会社組織に関する訴えを認容する判決については対世効が認められています（会社法838条）。

なお、連帯債務（複数の債務者が債権者に対して同一の債務を有する債務のこと）者の一人に生じた事由が他の債務者にも効力を及ぼすことを絶対効があるといいます。対世効と絶対効は似ていますが全く違う意味の言葉です。

■代替執行（だいたいしっこう）

強制執行の一種です。債務者のなすべき義務を債務者以外の者に行ってもらい、その費用を債務者から徴収するのが代替執行です（民事執行法171条）。

たとえば、Aが違法な建築物を建てて、Bが日照権などの面で損害を受けている場合には、Bが建物収去訴訟に勝訴してもAが自主的に建物を取り壊さないときは、Bは執行機関の許可を得て、これを取り壊してもらうことができます。そして、取壊しに要した費用をAに請求することができます。

■代担保（だいたんぽ）

留置権が成立している場合に、債務者は担保を提供して留置権の消滅を請求することができます（民法301条）。ここで提供される担保のことを代担保といいます。

たとえば、Aが自分の所有する時計をBに修理に出したとします。このとき、Aが修理代を支払わないうちはBは時計を留置することができます。しかし、Aが他に担保をBに提供すれば、Aは時計を取り戻すことができます。

留置権が成立した際には、留置権が担

保している債権の額に比べて留置物の方が価値が高いということがあります。そのため、留置物の代わりに債権の担保として十分な物を提供すれば留置権を消滅させることができるとしました。

■代理受領（だいりじゅりょう）
　債権者A、Aの債務者B、Bの債務者Cがいた場合に、BがもっているCに対する債権をAに委任して、Cの弁済をAが受領することです。債権譲渡と異なる点は、BC間の債権に譲渡禁止特約がついていたとしても、Aが債権を回収できる点、BC間の債権の金額や弁済期が不確定であっても有効である点です。

　代理受領にあたっては、ⓐAはCから直接弁済を受領する、ⓑBはCから直接取立てをしない、ⓒBはAとの代理受領契約を一方的に解除できない、という点について合意をし、AとBの代理受領委任契約書にCの承認を求める形式をとるのが一般的です。ただし、Aが弁済を受領する権限は差押債権者などには対抗できません（差押債権者が優先されます）。

■多重代表訴訟（たじゅうだいひょうそしょう）
　親会社の株主が子会社や孫会社の取締役の責任を追及できる制度です。
　親子会社関係にある場合、親会社の取締役と子会社の取締役の間にはなれあいが生じ、株主代表訴訟が有効に機能しない可能性があるため、平成26年の会社法改正で導入されました。

■多数当事者訴訟（たすうとうじしゃそしょう）
　原告・被告のいずれか、あるいはその双方が複数いるような訴訟形態のことです。共同訴訟（民事訴訟法38条）、補助参加訴訟（同法42条）、独立当事者参加訴訟（同法47条）、訴訟承継（民事訴訟法49条など）という4つの制度があります。

ⓐ　たとえば集団食中毒などで被害者が一斉に原告として食品会社を訴える場合など、複数の原告または被告が当事者として参加する形態が共同訴訟です。

ⓑ　保証人がいる貸金債権債務関係で、貸金返還請求訴訟が提起された場合に保証人が債務者側に立って訴訟を行うなど、利害関係をもつ第三者が当事者の一方に肩入れする場合が補助参加訴訟です。

ⓒ　たとえばAとBが土地所有をめぐって争っている場合などに、Cが新たに土地所有を主張するなど三面対立になる形で第三者が訴訟に参加する場合が独立当事者参加訴訟です。

ⓓ　AがBに訴訟の目的となっている債権を譲渡し、Bが債権の譲受人として参加するように権利や立場の承継によって参加する場合が訴訟承継です。

■単純執行文（たんじゅんしっこうぶん）
　債務名義の記載内容そのままの執行力が現存することを公証する文章のことをいいます。強制執行を実施するためには債務名義の末尾に、債権者が債務者に対しその債務名義により強制執行をすることができる旨の執行文が付されていなければなりません。執行文は、債権者からの申立てにより、執行証書についてはその原本を保存する公証人が、それ以外の債務名義については、債務名義の記録を保存する裁判所の裁判所書記官が付与す

ることになります。

■単純併合（たんじゅんへいごう）
　民事訴訟における訴えの併合の原則型であり、複数の請求のすべてについて無条件に判決を求めることです（民事訴訟法136条）。
　当事者が同じで、複数の請求の間に論理的な関係がない場合は、これらを単純併合することができます。たとえば、AがBに対して、貸金の返還と土地の引渡しを共に請求したいときには、請求を併合し、1回の訴訟によって、Bとの間の問題の全面的な解決を図ることができます。なお、単純併合に対し、選択的併合、予備的併合という用語があります。

■団体訴訟（だんたいそしょう）
　利害関係を同じくする多数人を法律上または事実上代表する団体が、原告として提起する訴訟です。消費者契約法で認められた団体（適格消費者団体）が提起する訴訟は、団体訴訟に該当します。

■単独制（たんどくせい）
　裁判所が1人の裁判官だけで構成されている場合を単独制といいます。複数の裁判官で構成され、合議によって意思決定を行う「合議制」に対するものです。
　簡易裁判所はすべての事件について一人の裁判官のみで構成されています。地方裁判所には合議制と単独制の双方が存在しています。

■担保（たんぽ）
　将来発生するかもしれない不利益に備えてその補いとなるものをつけておくことをいいます。法的には、債務不履行に備えるものをいいます。債権者が債務の弁済を受けられなかった場合を考え、あらかじめ弁済を確保するために行う方法で、人的担保（保証など）と物的担保（抵当権や質権など）があります。

■担保解除料（たんぽかいじょりょう）
　任意売却において配当を得ることのできない後順位抵当権者等に対し、抵当権等の登記の抹消を条件に支払われる金銭のことをいいます。複数の担保権者がいる場合、不動産を売却しても、その売却代金がすべての担保権者に配当できるとは限りません。この場合、配当を得ることのできない担保権者が担保権の解除と抹消登記に協力してくれなければ任意売却は成立しません。そこで、担保権の抹消に協力してもらうため、これの担保権者に対して担保解除料が支払われることになります。実務上はハンコ代とも称されています。

■担保仮登記に基づく本登記（たんぽかりとうきにもとづくほんとうき）
　金銭債務の不履行によって、担保仮登記の対象となっている不動産の所有権等が、債権者に移転した場合に行われる登記のことです。仮登記の本登記をする形式で行われます。
　なお、仮登記の登記原因の日付から2か月を経過した日を、本登記の登記原因の日付としなければなりません。

■担保権の実行（たんぽけんのじっこう）
　債務者が弁済などをしないような場合、債務者の不動産などに設定していた担保権（抵当権など）を実行することで

す。つまり、債権者の請求により、裁判所が、担保権を設定していた不動産などを、強制的に処分し、債権者に代金を配当することです。

■担保執行（たんぽしっこう）
　抵当権や質権など、担保権を実行することです。目的物を競売にかけて換価（金銭に換えること）し、被担保債権を回収します。通常の債権者の行う強制執行に対する用語です（通常の債権者も債務者の財産を差し押さえて強制執行をすることができます）。なお、不動産の担保執行には、上記の競売の他、収益執行という方法もあります。これは強制執行の場合の強制管理にあたり、不動産の賃料から債権を回収します。

■担保の簡易取戻し（たんぽのかんいとりもどし）
　民事保全手続きで提供した担保を、保全命令を出した裁判所の許可を得て取戻すことをいいます。たとえば第三債務者に対する保全命令の送達ができなかった場合の他、保全命令により相手方である債務者に損害が生じないことが明らかである場合に、保全執行期間が経過したり保全命令の申立てが取り下げられたときに用いることができます。

■担保の取消し（たんぽのとりけし）
　民事保全手続きで、当事者等が立てた担保の取戻しを望むときに、担保の取消しを求める手続きをいいます。担保を立てた者が、担保を立てる必要性がなくなったことを証明したときは、裁判所は、担保の取消しを決定しなければなりません。たとえば、訴訟で原告が完全に勝った場合や、担保を立てた者が担保の取消しについて担保権利者の同意を得た場合などが挙げられます。

■担保物権（たんぽぶっけん）
　債務者などの財産から優先的に債権を回収できる物権のことを担保物権といいます。たとえば、抵当権や質権、先取特権などは担保物権に該当します。
　担保物権には、当事者の合意によって発生する約定担保物権と、法律によって当然に発生する法定担保物権があります。抵当権や質権は約定担保物権であり、先取特権は法定担保物権です。

■担保不動産競売（たんぽふどうさんけいばい）
　競売の方法による不動産担保権の実行のことです（民事執行法180条1号）。
　たとえば、土地に抵当権をつけて金銭消費貸借をしている場合に、返済が滞ったときは、貸主は強制執行と同じく民事執行法の規定に従って、換価（抵当権を実行し、競売により土地を金銭に換えること）して、貸金の回収を図ることになります。なお、担保不動産競売に限らず債権者が債務者の財産を強制的に換価する手続のことを強制競売といいます。

■担保不動産収益執行（たんぽふどうさんしゅうえきしっこう）
　担保不動産から生ずる収益を被担保債権の弁済にあてる方法による不動産担保権の実行のことです（民事執行法180条2号）。マンションや駐車場などの不動産を賃貸して、賃料から債権を回収する方法です。

た行

ち

■父を定める訴え（ちちをさだめるうったえ）

父親が誰であるかを家庭裁判所に確定してもらうために提起する訴えのことをいいます（民法773条）。女性が民法の定める再婚禁止期間内に再婚したために、生まれた子どもが、前の夫の子なのか、今の夫の子なのかを確定できないことがあります。この場合、父を定める訴えにより、誰が父親かを確定します。

嫡出性の推定の規定によれば、離婚の日から300日以内に生まれた子どもは前の夫の子と推定され、再婚の日から200日を経過した後に生まれた子どもは今の夫の子と推定されます。たとえば、女性が離婚した当日に再婚したような場合、離婚（そして再婚）の日から200日後300日以内に生まれた子どもに対しては、推定が二重に及びます。このような場合に、この訴えを提起して、父親を確定します。

■嫡出子（ちゃくしゅつし）

嫡出子は、婚姻関係にある男女の間に生まれた子（婚姻子）で、それ以外の子を非嫡出子（婚外子）といいます。

■嫡出否認の訴え（ちゃくしゅつひにんのうったえ）

夫の子であるという推定が働く場合に、この推定を覆すための訴えをいいます（民法775条）。嫡出子の中には、夫の子と推定される嫡出子と、推定されない嫡出子とがあります。母が婚姻中に懐胎した子は夫の子と推定されます。夫の子と推定される嫡出子について、夫が自分の子ではないと主張する場合には、嫡出否認の訴えによってだけ親子関係を否認することができます。訴えは夫が子の出生を知った時から1年以内に提起しなければなりません。

■中間確認の訴え（ちゅうかんかくにんのうったえ）

同じ訴訟手続きの中で、請求の前提となる権利・法律関係について、その裁判所に確認してもらうことを求める訴えのことです（民事訴訟法145条）。

たとえばBが車を壊したことを理由として、Aが損害賠償請求をした場合に、主要な争点は損害賠償が認められるか否かということになりますが、一方で車の所有物が本当にAのものであるかというのも訴訟における大きなポイントとなります。そこで損害賠償に関する判決に先立って、車の所有権がAのものであることを確認する訴えがなされた場合、これが中間確認の訴えとなります。

■中間判決（ちゅうかんはんけつ）

審理中に問題となった事項について、終局判決に先立って判決を行うことです（民事訴訟法245条）。

独立した攻撃防御方法の争いあるいは請求の原因および数額についての争いがあるときに中間判決をすることができます。前者の例としては、請求の予備的併合があって、当事者の一方がAという主張が認められなければBと主張するといっている場合に、どちらの請求に審理の焦点を絞るのかを決める場合があります。後者の例としては、損害賠償金請求訴訟で不法行為事件の原因関係について先に決着させ、以後、賠償金の額について集中的に審理していく場合が挙げられ

ます。いずれも審理の整理を図り、迅速に終局判決に至るためのものです。中間判決自体に対する上訴は認められません。

■仲裁（ちゅうさい）

私人間の紛争において、第三者が示す解決に服する旨の当事者間の合意に基づいた手続きで、訴訟によらず紛争を解決する方法のひとつです。

たとえば離婚などの際に弁護士などの専門家が仲裁者として入り、話し合いによる問題解決をめざす場合などがあります。仲裁を行う機関が設けられることもあります。仲裁を行っている代表的な機関としては、全国の弁護士会に設置されている仲裁センターがあります。

■超過差押えの禁止（ちょうかさしおさえのきんし）

差押えをした財産の価額が差押えの根拠になった債権の価額を超えていることを超過差押えといいます。

動産の差押えは、執行債権および執行費用の弁済に必要な限度を超えてはならないとされています（民事執行法128条1項）。債務者に必要以上の負担をかけないための原則です。一方、債権の差押えにおいては、ある特定の債権については、執行債権および執行費用の弁済に必要な限度を超えて、その債権の全額を差し押さえることもできます。また、不動産の差押えにおいては、超過差押えは禁止されておらず、売却許可決定時に超過売却となるかどうかを判断することになります。

■超過売却の禁止（ちょうかばいきゃくのきんし）

数個の不動産を売却した場合に、あるものの買受申出額をもって全債権および執行費用を弁済できる見込みがあるときは、他の不動産について売却許可決定を留保しなければならないということです（民事執行法73条1項）。

債務者に必要以上の負担をかけないための原則です。不動産においては、差押時には換価額が明確に定まらないため、超過差押えを禁止する規定はなく、売却時に過剰な売却にならないかについて判断することになります。

■調査嘱託（ちょうさしょくたく）

客観的な事実について調べることが必要であると判断した場合に、裁判所が第三者に対して、調査を嘱託することをいいます。嘱託を受ける第三者は、官庁、病院、学校など、団体に限られます。

嘱託を受けた団体は、必要なデータなどを文書にまとめ、裁判所に送ります。

当事者から裁判所に対して、調査嘱託の申立てをすることもできます。

■調書判決制度（ちょうしょはんけつせいど）

被告が請求を認容している場合に、すぐに判決をして訴訟を終わらせる制度のことを調書判決制度といいます（民事訴訟法254条）。

原告の請求を認容する場合において、民事訴訟法254条1項各号の要件を満たし、当事者間に実質的に争いがないときは、判決の言渡しを判決書の原本に基づかないで行うことができます。この場合、裁判所は、判決書の作成に代えて、裁判所

書記官に一定の事項（当事者法定代理人、主文、請求と理由の要旨）を判決の言渡しをする口頭弁論期日の調書に記載させます。これを調書判決制度といいます。

たとえば1回の期日で審理が終結する少額訴訟などでは、判決原本の作成は不可能です。このため、裁判所書記官が主文、理由の要旨などを口頭弁論期日の調書に記載し（これが調書判決となる）、その調書判決の謄本を当事者に送達することになります。

■調停（ちょうてい）

第三者である調停機関が紛争の当事者双方の合意が得られるように説得しながら、話し合いによって紛争を解決する制度です。一般民事事件を扱う民事調停や家庭事件を扱う家事調停、育児・介護などの問題を担う都道府県労働局の紛争解決援助制度の調停など、さまざまな手続きで調停が利用されています。

■調停前置主義（ちょうていぜんちしゅぎ）

訴訟を起こす前にまず、調停の手続を経なければならないという原則のことです。

たとえば、離婚事件など家族法が関わる事件については、調停を経なければ訴訟ができないとされていることが多いといえます。離婚などは、当事者の意思を尊重すべきものなので、調停前置主義が採用されています。

■調停に代わる審判（ちょうていにかわるしんぱん）

一定の事件について、わずかな違いで合意に至らず調停が成立しない場合や、積極的に協力はしないが反対もしないという当事者がいる場合に行われる審判のことを、調停に代わる審判といいます。

夫婦間の協力扶助に関する処分や、離縁後に親権者となるべき者の指定など、一定の事件についてのみ、調停に代わる審判をすることが認められています。

■調停前の仮の処分（ちょうていまえのかりのしょぶん）

調停を行っている間に、調停のために必要な仮の措置を調停委員会が命じることを調停前の仮の処分といいます。仮の処分としてどのようなことを行うかは、調停委員会の判断によって決定します。

仮の処分に対して当事者は不服を申し立てることはできません。調停事件の推移に応じて、調停委員会は仮の処分の内容を変更することができます。調停委員会が命じた仮の処分に従わない者に対しては、10万円以下の過料を支払うように命じることができます。

■調停離婚（ちょうていりこん）

離婚の条件などでもめて、2人の間で話し合いがつかない場合に、家庭裁判所で調停委員をまじえて話し合いを行い、この話し合いで離婚することを調停離婚といいます。

■直接強制（ちょくせつきょうせい）

債権の内容を直接実現する強制的な執行手段をいいます。与える債務についてだけ執行官に執行してもらう手段が認められています。たとえば、債務者が宝石を引き渡さない場合には、執行官はこれを債務者から取り上げて、債権者に引き渡すことになります。

間接強制に対する用語で、通常の強制

執行は直接強制の方法によります。申立ての内容により、たとえば、不動産の競売、預金や債権の換価（金銭に換えること）や転付（権利を自分の下に移すこと）、動産や不動産の引渡しなどが執行機関の権限で行われ、申立人はその給付を受け、債権を回収することになります。

なお、行政が義務者の身体・財産に直接実力を行使し、義務が履行されたのと同じ状態を実現する制度のことも直接強制といいます。

■直接主義（ちょくせつしゅぎ）

判決を行う裁判官自身が自らの耳で直接当事者から主張を聞き、証拠調べを行うべきである、とする原則のことです（民事訴訟法249条）。たとえば証拠調べが受訴裁判所で行われるのは、直接主義の要請です。また、裁判官の交替があった場合には一からやり直しにすると訴訟経済に反することから、弁論の更新による直接主義の修正が行われています。

■直接証拠（ちょくせつしょうこ）

民事訴訟において、法律効果の発生に直接必要な事実（主要事実）の存否を証明する証拠のことです。また、刑事訴訟においては、犯罪事実を直接証明する証拠のことです。たとえば契約の存在を示すような契約書や、手形金請求の場合における手形などが直接証拠となります。

■陳述擬制（ちんじゅつぎせい）

訴訟の当事者の一方が、最初の口頭弁論期日に欠席した場合に、すでに提出してある訴状や答弁書、その他の準備書面に記載されている事項が陳述されたものとみなされる制度です（民事訴訟法158条）。

2回目以降の口頭弁論期日の場合、欠席したときは、陳述擬制は働きません。また、1回目であっても、当事者双方が欠席したときは、陳述擬制されません。

なお、簡易裁判所においては、2回目以降の口頭弁論であっても、事前書面が提出されていれば、陳述は擬制されます。

■陳述催告（ちんじゅつさいこく）

債務者が有する債権について差押の申立てを行う場合、債権者は裁判所を通じて、第三債務者に対し差し押さえるべき債権の存在を確認することができます。これを陳述催告の制度といいます。債権者から陳述催告の申立てがあるときは、裁判所書記官は差押命令の送達に際し、第三債務者に対し、差押命令の送達の日から2週間以内に差押えの対象となる債権の存否、種類、額など一定の事項について書面で回答するよう催告することになっています。

■陳述書（ちんじゅつしょ）

民事訴訟や民事保全手続き等で、当事者や証人等の自己の見聞きした事実や、認識について記載した書面をいいます。訴訟実務においては、書証として陳述書が提出される場合が多いようです。当事者のの言い分を裁判所や相手方が理解する助けになり、事件の経緯や争点を把握するために用いられます。

■沈黙（ちんもく）

相手方の主張に対して黙っていることです。沈黙は自白とみなされます（民事訴訟法159条1項）。

つ

■追加判決（ついかはんけつ）

　裁判をすべきだったのに、裁判をしなかった部分についてする判決のことです（民事訴訟法258条1項）。たとえば数回にわたって金銭を貸して複数の貸金債権がある場合に、全部について貸金返還請求訴訟を起こしたとします。この訴訟の判決において、そのうちの1つの貸金債権についての認定をしなかったような場合には裁判所は当該貸金債権についての追加判決を出すことになります。

■通常共同訴訟（つうじょうきょうどうそしょう）

　複数の原告または被告の訴訟（共同訴訟）において、判決の内容がそれぞれ異なってもかまわない場合、つまり判決を合一的に行う必要がないものを通常共同訴訟といいます（民事訴訟法38条）。原告・被告が複数いる共同訴訟のうち、共同訴訟人全員について一律に紛争解決が図られる必要的共同訴訟の一形態です。たとえば、貸金返還請求訴訟で、貸主が債務者と連帯保証人とを共に相手どって訴訟を起こした場合が挙げられますが、債務者に対しては勝訴しても、連帯保証人については保証意思がなかったとして敗訴することもあります。

て

■抵当権（ていとうけん）

　債務者に対する特定の債権の回収を確実にするために、債務者または第三者の不動産に設定する担保物権です（民法369条）。不動産が担保の目的物となった後も、債務者は引き続きその不動産を使用・収益（直接使用する、または活用して収益を上げること）することができます。

　抵当権が実行されると、抵当権の対象となっている不動産は競売にかけられ、その代金から債権者は弁済を受けることになります。抵当権は、債務者を同じくする一般債権者の利益のために、抵当権そのものを譲渡または放棄することができます（抵当権の譲渡・放棄）。

■抵当権消滅請求（ていとうけんしょうめつせいきゅう）

　抵当不動産の所有権を得た者（第三取得者）が、自分で評価した抵当不動産の金額を抵当権者に提供して、一方的に抵当権の消滅を請求することをいいます（民法379条以下）。かつては、滌除と呼ばれる制度でしたが、抵当権者の負担を軽減させるべく、抵当権消滅請求に改められました。代価弁済（同法378条）が抵当権者側からの働きかけであるのに対し、抵当権消滅請求は第三取得者側からの働きかけによるという違いがあります。

■抵当権の順位（ていとうけんのじゅんい）

　一つの物に複数抵当権が設定されている場合、登記の順番によって決定される、弁済を受けることのできる優先順位のことです。抵当権の順位は、原則として入れ替わることはありません（順位確定の原則）。優先順位の高い抵当権が消滅した場合には、以下の抵当権は順に繰り上げられます（順位上昇の原則）。

　ただし、ⓐ順位が変更される各抵当権者の合意があること、ⓑ順位の変更により影響を受ける利害関係人がいるときは

その利害関係人の承諾があること、ⓒ変更登記をすること、の要件を満たせば、登記によって抵当権の順位を変更することができます（民法374条）。

また、複数の抵当権者の間で、抵当権の順位を譲る（譲渡）、あるいは同順位とする（放棄）ことは認められています。

■抵当権の処分（ていとうけんのしょぶん）

抵当権の変動を目的とする行為をいいます。転抵当、抵当権の譲渡・放棄、抵当権の順位の譲渡・放棄などがこれにあたります。抵当権の譲渡・放棄などがなされれば、抵当不動産が実行された場合に、その代金がどのように配分されるかが変わってきます。

■手形訴訟（てがたそしょう）

手形制度が高度の流通性と簡易迅速な決済を予定する法技術制度であることから、手続的にもその趣旨を貫徹するため、証拠を書証に限定して手続を簡略化し、迅速に債権者に債務名義を取得させることを目的とした訴訟のことです（民事訴訟法350条）。

手形訴訟では目的物は手形債権とその利息に限られ、訴えられた側は反訴ができず、証拠も書証に限定されています。原則として一期日で終了し、判決には職権で仮執行宣言が付せられます。

■適時提出主義（てきじていしゅつしゅぎ）

民事訴訟において主張や反論は、訴訟の進行状況に応じて適切な時機に提出しなければならないという原則のことです（民事訴訟法156条）。

訴訟の迅速かつ円滑な進行のための原則であり、これに反する主張等は裁判所に却下される場合もあります。たとえば、事前の争点および証拠の整理手続きが行われた訴訟であれば、その手続時に申し出なかった主張や証拠の事後の申出は、当時申出ができなかった合理的な理由がなければ、適時提出主義の観点から、却下される場合もあります。

■手続法（てつづきほう）

実体法に規定された権利・義務を国家が現実化するための手続きについて規定した法律のことです。民事訴訟法や刑事訴訟法がその代表です。

■テレビ会議システム／電話会議システム（てびかいぎしすてむ／でんわかいぎしすてむ）

通信回線を使用して遠隔地にあるコンピューターの画面を通じて、直接対話ができるしくみをテレビ会議システムといいます。証拠調べにおいて、証言を得たい証人が、遠隔地にいるなどの理由で出廷できない場合に、映像と音声を送受信して証言をすることができます。また、電話会議システムとは、当事者と裁判所が通話できる装置をいいます。もっとも、実務上はあまり利用されていません。

■電子内容証明郵便（でんしないようしょうめいゆうびん）

ネットを通じて24時間受付を行う内容証明郵便のことを電子内容証明郵便といいます。文書データを送信すれば自動的に3部作成し、処理してもらえます。

通常の内容証明郵便との違いは、1ページ内の文字数制限が大幅に緩和され

ていることと、逆に一度に出せる枚数に制限があることです（最大5枚）。また、あらかじめ複数の電子内容証明郵便を作成し、差出時に複数の電子内容証明郵便をまとめて送信することができます。

■転抵当（てんていとう）

抵当権者が、自分が有する抵当権を、他の債権の担保とすることを転抵当といいます（民法376条）。

たとえば、BがAに金銭を貸しており、その貸金債権を担保するためにAの不動産に抵当権が設定されていたとします。この場合、BがCから金を借りるために自分が有している抵当権をCのために担保とすることができます。

転抵当で担保されている債権が弁済されない場合、転抵当権者（転抵当における債権者）が担保となっている抵当権（原抵当権）を実行することになります。ただし、原抵当権が担保している債権の弁済期が到来していない場合は、転抵当権者が抵当権を実行することはできません。

■転付命令（てんぷめいれい）

債務者の第三債務者に対する金銭債権が差し押さえられた場合に出される執行裁判所の命令です。この場合、支払に代えて債権をその額面額で差押債権者に移転する命令が出されます（民事執行法159条1項）。たとえば債務者が100万円の債権（預金債権など）を保持している場合に、その債権を差し押さえた債権者は執行裁判所に転付命令を求めることができます。転付命令を受けた債権者は転付債権者として100万円の債権について独占的に弁済を受けることができます。

転付命令があった場合は、転付された債権の額について差押債権者が債務者に対して有する債権が消滅します。転付を受けた債権者は、債権の回収リスクを負う代わりに、債務者が保有する債権を取得できます。転付命令は、第三債務者に送達された時に有効となり、送達時までに他の債権者が当該債権を差し押さえたときは無効となります。

と

■動産先取特権（どうさんさきどりとっけん）

債務の支払いが滞ったとき、債務者の動産から、他の債権者に先立って自己の債権の弁済を受ける権利です。動産先取特権は債権の発生原因が以下の8つのいずれかに該当すると成立します（民法311条）。先取特権の順位は、以下のⓐ～ⓗの順序に従います（同法330条）。

ⓐ 不動産の賃貸借（同法312～316条、319条）
ⓑ 旅館の宿泊（同法317条、319条）
ⓒ 旅客または荷物の運輸（同法318条、319条）
ⓓ 動産の保存（同法320条）
ⓔ 動産の売買（同法321条）
ⓕ 種苗または肥料（蚕種または蚕の飼養に供した桑葉を含む）の供給（同法322条）
ⓖ 農業の労役（同法323条）
ⓗ 工業の労役（同法324条）

■動産質（どうさんしち）

貴金属、衣服、家具といった動産を担保の目的物とする質権です（民法342条）。動産質を設定するためには、当事者の合意と目的物の引渡しが必要になります。

ただし目的物を引き渡す方法として、占有改定（動産質の設定者のもとに目的物を置いておくこと）は認められていません。

また、動産質の対抗要件は、質物を占有することであり、質物の占有を失ったときは、第三者に対して質権を対抗（主張）することはできません（同法352条）。ただし、訴訟によって占有を回復できた場合には、占有を失っていた期間も、占有があったものとみなされます。

■動産執行（どうさんしっこう）

動産を対象とする金銭執行のことです（民事執行法122条）。債務者所有の動産を差し押さえて売却し、その代金を債権の弁済に充てる方法によって行われます。たとえば、債務者の所有する家具を売却して、その代金を債権者に弁済するのが動産執行です。債権執行、不動産執行は執行裁判所が行うのに対し、動産執行は執行官が行います。また、差し押さえる動産を特定する必要がない、債権額の範囲内で差押えが行われるなどの特徴があります。なお、生活必需品は差し押さえることができません。

■当事者（とうじしゃ）

裁判の主人公ともいうべき、民事訴訟の原告・被告、刑事訴訟の検察官・被告人を当事者と呼びます。

たとえば、貸金返還請求訴訟を起こした場合には、貸主と借主が当事者となります。上告がなされた場合には、上告した当事者を上告人、上告された当事者を被上告人といいます。

■当事者主義（とうじしゃしゅぎ）

民事訴訟において、何を審判の対象とするのかを当事者に決めさせ、また、その審判対象に関する証拠の提出も当事者に委ねようという考え方のことをいいます。

たとえば、AがBに1000万円を貸していたとして、Aは1000万円全部について貸金返還請求訴訟を起こすことも、半分の500万円について訴訟を起こすこともできます。また、Aは訴訟にあたって証拠として、立ち会っていた証人を連れてくることも、契約書を持ち出すことも自由であり、裁判所の指示などを受けることは原則としてありません。

なお、刑事訴訟では「起訴するかどうかは検察官が決める」「証拠なども当事者に提出させる」といった形で当事者主義の考えが表れています。

■当事者照会制度（とうじしゃしょうかいせいど）

当事者間の照会と回答によって、相手方がもつ情報について、裁判所を介さず直接に入手できるようにするための制度です（民事訴訟法163条）。

訴状が相手方に送達されて係属したときには、相手方を侮辱したり意見を求めたりするものなどを除き、上記の事項について書面で回答するよう、書面により照会することができます。

■当事者尋問（とうじしゃじんもん）

当事者を証拠方法として、その経験した事実について尋問し、争われている事実についての証拠資料を得ようとする証拠調べのことです（民事訴訟法207条）。

当事者の申請がなくても、裁判所が職権により行うこともできます。これに応じないときは、裁判所は尋問事項に関する相手方の主張を真実と認めることがで

きます（同法208条）。宣誓は必須ではありませんが、宣誓をした上で虚偽の陳述をすると過料が科されます（同法209条）。

■当事者適格（とうじしゃてきかく）
　特定の請求（〇年〇月〇日にAがBに金銭を貸した場合の返還請求など）において、当事者として訴訟を行うことができる者の資格のことです。上記の例の場合、金銭返還請求の訴訟において、当事者適格がある者は、AとBになります。
　特定の訴訟において当事者となれる資格が、「当事者適格」であり、一般的に、訴訟において当事者となれる資格については、「当事者能力」といいます。

■当事者能力（とうじしゃのうりょく）
　民事訴訟において、当事者（訴訟における原告または被告）になることができる資格のことです。民法における権利能力のある者（権利の主体となることができる者）には当事者能力があります（民事訴訟法28条）。
　たとえば、自然人（胎児を含む）、法人には当事者能力があります。また権利能力なき社団（登記されていない法人など）は、代表者が定められている場合に限り、当事者能力が認められています。

■当事者の確定（とうじしゃのかくてい）
　訴訟において誰が当事者となるのかが当事者の確定と呼ばれる問題です。
　他人になりすまして訴訟をしていた者がいる場合などで当事者の確定が問題となります。
　たとえば、原告であるAは訴状にBを被告として記載して訴訟を提起したが、実際に被告として訴訟活動をしたのはCだったという場合です。この時に、被告とされるのはBなのかCなのか見解が分かれます。BかCか当事者であるとされた方に判決の効力が及ぶことになります。
　この点については、原則として訴状の記載だけを見て当事者を確定すべきとする考え方が支配的です。この考え方によれば、先の例では訴状にはBが被告として記載されているので、当事者はBであるということになります。

■当事者の脱退（とうじしゃのだったい）
　民事訴訟において独立当事者参加がなされた場合、既存の当事者が訴訟を続ける必要がなくなる場合があります。このような場合になされるのが当事者の脱退です（民事訴訟法48条）。
　脱退をするには相手方当事者の承諾が必要であり、脱退した当事者に対しても判決の効力が及びます。

■当然承継（とうぜんしょうけい）
　訴訟において、何らかの事情で当事者としての地位が当然に承継されることです（民事訴訟法124条）。当事者の死亡や、法人の合併などで法人格が消滅した場合などに当然承継が起こります。当然承継が起こった場合、後の当事者は前の当事者の行った訴訟行為の結果をすべて承継することになります。

■答弁書（とうべんしょ）
　民事訴訟において、訴状を受け取った被告が提出する書類を答弁書といいます。被告が訴状に書いてあることについて認めるのか反論するのかを記載した書

面です。答弁書は裁判所に提出し、裁判所から原告に送られます。

原告の請求に対し、被告がこれを認めるかどうか、またその理由について記載し、提出します。最初の口頭弁論期日においては、被告は欠席しても、答弁書を提出していれば、答弁書の通り陳述したとみなされます。

■謄本／抄本（とうほん／しょうほん）

原本の内容をそのまま写したものを謄本、原本の一部の写しを抄本といいます。謄本・抄本は、全部の写しか一部の写しかの区別です。

■特殊保全（とくしゅほぜん）

民事訴訟法以外の法令に基づきなされる保全手続きを特殊保全と総称します。会社法、会社更生法、民事再生法、家事審判法の保全命令や行政事件訴訟法に規定された処分の執行停止などがその一例です。

■督促異議（とくそくいぎ）

債務者が、支払督促に対して、これを発した裁判所書記官の所属する簡易裁判所に異議を申し立てることです（民事訴訟法386条2項）。

特別な不服理由などがなくても督促異議を申し立てることができます。仮執行の宣言がつけられる以前に債務者が督促異議を申し立てると、支払督促は失効し、通常の訴訟手続に移行します。一方、仮執行宣言後の督促異議については、仮執行の効力が残った状態で通常の訴訟手続に移行することになるため、債務者は強制執行を受ける可能性があります。

なお、仮執行宣言後の督促異議は、仮執行宣言付支払督促の送達後2週間以内に行うことが必要です。

■特定公正証書（とくていこうせいしょうしょ）

債務者が弁済をしなかったような場合には、直ちに、強制執行を行ってもよいとする旨の記載（強制執行認諾文言）がなされた公正証書のことです。特定公正証書が作成された場合には、債務者が債務の履行をしないときには債権の内容を実現する強制執行を行うことができます。

■特定調停（とくていちょうてい）

民事調停の中でも、借金などの返済ができないような場合に行われる専門調停です。特定調停には、当事者の互譲・協力によって実情に即した解決を図り、その結果として簡易・迅速・柔軟・低廉な解決が図られることが期待されています。

現時点では返済原資がない、つまり返済するあても見込みもないような場合でも特定調停を申し立てることはできます。債権者に譲歩してもらうことによって合意が成立する可能性があるためです。

ただし、調停案が成立しなければ、結局、調停は不成立として終了します。

特定調停は、簡易裁判所に対して、自分の財産状況を示す書類などを提出することで申し立てることができます。

■特別抗告（とくべつこうこく）

通常は不服申立てが認められていない裁判所の決定に対して、憲法違反があることを理由として最高裁判所に行う抗告をいいます（民事訴訟法336条、刑事訴訟法433条）。憲法違反の有無について最高裁判所が判断する機会を与えるために

特別抗告の制度が設けられています。

■特別裁判籍（とくべつさいばんせき）

民事訴訟において、限定された種類・内容の事件についてだけ認められる裁判籍のことです。普通裁判籍に対する用語です。たとえば、不動産に関する訴えであれば、被告の普通裁判籍のある裁判所の他、その不動産の所在地を管轄する裁判所が管轄権を持つことになります（民事訴訟法5条12号）。その他は、不法行為に対する損害賠償請求の訴えであれば、不法行為のあった場所を管轄する裁判所（同法5条9号）、相続に関する訴えであれば、相続開始時の被相続人の普通裁判籍を持つ裁判所にも訴えを起こすことができます（同法5条14号）。

■特別上告（とくべつじょうこく）

民事訴訟において、本来は高等裁判所が上告審として終局判決をすべき事件について、憲法違反を理由として最高裁判所に対して行う不服申立てのことです（民事訴訟法327条）。

■特別上訴（とくべつじょうそ）

確定した裁判について、憲法違反を理由に最高裁判所に対して行う不服申立てのことです。民事訴訟法上の特別上訴には、特別上告（民事訴訟法327条）と特別抗告（同法336条）があります。

たとえば簡易裁判所に対して請求を起こした事件であれば高等裁判所で確定します。しかし、このような事件でもたとえば法の下の平等（憲法14条）などの憲法違反があり得る場合にはそれを理由として最高裁判所に特別上告できます。

■特別売却（とくべつばいきゃく）

入札または競り売りを実施したが適法な買受けの申出がなかった場合には、裁判所書記官の定める方法で対象不動産を売却することを特別売却といいます。特別売却期間内に一番先に買受の申出をした人に買受の権利が与えられます。

■独立当事者参加（どくりつとうじしゃさんか）

他人間で係属中の訴訟に当事者として参加することです（民事訴訟法47条）。

訴訟参加の形態のひとつで、当該訴訟に利害関係を持つ第三者は、原告または被告を相手どって、当事者として参加できます。この場合、原告または被告は相手方の了解を得て、訴訟から脱退できます。独立当事者参加には、参加の理由に基づく分類として、権利主張参加と詐害防止参加の2つの類型があります。

■土地管轄（とちかんかつ）

裁判権の行使を、どこの所在地の裁判所に分担させるかという定めのことです。

民事訴訟では、たとえば、東京都千代田区が裁判籍の所在地である場合の第一審の裁判所は、土地管轄により、東京地裁、東京簡裁または東京家裁となり、事件の訴額や性質により、いずれの裁判所の担当になるかが決まります（民事訴訟法4～5条）。刑事訴訟においては、犯罪地や被告人の住所などによって土地管轄が定められます（刑事訴訟法2条）。

な

■内容証明郵便（ないようしょうめいゆうびん）

日本郵便株式会社が、郵便の差出人・受取人、文書の内容を証明する特殊な郵便です。内容証明郵便を送付するメリットは、ⓐ特殊な郵便であるため、心理的圧迫、事実上の強制の効果がある、ⓑ差出人の真剣さが伝わり相手方の出方を見ることができる、ⓒ将来的に訴訟になった場合に証拠として活用できる、といった点にあります。一方、送付しただけで問題の解決につながるとは限らない、受取人が不在の場合には一定の期間が経過すると差出人に返還されてしまう、といったデメリットもあります。

内容証明郵便は、一方が相手方に対して意思表示をしたことを証明しますが、相手方に回答する義務を課すものではありません。内容証明郵便は集配事業所や支社が指定した事業所で取り扱われており、すべての事業所で受け付けているわけではありません。文面作成にあたっては、1枚あたりの字数や行数の制限があります。縦書きの場合は、1行20字以内、用紙1枚26行以内に収めます。横書きの場合は、ⓓ1行20字以内、用紙1枚26行以内、ⓔ1行26字以内、用紙1枚20行以内、ⓕ1行13字以内、用紙1枚40行以内の3タイプがあります。

複数枚にわたるときは契印する必要があります。差出時には、同じ書面を3通と宛先を書いた封筒を用意しなければなりません。

に

■二重開始決定（にじゅうかいしけってい）

強制競売または担保権の実行としての競売の開始決定がされた不動産について、強制競売の申立てがあったときに、執行裁判所がさらに強制競売の開始決定をすることをいいます（民事執行法47条1項）。

たとえば、Aという担保権者から競売の申立てがあり開始決定された後、さらにBという担保権者から競売の申立てがあったときに、執行裁判所は二重開始決定をします。その後は先行した開始決定に基づき競売が進行しますが、何らかの理由で先行の開始決定が取り下げられたときなどには、後行の開始決定に基づき、引き続き競売が進められることになります。

■二重起訴禁止の原則（にじゅうきそきんしのげんそく）

民事訴訟法上、すでに訴訟が係属している事件と同一の事件について、さらに訴えを提起することはできないという原則です（民事訴訟法142条）。

複数の裁判所で同じことを審理するのはムダなことですし、矛盾した判決が出てしまうのは不都合なので、二重起訴は禁止されています。

前訴でAがBに対してC不動産の所有権を主張し、後訴でBがAに対してC不動産の所有権を主張した場合には原告と被告がただ入れ替わっただけであり、この場合には二重起訴禁止の原則により後から起こされた訴えは却下されることになります。

なお、刑事訴訟においても二重起訴禁

止の原則があり、すでに公訴が提起されて訴訟が係属している事件と同一の事件について、さらに公訴提起することは許されないという原則のことを二重起訴禁止の原則といいます。

■二重差押えの禁止（にじゅうさしおさえのきんし）

同じ財産に対して2つ以上の差押えがなされることを二重差押えといいます。執行官は、すでに差し押さえられた動産または仮差押の執行をした動産をさらに差し押さえることができません（民事執行法125条1項）。

たとえば執行官Aが債権者Bの要請にしたがって債務者Cの所有する車を差し押さえた場合、執行官Dが別の債権者Eの請求に従ってCの同一の車を差し押さえることはできません。

■二当事者対立の原則（にとうじしゃたいりつのげんそく）

訴訟手続きにおいて、二当事者が互いに対立するという構造をとっているという原則をいいます。裁判が公正に行われ、その結果を当事者が納得できるようにするために、対立する利害関係人を当事者として手続きに関与させ、双方が自らの利益の主張を尽くし合うことができる地位と機会を対等に与えています。

■入札（にゅうさつ）

民事執行法に定められた競売による不動産の売却方法のひとつで、できるだけ多くの買受希望者を募って、それらの者に買受価格を競争させ、最高価格をつけた者に不動産を売却するという方法です。買受希望者は入札に際し、必要書類の他に、保証金を納付する必要があります。

■任意管轄（にんいかんかつ）

法定管轄のうち専属管轄以外のもののことをいいます。合意管轄や応訴管轄がその代表例です。

■任意的訴訟担当（にんいてきそしょうたんとう）

本来当事者となるべき者の意思によって権限を授かり、第三者が訴訟を行う場合のことです。

一方当事者が多数いる場合などにすべての当事者が訴訟に参加していると非常に時間がかかります。このような場合に当事者間で代表者を定めて訴訟の遂行をまかせることで簡易化・迅速化を図る場合などが任意的訴訟担当の一例です。

しかし、広く任意的訴訟担当を認めてしまうと、訴訟代理人を弁護士に限った意味がなくなるため、任意的訴訟担当は限定的な場合に認められます。

■任意的当事者変更（にんいてきとうじしゃへんこう）

当事者を誤って訴えを提起し、訴訟の途中でそのことに気づいた場合などに当事者を変更することです。たとえば、被告をAとして訴訟を提起したが、実はBを被告とすべきだったという場合などに任意的当事者変更がなされます。

■任意売却（にんいばいきゃく）

民事再生や破産などをした場合に、競売手続によらずに債務者（ローン借主）の希望のもとに、自らの手で不動産を売却することを任意売却といいます。

競売手続きよりも高い価格で売却でき

る可能性がある場合に任意売却がなされます。

■**認容（にんよう）**

原告の請求に理由があるとして認める判決のことをいいます。原告が求めていたのが給付なのか確認なのかによって認容判決の内容も変わってきます。

の

■**ノン・リケット（のん・りけっと）**

民事訴訟の審理の中で、ある事実について真偽不明の状態が生じることをノン・リケットといいます。

事実について真偽不明の状態が生じた場合でも、裁判所は提起された訴訟に対して判断をしなければなりません。そのため、証明責任の考え方が用いられ、真偽不明の状態が生じた場合にどちらの当事者が不利益を被るかが決められています。

証明責任とは、一定の事実を証明する責任のことをいいます。ある事実が証明されず真偽不明となった場合には、その事実は存在しなかったものとされ、証明責任を負っていた当事者は不利益を被ることになります。たとえば、貸金返還請求訴訟において、弁済をしたという事実は被告側が証明責任を負っている事実です。弁済がなされたという事実が証明されず、真偽不明の状態が生じたとすると、弁済はなかったものとされ、原告の請求が認められることになります。

は

■**売却基準価額（ばいきゃくきじゅんかがく）**

競売の際の売却価格の基準となる額のことをいいます。

売却基準価額は、一般に市場価格の7割程度に設定されるのが通例です。評価基準については、法律上具体的な規定はありませんが、物件ごとに価額のバラつきが起きないように、実務上、3割程度の競売減価が施されています。

裁判所が市場価格の3割程度も割り引いている理由は、手続の全過程を買受人の自己責任に委ねているからです。言い換えると、裁判所は物件の内部調査をしていない上に、引渡しまで保証していないからだといえます。

なお、個別の具体的な取引で定められる価格を取引価格といいます。

■**売却許可決定（ばいきゃくきょかけってい）**

入札書に最も高い価格を記入した最高価買受申出人に対し、執行裁判所がなす売却を許可する決定のことをいいます。執行裁判所は売却決定手続きなどで収集した一切の資料に基づき、最高価買受申出人に対する売却の許否を審理し、売却不許可事由がない場合には、売却許可決定をします。この決定に対し異議のある者は、決定から1週間以内に限り執行抗告をすることができます。この期間内に執行抗告がなされなければ売却許可決定は確定し、最高価買受申出人は買受人の地位を得て代金を納付すれば競売不動産の所有権を取得することができます。

■売却命令（ばいきゃくめいれい）

取立てに代えて執行裁判所の定める方法によって、その債権の売却を執行官に命ずる命令のことです（民事執行法161条）。たとえば債務者が電話加入権などをもっている場合には、取立てに代えてその電話加入権の売却命令が出される場合があります。

■配達証明（はいたつしょうめい）

郵便物が、相手方に届いたことと、その年月日を証明する日本郵便株式会社のサービスです。配達証明の加算料金は310円です。トラブルの際、相手方に内容証明郵便を送付する際などに、配達証明を利用することがよくあります。差出後でも1年以内であれば、配達証明を出してもらうことができ、この場合の配達証明料は430円とされています。

■配当（はいとう）

裁判所が差押債権者や配当要求をした債権者に対し、法律で定められた順番に従って、売却代金を分配することをいいます。差押えの申立てをしていない債権者であっても一定の期日までに配当要求をすれば配当を受けることができます。

■配当異議の申出（はいとういぎのもうしで）

配当表に記載された各債権者の債権または配当の額について不服のある債権者および債務者が、配当期日において異議の申出をすることです（民事執行法89条1項）。

抵当権を実行するなどによって配当を行う場合には、ⓐ売却代金、ⓑ債権の元本および利息などの債権の額、執行費用などを記載した配当表が裁判所書記官によって作成されます。この配当表に不服のある債権者または債務者は配当異議の申出をすることができます。

■配当期日呼出状（はいとうきじつよびだしじょう）

裁判所から債務者・前所有者に対し発せられる配当期日を知らせる通知のことをいいます。任意売却がまとまらず、不動産が競売により落札された場合、その売却代金はいったん裁判所に納付され、債務者（前所有者）に対しては配当期日を記載した配当期日呼出状が送られてきます。なお、呼出状となっていますが、必ずしも裁判所に出頭する必要はありません。競売に異議がある場合、もしくは競売の落札価格が債務金額を上回っていた場合に限り裁判所に出頭し、手続きを行う必要があります。

■配当要求（はいとうようきゅう）

差押債権者ではない債権者が、差押がなされた財産を売却した代金から弁済をするよう求めることです（民事執行法51条）。

たとえば競売が行われた場合に執行力のある債務名義の正本を持つ債権者、差押えの登記後に登記された仮差押債権者、同法181条1項各号の文書により一般先取特権を有することを証明した債権者は配当要求をすることができます。

■配当留保供託（はいとうりゅうほきょうたく）

配当等を受けるべき債権者の債権について、何らかの事情で直ちに配当等を実施することができないことから、その配当等の額に相当する金銭は一時的に供託

され、条件が満たされれば供託金は債権者に交付されることをいいます（民事執行法91条）。執行供託の一種です。

配当を受ける債権者の債権が、停止条件付である場合や不確定期限がついている場合などには、すぐに債権の配当をすることができません。そこで配当留保供託の手続がとられることになり、債権が実現された時に配当に回されることになります。

■破棄（はき）
　上告に理由がある場合、原判決を取り消すことです。破棄の結果、事件は原裁判所に差し戻されるか、それと同等の他の裁判所に移されます。また、自判する（破棄をした裁判所が自ら判決をすること）場合もあります。
　判決に本来かかわってはいけない裁判官がかかわっていたような場合には破棄されることになります。

■破棄差戻し（はきさしもどし）
　原判決を破棄して、原裁判所に差し戻し、審理をやり直させることをいいます。
　憲法違反として破棄された場合でも、判決のためにはそれ以外の事実認定が必要な場合があります。このような場合、最高裁は法律審であるため、事実認定を行うことはできません。そこで、事実認定のできる裁判所に対する差戻手続がとられることになります。
　原判決を破棄した場合でも、上訴審で判断できる場合には、破棄自判がなされます。

■破棄自判（はきじはん）
　民事訴訟の場合、上告審が原判決を破棄して自ら判決を下すことをいいます。
　具体的には民事訴訟では、ⓐ法令の解釈適用を誤ったことから判決を破棄する場合で、事件がその事実に基づいて裁判をするのに熟するとき、ⓑ事件が裁判所の権限に属しないことを理由として破棄する場合には破棄自判を行います（民事訴訟法326条）。
　刑事訴訟では、それまで取り調べられた証拠によって、直ちに判決ができると認められるときに破棄自判がなされます（刑事訴訟法400条）。

■破棄判決の拘束力（はきはんけつのこうそくりょく）
　上級審が原判決を破棄した場合に、上級審の判断が下級審を拘束することをいいます（裁判所法4条）。
　具体的な内容については、民事訴訟法325条3項等に規定されています。ここでは、上告審でなされた法律判断に差戻審は拘束されると規定されています。
　たとえば、ある法律の適用の有無が問題となった場合に、上告審がその法律の適用があるとした場合には、差戻審はその法律の適用は認められないと判断することはできません（ただし、その法律の適用とは全く関係のない事実から結論を導くことは否定されません）。

■破産（はさん）
　債務者が債務を支払えなくなったときに、債務者の財産を清算し、債権者に公平に分配する一連の手続きのことをいいます。債権者の一定の利益の確保と、債務者の社会的な再起を目的とした制度です。

■8号文書（はちごうぶんしょ）
　民事執行法39条1項8号に掲げられた弁済受領または弁済猶予の文書のことです。たとえば、1000万円を支払えという確定判決が出た後に債務者が支払いをした場合に出される領収書などです。

■発問権（はつもんけん）
　当事者が裁判所に対して、裁判所が相手方に不明瞭な事項について明らかにするように釈明権を行使することを求める権利のことをいいます（民事訴訟法149条3項）。裁判所の訴訟指揮権の発動を求めるのにすぎないので、裁判所は当事者が発問権を行使した場合でも釈明権を行使しなくてもかまいません。

■発令裁判所（はつれいさいばんしょ）
　仮差押命令や仮処分命令といった保全命令を発する裁判所を総称して発令裁判所といいます。これに対し、保全命令に基づき保全執行を行う裁判所は執行裁判所と呼ばれ、両者は同一であることもあれば、異なることもあります。

■判決（はんけつ）
　民事訴訟において、裁判所が訴訟に対する判断を示すことをいいます。
　民事訴訟における判決には本案判決と訴訟判決があります。本案判決は、請求に対して裁判所が判断を下すものです。訴訟判決は、訴訟要件を満たさないことなどを理由に、本案についての判断をすることなく訴えを却下する判決のことをいいます。

■判決事項（はんけつじこう）
　裁判所が言い渡す判決の内容のことです。判決事項は、原則として申立事項の範囲内にとどまっていなければなりません（民事訴訟法246条）。
　たとえば、交通事故などの損害賠償で1000万円の請求をした場合には1000万円までの請求範囲で判決事項を決める必要があります。仮に被害が2000万円に相当するとしても、裁判所が2000万円の損害賠償を命じることはできません。

■判決事実（はんけつじじつ）
　違憲審査がなされた訴訟での、その訴訟における具体的な事実のことを判決事実といいます。司法事実ともいいます。立法事実と対置される言葉です。立法事実は、法律が作られる過程で考慮された事柄のことをいいます。これに対して判決事実は、法律を具体的に適用する場面における事実ということになります。
　たとえば、わいせつな図書の販売を規制する法律の合憲性が問題となった場合、その法律は青少年の健全な育成を目的として制定されたといった事実は立法事実、その法律を用いて行政当局がわいせつとはいえない図書まで規制しているといった事実は判決事実ということになります。

■判決による登記（はんけつによるとうき）
　登記を命じる確定判決を得ることで、当事者の一方から単独で申請できる登記のことです。
　たとえば、登記権利者と登記義務者のうちのどちらか一方が登記申請に協力しない場合に、所有権移転登記を求める訴

えを提起したとします。登記申請手続きをするべき旨を命じる給付判決（確定判決）を得た場合には、この判決によって相手方が登記申請の意思表示をしたものとして扱われます。そのため、判決書正本（確定証明書付）を添付すれば、相手方の協力を得ないまま単独で登記の申請を行うことができます。

■判決の確定（はんけつのかくてい）

判決を上訴で取り消すことができなくなり、判決を取り消すには再審によるしかなくなることをいいます。

民事訴訟では、訴訟当事者がその判決に異存がなければ、判決正本を受け取ってから2週間でその判決が正式に確定します（民事訴訟法116条）。

上訴ができない場合（上告審判決）や当事者が上訴権を放棄した場合には判決言渡し時や、放棄の時に判決は確定します。

刑事訴訟でも、判決がなされてから上訴期間が経過すると、判決が確定します。上訴権の放棄をした場合にその時点で判決が確定するのは民事訴訟と同様です。

■判決の更正（はんけつのこうせい）

民事訴訟において、判決書の文字の誤りなど、単純ミスについて、訂正することを判決の更正といいます（民事訴訟法257条）。判決書に計算間違いなどがあり、その誤りが明白な場合には、裁判所は申立てあるいは職権で判決の更正決定をすることができます。

■判決の自己拘束力（はんけつのじここうそくりょく）

民事訴訟において、判決が成立すると、確定を待つことなく、裁判をした裁判所はもはや勝手に変更や取消しができなくなる効力のことを判決の自己拘束力といいます。

たとえば、交通事故訴訟などで裁判官の心証が判決後に変わり、「過失割合は昨日出した判決とは異なるかもしれない」と思ったとしても、原則として変更することはできません。これが認められると判決の信用性が揺らぐためです。また、刑事訴訟においても、裁判所は一度下した判決をむやみに覆すことはできないとされています。

なお、判決の自己拘束力は、判決の自縛力ともいわれます。

■判決の脱漏（はんけつのだつろう）

民事訴訟において、全部判決をしたつもりで、誤って請求の一部について判決をしない場合のことを判決の脱漏といいます（民事訴訟法258条）。

原告が5回にわたって被告に金を貸していて起こされた貸金返還請求訴訟で、判決が4回については触れたものの、残る1回については全く触れなかった場合などがそうです。このような場合には追加判決による措置がとられます。

■判決の変更（はんけつのへんこう）

民事訴訟において、判決が法令に反しているような場合、判決の言渡し後1週間以内であれば、判決を変更することもできます（民事訴訟法256条）。

実際に裁判の変更が行われるようなことはほとんどありません。ただ、たとえば特別法で時効が短縮されており、その法律に従えばすでに時効が完成しているにもかかわらず、民法上の時効による判決を下してしまった場合などには、特別

法に基づく措置がとられなければ裁判そのものが不信を招くことになるため、判決の変更が行われます。

■判決理由（はんけつりゆう）
　主文を導き出すに至った事情や根拠のことです。どんな根拠・論理的過程を経て、主文が導き出されたのかを示すものです。たとえば、貸金債権の時効が成立したかどうかが問題となった場合の訴訟では「被告は○月×日に原告に対して支払猶予の申入れをしており、これによって時効が中断したと認められます。よって本件では時効は成立していない」あるいは、「本件において時効が中断したと認められる事由はない」ということが判決理由になります。以上を受けて主文としては「（時効は成立していないので）被告は金を支払え」あるいは、「（時効が成立しているので）被告に支払義務はない」というものになります。

　判決理由に書かれていることには法的な効力は生じません。しかし、類似した訴訟が発生した場合には、以前の判例も考慮して裁判がなされるため、判決理由には事実上の拘束力があると考えられています。

　また、刑事訴訟においても判決に対して理由が付されます。判決理由では、有罪・無罪とされた判断の過程について示されることになります。

■反射効（はんしゃこう）
　民事訴訟において、ある訴訟での判決の効力が、他の人の訴訟にも及んでいるとする場合に、その効力のことを反射効といいます。

　判決の効力は、訴訟の当事者となった者の間でのみ生じるのが原則です。

　しかし、この原則を貫くと、債権者と主たる債務者の間での訴訟で主たる債務はないとの判決がなされたとしても、債権者と保証人との間の訴訟では主たる債務はあるとして債権者の保証人に対する請求が認容されるという事態が生じることがあります。同じ債務について、当事者が主たる債務者か保証人かによって主たる債務の存否についての裁判所の判断が異なってしまうのは妥当ではありません。そこで、債権者と主たる債務者の間で判決がなされた場合には、その判決の効力が反射効として債権者と保証人との間の訴訟にも及ぶと言われています。判決の効力が及べば、２つの訴訟では同じ判断がなされることになるので、主たる債務の存否について裁判所が異なった判断をすることはなくなります。

　反射効については学説では有力に主張されています。しかし、判例は、原則通り判決の効力は当事者間にのみ生じるものであるとして、反射効の概念を否定しています。

■反証（はんしょう）
　相手方が証明責任を負っている事実を否定するための訴訟活動のことをいいます。たとえば、交通事故などで目撃証言をした証人がいた場合に、証人の視力が悪いことや現場が暗かったことなどを主張して証人の目撃事実の信用性を揺るがそうとするのは反証に該当します。

■反訴（はんそ）
　訴訟係属中に被告が、その訴訟手続を利用して原告に対して提起する訴えのことをいいます（民事訴訟法146条）。

たとえば土地の売買契約で土地の買主が売主に対して「土地所有権を自分に移すように」と訴訟を起こした場合（本訴）に、売主の方が「まだ支払っていない代金を払え」という訴えを起こす（反訴）場合などが反訴の例です。

■反対尋問（はんたいじんもん）

主尋問に現れた事項およびこれに関連する事項、証人の供述の証明力を争うために必要な事項について、証人を申請した側ではない者が行う尋問のことをいいます。この尋問をする権利のことを反対尋問権といいます（憲法37条2項前段）。

たとえば、民事の交通事故訴訟などで原告側の証人が「被告の運転する車が蛇行運転をしていた」と証言した場合などに「どのくらいのスピードで？」「道の広さを考えるとその幅での蛇行は無理があるのではないか」など被告側が質問したり問いただすのが反対尋問です。

なお、刑事訴訟でも反対尋問はなされます。検察官側の証人に対して行う被告人・弁護人による尋問と、被告人側の証人に対して行う検察官の尋問が反対尋問になります。

■判例（はんれい）

広義では、裁判例（裁判所で出された判断）を意味します。狭義では、裁判例のうち現在も拘束力をもつものをいいます。そのため、最高裁判所の裁判例を指すことが多いようです。また、判決理由のうち、判決の結論を導くのに必要な部分を判例と言うこともあります。

■判例法（はんれいほう）

裁判例のうち、後の裁判に対して拘束力を有しているもののことです。

同じ内容の裁判例が積み重なって、それが判例法となっている場合もあります。

とくに最高裁判所の判断のことを判例法ということもあります。また、イギリスなど一部の国では、積み重ねられた裁判例が法となっています。これを判例法ということもあります。

ひ

■被害回復裁判手続き（ひがいかいふくさいばんてつづき）

消費者裁判手続特例法で定められた、消費者被害回復のための訴訟手続きのことをいいます。

被害回復審判手続きは、二段階の構造になっています。第一段階では共通義務確認訴訟の手続きが行われ、事業者に金銭支払いの義務があるかどうかが確認されます。第二段階では、簡易確定手続きが行われ、個々の消費者の事業者に対する債権の存否および内容が確定します。第一段階も第二段階も、特定適格消費者団体による訴えや申立てによって行われます。その他、簡易確定決定への異議後の訴訟の手続きや、特定適格消費者団体が対象債権に関して取得した債務名義による民事執行の手続きも、被害回復裁判手続きに含まれます。

■引受主義／消除主義（ひきうけしゅぎ／しょうじょしゅぎ）

不動産が強制競売された場合に、不動産に付着している用益権（他人の土地などの物や権利を、使用・収益するための権利）や担保権の負担が、不動産の買受人に引き継がれるとする考え方のことを

引受主義といいます。逆に、不動産に付着している用益権や担保権が強制競売による売却によって消滅し、買受人が負担のない不動産を取得するという考え方のことを消除主義といいます。

買受人が競売不動産を買い受けやすくし、競売不動産をより高値で売却できるように、日本では消除主義がとられています。ただし、有効な賃借権のある賃借人は、売却後6か月間、家賃を支払っている限り、保護されることになっており、消除主義の例外とされています。

■引受承継（ひきうけしょうけい）

訴訟係属中に、当事者の一方と第三者との間で、係争物（争いとなっている権利や物）につき特定承継の関係が認められる場合に、他方の当事者からの引受の申立てにより、訴訟の当事者の地位の承継が生じる場合をいいます（民事訴訟法50条）。たとえば、AのBに対する貸金債権についての貸金返還請求訴訟で、AがCに債権譲渡をした場合にBがCを訴訟に引き込むことが引受承継です。

■引換給付判決（ひきかえきゅうふはんけつ）

原告の給付請求に対して、被告のほうから留置権の抗弁・同時履行の抗弁が提出された場合に、原告が反対給付を履行することと引き換えに被告に対して給付を命じる判決のことです。

たとえば車の売買契約で売主が車を引き渡さないまま支払代金を請求して訴訟となった場合に下された「売主が車を引き渡すことと引き換えに、買主は金銭を払え」という判決が引換給付判決です。

■引渡命令（ひきわたしめいれい）

執行裁判所が、代金を納付した買受人の申立てにより、債務者または不動産の占有者に対し、不動産を買受人に引き渡すことを命ずることです（民事執行法83条1項本文）。

たとえば、ある不動産が競売されたが、その不動産に競売人以外の人が住んでいた場合、裁判所は、相手方に不動産を引き渡すように命じることができます。

■被告（ひこく）

民事訴訟では原告によって訴えられた相手方を被告と呼びます。たとえば貸金返還請求訴訟では、金銭を借りた側が被告となります。

なお、刑事訴訟において犯罪を犯したかどうか審理される者は被告人と呼ばれます。「被告」といった場合には民事訴訟の当事者を、「被告人」といった場合には刑事訴訟の当事者を指すことになります。

■被告適格（ひこくてきかく）

被告として訴えるべき相手方の資格のことをいいます。

民事訴訟で、貸金返還請求訴訟の被告適格は借主であり、借主以外の人（たとえば、資産家である借主の家族）を被告とした訴えは却下されることになります。

行政事件訴訟でも、被告適格の問題は生じます。取消訴訟においては、被告となるべき行政庁が法律で定められています（行政事件訴訟法11条）。

■非訟（ひしょう）

民事事件のうち、訴訟手続にはふさわしくないと考えられるものを、裁判所が

いわば後見的な立場から解決する手続きのことです。裁判所の裁量的な判断によって権利・義務の内容を決定する手続だといえます。原告・被告という形で当事者が対立するのではなく、非公開の簡易な手続によって処理されます。

たとえば後見開始決定や遺産分割などの家事審判決定などが非訟の典型例です。訴訟事件では裁判所の判断は判決によってなされ、非訟事件では裁判所の判断は決定となります。また、不服申立手段は訴訟事件であれば上訴となりますが、非訟事件では抗告となります。

■被担保債権（ひたんぽさいけん）

抵当権等の担保権によって担保の対象となる債権のことをいいます。

たとえば、AがBに1000万円を貸して、担保としてBの所有する土地に抵当権を設定したとします。この場合に、AがBに対して有する1000万円の金銭債権のことを被担保債権と呼びます。

■BIT（びっと）

Broadcast Information of Tri-set systemの略語です。

裁判所の不動産競売物件をインターネットで見ることができるサイトのことです。3点セットと呼ばれるⓐ物件明細書、ⓑ現況調査報告書、ⓒ不動産評価書（評価書）のダウンロードや開札結果などの検索ができます。

■必要的共同訴訟（ひつようてきょうどうそしょう）

共同訴訟人全員について、一律に紛争の解決を図ることが求められる訴訟形態をいいます。原告・被告が複数いる共同訴訟の一形態で、一人の共同訴訟人が行った訴訟行為が、他の共同訴訟人に影響を与えるという点で、通常共同訴訟とは異なります。必要的共同訴訟には固有必要的共同訴訟と、類似必要的共同訴訟の2つがあります。

■必要的口頭弁論の原則（ひつようてきこうとうべんろんのげんそく）

裁判所は、訴訟の審理においては必ず口頭弁論を開かなければならない原則のことをいいます（民事訴訟法87条1項）。

口頭弁論は公開でなされるので、審理の公平性が担保されます。また、口頭弁論では両方の当事者の言い分を十分に聞くことになるので、訴訟における当事者の権利を保障することになります。そのために、原則として訴訟においては口頭弁論を開かなければならないとされています。

■非典型担保（ひてんけいたんぽ）

民法が規定する4種類の担保物権を補う、新しい型の担保物権です。その代表的なものが、譲渡担保、所有権留保、仮登記担保です。

■否認（ひにん）

民事訴訟において、相手方が主張した事実を認めないことをいいます。その事実は知らないと陳述した場合（不知）も、否認したと推定されます（民事訴訟法159条2項）。

たとえば貸金返還請求訴訟で、「100万円を被告に貸した」と原告が主張したことに対して、被告が「借りた覚えはない」と答える場合などが否認の典型例です。

■被保全権利（ひほぜんけんり）

民事保全法に基づく仮差押・仮処分手続きにおいて保全されるべき権利ないしは権利関係のことをいいます。仮差押では金銭の支払いを目的とする債権が、係争物に関する仮処分では金銭以外の物または権利が被保全権利とされます。これに対し、仮の地位を定めるための仮処分では争いのある権利もしくは権利関係であれば広く被保全権利として認められています。

■被保全債権（ひほぜんさいけん）

債権者代位権（民法423条）や詐害行為取消権（同法424条）が問題となる場面で、保護の対象となる債権のことをいいます。

たとえば、AがBに対して債権を有しており、BはCに対して債権を有していたとします。このとき、Aは債権者代位権により、Bの代わりにBのCに対する債権を行使することができます。このときのAのBに対する債権のことを被保全債権といいます。

また、AがBに対して債権を有しており、BがCに対してBの唯一の財産である土地をCに贈与したとします。このとき、Aは詐害行為取消権により、BとCとの間の贈与契約を取り消すことができます。このときのAのBに対する債権を被保全債権といいます。

なお、民事保全法による保全される債権のことを被保全債権ということもあります。

■飛躍上告（ひやくじょうこく）

当事者が第一審の裁判所の法律問題についてのみ不服がある場合に、相手方の同意を得て直接上告することです。事実関係について争いがなく、法律問題についてのみ争いがある場合に、飛躍上告がなされます。

ふ

■封印等破棄罪（ふういんとうはきざい）

公務員が施した封印（物の現状の変更を禁止したことを示すもの）や差押えの表示を壊す行為を内容とした罪のことです（刑法96条）。3年以下の懲役または250万円以下の罰金が科されます。

強制執行が円滑に行われるようにするために封印等破棄罪が定められています。

■不起訴の合意（ふきそのごうい）

民事訴訟において、ある権利関係の当事者間において締結される、裁判所に訴えを提起しない旨の合意のことです。

■複雑訴訟（ふくざつそしょう）

民事訴訟において、請求や当事者が複数ある訴訟形態です。

たとえばAの運転する車がBとCに衝突した場合には、BとCという2人の原告（当事者）がAを被告として不法行為による損害賠償請求を行うことになります。あるいは、売買代金請求と賃料請求を同時にする場合は請求が複数の訴訟ということになります。

■複数請求訴訟（ふくすうせいきゅうそしょう）

原告が被告に対して、1個の手続きで複数の訴訟上の請求を行うことです。

原告が1月と3月に100万円ずつ貸し

たが、被告が返済しないため訴訟を行う場合に、「債権が2つあるから両方請求しよう」というような場合です。

■副本（ふくほん）
　正本と対になる言葉で、同じ内容の文書を2通作った場合、1通を正本といい、もう1通を副本といいます。正本は主たる書類で、副本は正本に付随するものとして扱われます。訴訟の場面では、複数の原本（もととなる文書のこと）のうち、送達に用いられるものを副本といいます。たとえば、民事訴訟において、訴状の送達は、原告から提出された副本によって行われます。
　民事訴訟を提起するに際しては被告となる人数＋1の訴状が必要になります（それぞれ内容は同じで、押印、訂正印が必要とされることも共通しています）。このうち1通は裁判所が原本として保管し、残る訴状は副本として被告のところに送達されます。

■不在者の財産管理人選任（ふざいしゃのざいさんかんりにんせんにん）
　住所や居所がわからず、帰ってくる見込みが少ない者（不在者）の財産を管理する者を、家庭裁判所が選任することをいいます。利害関係人や検察官の請求によって行われます。
　たとえば、ある人が死亡し、相続が開始されたものの、その共同相続人の中に不在者がいたという場合、そのままでは遺産分割協議を行うことができません。そこで、相続人は、不在者の財産管理人選任を家庭裁判所に申し立てることになります。

■附帯控訴（ふたいこうそ）
　民事訴訟において控訴審で、口頭弁論終結までに、被控訴人が控訴人の申し立てた審判の対象を広げて、自己に有利な判決を求めることをいいます（民事訴訟法293条）。たとえば200万円の貸金返還請求訴訟で被告に対して100万円の支払を命じる第一審判決が出たとし、被告が控訴したとします。そのままでは被告は100万円以上の支払を命じられることはありませんが、これでは原告が一方的に不利益を被ります。したがって、原告もその控訴において、控訴期間が経過した後も「200万円を返せ」と主張することができます。

■不知（ふち）
　民事訴訟において相手方の主張を知らないという陳述のことです。不知は否認と推定されます（民事訴訟法159条2項）。
　たとえば貸金返還請求訴訟で原告が「返す約束をした」と主張した場合に、「そんなことは知らない」と答えるのが不知の陳述です。被告が「返す約束はしたが、きちんと返した」と反論した場合に原告が「返したことは知らない」という場合も不知にあたります。

■普通裁判籍（ふつうさいばんせき）
　事件の内容・性質に関係なく一般的に認められる裁判籍のことです。たとえば管轄に関する合意がなく、法定管轄でもない事件については普通裁判籍のあるところが管轄となります。通常は被告となる者の生活の根拠地を管轄している裁判所が普通裁判籍を有しています（民事訴訟法4条1項）。

■物上代位（ぶつじょうだいい）

担保の目的物が形を変えて債務者に帰属したときに、担保権者がそれに対しても担保権を実行できることです（民法304条）。たとえば、抵当権の目的物が滅失・毀損したときには、抵当権者は保険金や損害賠償請求権を抵当目的物に代わる担保とすることができますが、これは抵当権に物上代位が認められているためです。物上代位は先取特権・質権にも認められています。

■物上保証人（ぶつじょうほしょうにん）

他人の債務を担保するために、自分の所有する財産に抵当権などを設定した者のことを物上保証人といいます。たとえば、AがBに対して金を貸して、担保としてCの土地に抵当権を設定した場合、Cは物上保証人となります。担保権が実行された場合には、物上保証人は債務者に対して求償することができます（民法351条）。

■不貞の抗弁（ふていのこうべん）

子が父であると考えた男に対して認知の訴えをした場合に、男の側が母親の懐胎可能期間に、子の母親が他の男性とも性交渉をもっていたことを主張することをいいます。母親が他の男性と性交渉をもっていたことが明らかになれば、認知の訴えで被告となっている者が実の父親である可能性は低くなります。

■不動産執行（ふどうさんしっこう）

債務者の不動産を強制的に換価するなどの方法により、その代金を債権者の金銭債権の返済にあてる強制執行のことです。たとえば、債権者が債務者に1000万円を貸し、債務者所有の土地に抵当権を設定したとします。このケースで、債務者が債務を支払わない場合に、債権者が当該抵当権を実行して土地を競売し、それにより得た金銭を自己の債権に充足させるのが不動産執行です。

■不当執行（ふとうしっこう）

民事執行法上は適法であるが、十分な実体法上の根拠が欠けている執行のことをいいます。たとえば、執行が実行される前に債務の弁済をしたにもかかわらず、執行が行われたような場合が不当執行です。民事執行法に違反しているわけではありませんが、原因となる債権は執行時には弁済されていたので執行の根拠はなく、不当執行となります。

不当執行がなされようとしている場合には、請求異議の訴え（民事執行法35条）などをすることで、不当執行を防ぐことができます。

■不当利得（ふとうりとく）

法律上の原因なく利益を受け、そのために他人に損失を及ぼした場合に、この利益を返還する義務を負うことです（民法703条）。たとえば、売買契約が錯誤により無効とされた場合には、買主は売主に対してすでに支払った代金について不当利得返還請求をすることができます。

悪意の受益者はすべての利益を返還する義務があるのに対して、利得に法律上の原因がないことについて知らない（善意）受益者は現存利益のみ返還すればよいとされています。

■不当利得返還請求訴訟（ふとうりとくへんかんせいきゅうそしょう）

正当な理由がないのに、不当に利益を受けている者に対して、その利益の返還を求めて申し立てる訴訟のことをいいます。

相手方が利得に法律上の原因がないことを知っていた（悪意）場合は、受けた利益のすべてに利息を付けて返還を求めることができます。一方、相手方が善意である場合は、現に利益が残存している限度でしか返還を求めることができません。

■不法行為（ふほうこうい）

故意または過失によって他人に損害を与えた場合に、その損害を賠償させる制度です（民法709条）。発生した損害の塡補（埋め合わせ）や損害の公平な分担の実現をめざすものです。

■不要証事実（ふようしょうじじつ）

証明を必要としない事実です。具体的には、歴史的事件や大災害など一般人が疑わない程度に知っている事実などが不要証事実です。たとえば貸金返済に関する訴訟で返済が遅れた理由として「当日大きな地震があって交通機関が使えなかった」という場合、その大きな地震が実際に起きたことであればいちいち証明する必要はありません。

また、貸金返還訴訟において一部弁済については原告被告とも同意しているなど、当事者間に争いのない事実も不要証事実となります。

■不利益変更禁止の原則（ふりえきへんこうきんしのげんそく）

民事訴訟の上訴審においては、上訴した人に不利益な内容となる裁判をしてはならないという原則のことをいいます（民事訴訟法304条）。たとえば、「200万円を払え」という貸金返還請求訴訟の第一審で「被告は一部は返済しているが、全額返済はしていないので原告に100万円を支払え」という判決が出たとして、被告のみが不服として上訴した場合、上訴審で「被告は貸金を全く返済していないので200万円全額を原告に支払え」という判決を下すことはできません。このような心証を上訴審裁判官が抱いたとしても判決は「被告は100万円を原告に支払え」というものになります。

逆に原告のみが不服として上訴した場合にも「被告は全額返済したので支払う必要はない」という判決は出せません。これが不利益変更禁止の原則です。

なお、刑事訴訟や行政不服審査においても不利益変更禁止の原則がとられているため、控訴人や審査請求人の不利益になる方向で判断を変更することは認められていません。

■プロセスカード（ぷろせすかーど）

裁判の進行状況を一覧にしたカードのことです。裁判所が期日ごとに作成し、各当事者に渡すことになっています。

プロセスカードには、裁判の期日に議論したことや、各当事者が次回の期日までに準備すべきことなどが記載されますので、裁判所と各当事者が共通認識を持って裁判手続きに臨むことが可能になります。

■文書提出命令（ぶんしょていしゅつめいれい）

民事訴訟において裁判所が当事者の申立てに基づき、法に定められた文書提出

義務を負う者に対して、文書の提出を命じる制度をいいます（民事訴訟法223条）。たとえば医療事故による訴訟が提起された場合に、裁判所が病院や医師などに事実の解明のために必要と思われるカルテなどの文書の提出を命令するのが文書提出命令です。

へ

■弁護士強制主義（べんごしきょせいしゅぎ）

民事訴訟において、必ず訴訟代理人として弁護士を選任しなければならないという考え方のことです。日本では、弁護士強制主義の考え方は採用されていません。

■弁済（べんさい）

債務者その他の者が債務の内容である給付をすることによって、債権が消滅することをいいます。一般的には返済と呼ばれています。履行もほぼ同じ意味ですが、履行が「債務者の行為」という面が強調される場合であるのに対し、弁済は「債権の消滅」という面が強調された言葉です。

■弁済供託（べんさいきょうたく）
⇨供託

■弁済金の交付（べんさいきんのこうふ）

債権者に金銭を分配する手続きには、配当手続きと弁済金の交付手続きの2種類があり、分配をめぐって争いが生ずるおそれのないときには弁済金の交付手続きがとられます。具体的には債権者が一人の場合や債権者が複数でも全員が全額の弁済を受けられる場合には、配当を実施する必要はないことから、執行裁判所は売却代金の交付計算書を作成し、これに基づき弁済金の交付を行うという簡便な分配手続きを行うことになります。

■弁済充当（べんさいじゅうとう）

たとえばAという債務者がBという一債権者に対して商品代金50万円と借入金30万円というように、複数の同じ給付目的（金銭による弁済など）の債務を抱えているときに、40万円の支払いなど、Aが両債務の合計額の一部を支払った場合、どの債務に対する弁済とするかを決めることです。弁済の充当は、まずは当事者の合意により行い、当事者の合意がない場合には一方当事者の指定による充当が、一方当事者の指定による充当もない場合には法定充当が行われます。指定による充当はまず弁済者、次に受領者が行うことができます（民法488条）。法定充当は当事者が指定をしない場合に行われるもので、ⓐ弁済期にあるもの、ⓑ債務者の利益が多いもの、ⓒ弁済期が先に到来するもの、の順に行います（民法489条）。

■弁済による代位（べんさいによるだいい）

債務を弁済した第三者が、債務者に対し、債権者に代わって債権者の持っていた債権者代位権や履行請求権、抵当権といった権利を行使することです。本来債務者が支払うべきものを別の第三者が支払った場合には、それに見合う権利を第三者に与えることにしています。弁済による代位には、任意代位と法定代位があります。

任意代位は債務者のために弁済をした者が、弁済と同時に債権者の承諾を得ることによって認められます。任意代位について債務者やその他の第三者に対抗するためには、債務者への通知もしくは債務者からの承諾が必要になります（民法499条）。一方、法定代位は保証人や連帯債務者など、弁済をすることについて正当な利益を持っている人に対し、当然に代位を認めるものです（同法500条）。

■弁明の機会の付与（べんめいのきかいのふよ）

聴聞手続きが認められない不利益処分に先立って認められる、相手方に意見を述べる機会を与えるための手続きです（行政手続法29条）。原則として、書面主義が採られています。

■弁論（べんろん）

民事訴訟においては、広い意味では審理の手続全体を指し、狭い意味では口頭弁論を意味します。

刑事訴訟においては、証拠調べのあとに行われる検察官と弁護人等による意見陳述のことをいいます（刑事訴訟法293条）。検察官による弁論を論告、弁護人等による弁論を最終弁論と呼びます。

■弁論主義（べんろんしゅぎ）

民事訴訟において裁判の基礎となる事実や証拠（訴訟資料）の収集を当事者の権限かつ責任とする建前のことです。職権探知主義の対立概念です。

たとえば、裁判所は当事者の主張していない事実を根拠として判決をすることはできません。また、裁判所は、当事者の提出した証拠のみを用いて事実認定をしなければなりません。

■弁論準備手続き（べんろんじゅんびてつづき）

民事訴訟において法廷ではなく、裁判所建物内の一室で、裁判官と両当事者が争点と証拠の整理を行うもので、争点整理手続の中核をなすものです（民事訴訟法168条以下）。

裁判所が原告と被告を準備室などに呼び出し、非公開の中で事情を聞くことで両者の意図や主張を整理していきます。

■弁論能力（べんろんのうりょく）

民事訴訟において弁論を行うために必要な能力のことをいいます。弁論能力をもたない者は訴訟から排除され、代わりに弁論能力のある者が以後の訴訟を行います（民事訴訟法155条）。

原則として訴訟能力があれば弁論能力も認められますが、たとえばすぐにかんしゃくを起こす者については手続きの円滑な進行を妨げる場合があるので、弁論能力が否定される可能性があります。

■弁論の更新（べんろんのこうしん）

民事訴訟において裁判を担当する裁判官が代わったときに、従前の口頭弁論の結果を陳述することをいいます。直接主義を貫けば、本来、担当裁判官が病気で倒れて交替したような場合、新しい担当裁判官はすべての証拠調べや弁論をやり直すのが筋です。しかし、それでは時間がかかりすぎるといった不都合な事態も生じるため、このような場合はこれまでの口頭弁論の結果を陳述して、訴訟を再開することになります。

■弁論の制限（べんろんのせいげん）

民事訴訟において訴訟物が複数の場合あるいは数個の独立した攻撃防御方法が争われている場合に、そのうちのひとつに審理を制限し、集中して審理することをいいます（民事訴訟法152条）。

たとえば、売買契約の他に取得時効が問題となっている場合に、まず片方に審理を集中して審理を整理する場合が弁論の制限です。

■弁論の全趣旨（べんろんのぜんしゅし）

民事訴訟において、口頭弁論に現れた一切の状況のことです。裁判官は事実認定を行うため、証拠調べの結果の他に弁論の全趣旨も検討材料にすることができます。裁判官が事実認定を行う際には当事者や証人の発言そのものではなく、態度や表情なども考慮することができます。

■弁論の分離（べんろんのぶんり）

民事訴訟において、請求が複数ある訴訟を審理する場合に、それらを一つひとつ分離して、それぞれ別個の手続で審理することをいいます（民事訴訟法152条）。

たとえば、売買代金と貸金返還請求訴訟を同一の訴えで提起した結果、両方の請求についての審理が複雑化し、混乱するような場合に、2つの請求を分離して別々に手続きを進めていくことになります。

なお、刑事訴訟においても、別々に審理を行った方が効率的であると判断された場合には、弁論の分離がなされます（刑事訴訟法313条）。

■弁論の併合（べんろんのへいごう）

民事訴訟において、1つの裁判所で別々の手続きによって審理されている訴訟を、1つにまとめて同一の訴訟手続きで審理し、判決する処置のことです（民事訴訟法152条）。たとえば、1月と3月に同一相手に貸した貸金返還請求訴訟を別々に東京地裁に訴えた場合には、それぞれの訴訟は東京地裁の別々の部に係属しています。これらを同一の部にまとめて同一の口頭弁論手続きで審理・判決するのが弁論の併合です。

なお、刑事訴訟においても、一人の被告人が複数の犯罪について公訴を提起されていて、同時に手続きを進めた方がよい場合には弁論の併合がなされることがあります（刑事訴訟法313条）。

ほ

■法源（ほうげん）

裁判を行う際に基準となるもののことです。憲法や法律が代表的な法源ですが、判例や慣習、条理なども法源となる場合があります。

■法定管轄（ほうていかんかつ）

法律によって定められた裁判管轄のことを法定管轄といいます。職分管轄、事物管轄、土地管轄が法定管轄に該当します。

職分管轄は、どの事務をどの裁判所に分担させるかという観点から定められる管轄です。第一審が簡易裁判所または地方裁判所とされているのは、職分管轄の規定によるものです。

事物管轄は、訴額に応じて定められる管轄のことです。140万円未満であれば簡易裁判所、140万円以上であれば地方裁判所の管轄となります。

土地管轄は、被告の住所地や債務などの履行地を管轄している裁判所に生じる

管轄のことをいいます。

■**法定金利計算書（ほうていきんりけいさんしょ）**

金銭消費貸借契約について、利息制限法によって定められた利率をもとに、実際に支払った金額とは別に、改めて利息額を算出した書面をいいます。利息制限法を超える利息を取り戻すための訴訟（過払い金請求訴訟）において、訴状の一部として、または、書証（記載内容が証拠資料となる文書）として提出されることが多いようです。

■**法廷警察権（ほうていけいさつけん）**

裁判官の職務の執行を妨げる者や不当な行いをする者に対して、退廷命令など相当な処分を下すことができる裁判所の権限のことです。

傍聴人などが一方当事者に肩入れして野次を飛ばしているような場合など、公判の円滑な進行を妨げる場合には裁判長はその傍聴人を退廷させる権限を有します。これが法廷警察権です。

■**法定充当（ほうていじゅうとう）**

同じ者に対して債務者が複数の債務を負っているとき、どのような順番で債務を消滅させていくかというのが法定充当の問題です。たとえば、AがBに対して100万円の債務を3つ負っているとき、AがBに対して200万円出したとすると、どのように200万円を弁済に使うか決めなければなりません。そのときに、法定充当がなされます。

債権者、債務者のいずれもが弁済の順番について指定しなかったときに、民法489条により法定充当がなされます。

具体的には、弁済期が来ている債務から順番に消滅させていくことになります。たとえば、BがAに対して100万円の債権を2つ持っており、それぞれ4月1日と5月1日が弁済期とされているとします。このとき、4月15日の段階で、何もいわずにAがBに100万円を渡すと、4月1日が弁済期の100万円の債権に充当されることになります。

■**法定証拠主義（ほうていしょうこしゅぎ）**

どんな証拠に基づいていかなる事実を認定すべきかについて、あらかじめ法で定めておこうという考え方のことです。たとえば「一定形式の印鑑が押された契約書があれば契約が成立したものとみなす」などのようにあらかじめ法律で定めておくのが法定証拠主義の一例です。

日本では自由心証主義が採用され、法定証拠主義は採用されていません。

■**法定訴訟担当（ほうていそしょうたんとう）**

本人の意思によることなく、法律の規定によって第三者が当然に訴訟を行う権限をもつ場合のことをいいます。たとえば債権者代位権（民法423条）を行使した債権者や、破産管財人などが訴訟に参加する場合が法定訴訟担当の一例です。

■**法定代位／任意代位（ほうていだいい／にんいだいい）**

法定代位は、弁済について正当な利益をもつ者が弁済によって当然に債権者に代位することです（民法500条）。

たとえば、保証人が主たる債務者に代わって債務を弁済した場合、債権者が主

たる債務につき有していた抵当権を保証人が行使できます。

任意代位は、債務者のために債務を弁済した者が、債権者の承諾を得て債権者に代位することです（同法499条）。

債務者と無関係の者が債務者のために債務を弁済した場合には、債権者の承諾を得て代位をすることができます。

■法定代理（ほうていだいり）

民法上、制限行為能力者の代理人など、本人の意思ではなく法律の規定に基づいて代理権が発生する場合のことをいいます。親権者や未成年後見人は法定代理人に該当します。

■法定代理人（ほうていだいりにん）

未成年者など、単独で取引を行う能力がない者に法律の規定によりつけられる代理人のことをいいます。未成年の場合は通常、親が法定代理人となります。

未成年者などは物事の判断能力が充分ではないため、未成年者などを保護する観点から法定代理人をつけることが必要とされています。

■法定担保物権（ほうていたんぽぶっけん）

留置権（民法295条以下）・先取特権（同法303条以下）のように、法律上当然に生じる担保物権のことをいいます。

当事者の意思によって発生する約定担保物権と対置される用語です。

■法定地上権（ほうていちじょうけん）

当事者の契約によらず、法律の規定によって発生する地上権のことです（民法388条）。土地と土地に建っている建物を同じ人が所有しており、その土地と建物のどちらかに抵当権が設定・実行された場合に法定地上権が成立します。

たとえば、土地と建物を所有していたAが、建物について、債権者Bのために抵当権を設定した場合、その抵当権が実行され、第三者Cが建物を競落したときには、法定地上権の成立が認められ、CはA所有の土地の上に無条件で地上権を取得することになります。

■法廷等の秩序維持に関する法律（ほうていとうのちつじょいじにかんするほうりつ）

法廷等の秩序を維持し、裁判の威信を保持することを目的とする法律のことです。裁判所が行う手続きにおいて、裁判官の指示に従わなかったり、暴力を振るった者らに対して、制裁を課すことを規定しています。

■法的整理（ほうてきせいり）

倒産処理手続きにおいて、裁判所の関与を求め、法の規制に従って行われる手続きを法的整理といいます。法的整理には、再建型の手続きとして会社更生、民事再生があり、清算型の手続きとして破産、特別清算があります。なお、法的整理以外の手続きを私的整理といいます。

■法テラス（ほうてらす）

平成16年6月に公布された総合法律支援法に基づき、平成18年に国が設立した独立行政法人日本司法支援センターの通称です。市民が法的トラブルを抱えた際に、サポートダイヤルに電話をすれば誰でも解決のために有効な制度や手続きなどの情報の提供を受けられる他、必要に応

じて弁護士・司法書士等の法律相談を受けたり、弁護士費用の立て替えなどの援助を受けることができます。

■**法律関係文書（ほうりつかんけいぶんしょ）**

挙証者と文書の所持者との間の法律関係について作成された文書です（民事訴訟法220条3号）。たとえば契約関係であれば契約書そのもの、あるいは契約についての申込書、または印鑑証明書などが法律関係文書となります。たとえば、貸金返還請求訴訟では貸主である原告が、借主である被告との間の消費貸借契約の存在を立証するため、金銭消費貸借契約書を提出する場合もあります。この金銭消費貸借契約書が法律関係文書です。

■**法律事実（ほうりつじじつ）**

法律における要件を基礎付ける事実のことです。たとえば、不法行為では、故意・過失や権利・利益を侵害している行為などが法律事実となります。故意・過失や権利・利益を侵害している行為があると証明されると、損害賠償請求ができることになります。

■**法律上の推定（ほうりつじょうのすいてい）**

法律の規定により、一定の事実があれば権利や事実が推定されることを法律上の推定といいます。

民法186条2項は、ある2つの時点での占有を証明すれば、その間の期間の占有は推定されることを定めています。たとえば、ⓐ1998年の10月に他人の土地を占有していること、ⓑ2008年の11月にもその土地を占有していること、の2点が証明されれば、民法186条2項によりその間の期間の占有が推定されます。これが法律上の推定の一例です。

法律上の推定は、立証することが困難な事項について相手方に立証責任を転換するために置かれています。

ただし、これはある一定の事実等を推定するにすぎないので、相手方は別の事実を証明することで推定を覆すことができます。たとえば、前述した民法186条2項の例では、原告側が2つの時点の占有を証明したとしても、被告側のほうで、原告は2つの時点の間に占有を失ったという事実を証明すれば、2つの時点の間は、原告は占有を継続していたという推定を覆すことができます。

■**法律上の争訟（ほうりつじょうのそうしょう）**

個人の権利義務に関する争いで、法律を適用することで終局的に解決できるものを法律上の争訟といいます。裁判所法3条には、法律上の争訟について裁判をすることができる旨が規定されています。司法権が及ぶかどうかは、法律上の争訟に該当するかどうかで判断されます。

たとえば、宗教上の争いなどは法律上の争訟には該当しません。宗教的な価値観などは、裁判所が判断できるものではないからです。

■**法律審（ほうりつしん）**

事実認定ではなく、法令の解釈適用上の誤りなど法律問題について審理する裁判のことをいいます。最高裁判所は、法律審の役割だけを負うことが法律によって規定されています。具体的には前判決が憲法の規定に違反している場合や、判

決を出した裁判官が本来判決に関与してはならなかった場合、専属管轄に反する裁判所で判決が出されたような場合など法規違反があるような場合には法律審での判断を仰ぐことができます。

法律審では、法律の解釈等についてのみ争われるので、原則として新たな事実を主張したり新しい証拠を提出することは認められません。

■法律扶助制度（ほうりつふじょせいど）

資金不足のために裁判などを行えない者を援助すための制度のことです。たとえば、訴訟を行いたいが弁護士を雇えない場合などに、公的機関が一部費用を肩代わりしたり、低額での分割払いにすることなどが行われています。また、裁判を行うだけの経済力がない場合には、法テラスを利用することもできます。

■法律要件／法律効果（ほうりつようけん／ほうりつこうか）

法律上の権利義務関係の、発生・変更・消滅といった変動を生じさせることを法律効果と呼び、その原因となる事実の総体を法律要件といいます。たとえば、商品の売買契約を取り交わすとすると、その商品の所有権が移転することになります。この場合、売買契約の締結が法律要件となり、所有権の移転が法律効果ということになります。

■法律要件分類説（ほうりつようけんぶんるいせつ）

民事訴訟において、法律効果の存在を主張する者は、その効果の発生を定める適用法規の要件事実について証明責任を負うとする考え方です。たとえば、法律効果を主張する者は、その効果の発生を規定する権利根拠規定の要件事実について証明責任を負います。売買代金を請求する場合、代金債権は売買契約（民法555条）によって発生するため、売買契約（権利根拠規定）の証明責任は売買代金を請求する側が負うことになります。

これに対して売買代金を支払ったなど、権利が消滅した効果を主張する者は権利消滅規定（ここでは債務の弁済に関する民法474条以下）について証明責任を負います。つまり代金支払の証明責任は代金を支払ったと主張する側が負うことになります。

■補佐人（ほさにん）

訴訟において当事者や代理人と共に出頭し、弁論を補助する者です。民事訴訟においては、当事者や訴訟代理人は補佐人と共に裁判所に出頭することができます（民事訴訟法60条）。

■保証金（ほしょうきん）

競売の場面で、入札する者があらかじめ納めなければならない金銭のことをいいます。保証金の額は、現在では、原則として、売却基準価額の10分の2となっています。競売物件を落札できなかった場合には、保証金は返還されます。

また、賃貸借契約を締結する場面でも、賃借人が賃貸人に納める金銭に保証金があります。保証金には、預かり金としての保証金、建設協力金としての保証金など、さまざまな性格があり、賃貸借契約締結の際には、保証金の内容や返還額について確認しておくことが重要です。

■補助参加（ほじょさんか）
　他人間の訴訟の結果に関して利害関係をもつ第三者が、当事者の一方を勝訴させることによって、間接的に自己の利益を守るためにその訴訟に参加することを補助参加といいます（民事訴訟法42条）。
　たとえば、貸金返還請求訴訟が提起された場合、債務者の保証人は主債務とは直接的には無関係ですが、債務者の勝敗によって自身が負う保証債務に影響するため、利害関係は大きいといえます。このような場合に保証人が債務者を勝たせるべく補助参加をすることがあります。

■補助事実（ほじょじじつ）
　証拠の証拠能力や証拠力について、影響を及ぼすような事実のことです。たとえば、証人が訴訟の当事者の一方と特別な利害関係があるという事実等が挙げられます。この場合、当該証人の供述の信用性を低下させる効果を持ちます。

■補助証拠（ほじょしょうこ）
　実質証拠の信頼性を強めたり弱めたりする事実を証明するための証拠のことをいいます。たとえば目撃証言をした証人の視力が悪かったことなどを証明する視力検査の結果通知などが補助証拠となります。これによって訴訟に関係する事実に直接影響があるわけではありませんが、証人の視力があまりよくなかったということが証明されると、その証人の目撃証言の信用性が落ちるので、訴訟進行の上では大きな意味をもっています。

■補正（ほせい）
　民事訴訟・刑事訴訟における訴訟行為の不備・欠陥を訂正または補充することをいいます。民事訴訟においては、訴状の名前や住所に誤字・脱字があったり、日付が空欄になっていたりする場合に、裁判所からの指摘により、訂正または記入します。
　刑事訴訟においては、起訴状における被告人の記載に誤りがあった場合に、裁判所からの指摘により、検察官が起訴状を訂正します。

■補正命令（ほせいめいれい）
　裁判官が訴状を審査し、訴状に不備があった場合に、相当の期間を定めて原告に補正を命令することをいいます（民事訴訟法137条）。たとえば貼付した印紙額が足りない場合などには、補正命令を受けて原告が足りない分の印紙を追加して貼らなければなりません。

■保全異議（ほぜんいぎ）
　保全命令に対する債務者の不服申立てのことです（民事保全法26条）。たとえば、債務者側が財産を隠していないなど、保全の必要がないような場合に債務者が保全異議を行うことができます。

■保全仮登記（ほぜんかりとうき）
　所有権以外の権利の保存・設定または変更登記請求権を保全する場合に、処分禁止の登記と共にする仮処分による仮登記のことです（民事保全法53条2項）。登記順位を事前に確保するために必要となります。たとえば、Aが抵当権の登記請求権を保全するため、処分禁止の登記がされた場合に、Bが抵当権を設定し、先に抵当権設定登記をしてしまうと、Aの抵当権は、Bの後に登記されることになり、Aが十分な弁済を受けられなく

は行

第2部　用語解説編　247

る可能性が高くなります。そのため、処分禁止の登記をする際に、Aの抵当権の仮登記がされ、抵当権の順位を保全することになります。

■保全抗告（ほぜんこうこく）
　保全異議または保全取消しの申立てについての裁判に対する上訴のことです（民事保全法41条1項本文）。たとえば地方裁判所が保全命令を出した場合に、それを不服とする債務者は高等裁判所に当該保全命令決定を取り消すように申し立てる手続きを行うことができます。これが保全抗告です。

■保全執行（ほぜんしっこう）
　民事保全の執行のことを保全執行といいます。仮差押や仮処分があります。
　民事訴訟においては、判決の効力は訴訟の当事者の間に対してのみ生じます。そのため、債務者が訴訟の目的となっている物を他の人に譲渡してしまうと、判決が無意味になります。このような事態を防ぐ目的で、債務者が訴訟の目的となっている物を自由に処分できないように保全命令に基づく保全執行が行われます。

■保全処分（ほぜんしょぶん）
　将来の強制執行に備えて、相手方が財産を隠したり処分したり、あるいは財産の価値を減少することを防ぐ処分のことをいいます。
　一般に、民事保全法に規定されている仮差押や仮処分を指します。仮差押は金銭債権を保全する場合になされ、仮処分は非金銭債権を保全する場合になされます。
　その他、民事執行法や破産法、民事再生法などの個別の法律において、個別に保全処分が規定されています。

■保全取消し（ほぜんとりけし）
　保全命令自体の不当を主張するのではなく、保全命令の発令後に生じた事情を考慮して保全命令を取り消す手続きです（民事保全法37条以下）。たとえば、保全命令が出た後に被保全債権が弁済によって消滅した場合などには保全命令を維持する必要がなくなるため、保全命令が取り消されます。また、保全命令が出された後、本案の訴えが提起されなかった場合は保全命令を維持する根拠がなくなるので保全取消しがなされます。

■保全の必要性（ほぜんのひつようせい）
　民事訴訟により本案の権利につき判決が確定するまでに、仮差押等の保全手続きをとらなければ、権利の実現が困難となる事情のことを保全の必要性といいます。保全命令が発令されるための要件のひとつで、保全命令の申立に際し、申立人は被保全債権の存在および保全の必要性を書面において疎明する必要があります。

■保全命令（ほぜんめいれい）
　仮差押命令（民事保全法20条）と仮処分命令（同法23条）のことを保全命令といいます。保全命令の申立ては、保全すべき権利と保全の必要性を裁判所に示すことで行われます。民事訴訟において、債務者らが訴訟の目的物を処分することを防ぐために行われます。

■本案の申立て（ほんあんのもうしたて）
　民事訴訟において、原告が訴訟で判決

を求めることと、被告が請求の棄却を申し立てることを、本案の申立てといいます。

本案は、実体法上の権利関係（請求権の根拠となっている法律など）についての主張のことを指します。本案についての主張であるため、本案の申立てと呼びます。

■本案判決（ほんあんはんけつ）

訴訟上の請求や上訴の当否について判断する終局判決のことをいいます。たとえば貸金返還請求訴訟においては、「被告は原告に金銭を支払え」、あるいは「支払う必要がない」というのが本案判決となります。請求や当否を判断することなく判決をする訴訟判決の対義語です。

■本証（ほんしょう）

証明すべき事実について挙証責任を負っている者が、その事実を証明するために行う訴訟活動のことを本証といいます。

たとえば、売買契約に基づく代金支払請求をする売主は、売買契約が成立したことについて証明責任を負います。その場合に、契約書の提出など、売買契約の存在を立証しようとすることは本証に該当します。

■本人訴訟（ほんにんそしょう）

民事訴訟の手続きについて、弁護人を依頼せずに、当事者本人のみで進める訴訟のことをいいます。我が国の民事訴訟では、代理人を依頼する場合には、資格を持った弁護士に依頼しなければなりませんが、弁護士に依頼するか否かは、当事者が任意に決定できます。とくに第一審では、原告・被告ともに本人訴訟により行われることも多くあります。

ま

■抹消登記（まっしょうとうき）

債務の弁済（返済）により設定していた抵当権が消滅するなど、登記しておくべき原因がなくなったときに登記を抹消するために行う登記のことです。

抹消登記は、原則として登記権利者と登記義務者の共同申請で行います。

ただし、抹消することになる登記を申請したときと、登記権利者、登記義務者の関係が逆になります。たとえば、売買による所有権移転登記を抹消したときは、売主が登記権利者となり、買主が登記義務者となります。

み

■みなし解放金（みなしかいほうきん）

差押えを受けている者以外の第三者が金銭を供託した場合のその金銭のことをみなし解放金といいます。

仮差押を受けたとしても、一定の金銭（仮差押解放金）を供託すれば、仮差押を停止させることができます（民事保全法22条）。通常は、仮差押を受けた者が金銭を供託することによって仮差押を停止します。

しかし、仮差押を受けた者でないものが供託をしても仮差押が停止される場合があります。第三債務者が、債権者である仮差押を受けている債務者に対して支払うべき金銭を供託したときには、仮差押を受けている債務者が仮差押解放金を供託したものとみなされます。この第三債務者が供託した金銭等のことをみなし解放金といいます（民事保全法50条3項本文）。

たとえば、仮差押を受けている債務者AがBに対して100万円の債権を所有している場合に、Bが100万円を供託した場合、その100万円は本来Aが受け取るべきものであり、Aが供託したものと同視することができます。したがってこの100万円は仮差押の解放金として取り扱われることになります。

■民事再生（みんじさいせい）
　原則として、債務者である経営陣が業務執行や財産管理を続けながら、会社の再建を図る手続きです。具体的には、債権の支払いを引き延ばすことや、一部をカットすることを債権者に認めてもらうことで事業再生を図る手続きです。

■民事事件（みんじじけん）
　私人（個人または法人）の間で発生した権利・義務に関する紛争のことです。犯罪行為の処罰が問題となる刑事事件と区別されます。たとえば土地売買、車の売買などで問題になった場合が典型です。犯罪行為であったとしても、たとえば傷害事件の被害者が損害賠償請求を行う場合には民事事件となります。

■民事執行（みんじしっこう）
　私人の有する債権を国家により強制的に実現する手続きのことを民事執行といいます。たとえば、債務者の給与債権の一部を差し押さえて、そこから弁済を受けるケースや、抵当権を実行して不動産を競売して換価（金銭に換えること）し、そこから弁済を受けるケースなどが挙げられます。

■民事執行法（みんじしっこうほう）
　強制執行や競売の手続きについて定められた法律のことです。債務者が債務を履行しないために担保権を実行する場合の換価手続き（金銭に換える手続きのこと）は、民事執行法に則って行われます。

■民事執行法82条２項の申出（みんじしっこうほうはちじゅうにじょうにこうのもうしで）
　競売物件の買受人が、代金の納付に当たりローンを利用するために、融資を行う金融機関と共に行う申出手続きをいいます。競売物件の購入は本来、代金納付後に、裁判所が差押登記の抹消等を法務局に嘱託して登記手続きを行います。ローンを利用する場合、この登記手続とは別途、ローンに関する抵当権設定登記の申請が必要になるため、この申出を行うことで、申出人指定の司法書士等が、必要な登記手続きすべてを連件処理することができます。

■民事訴訟（みんじそしょう）
　私法上の法律関係について行われる訴訟のことで、民事訴訟法の手続きに従って行われるものをいいます。売買代金の支払請求訴訟、所有権確認訴訟などが民事訴訟の例として挙げられます。

■民事訴訟規則（みんじそしょうきそく）
　最高裁判所が定めた民事訴訟の手続きに関する規定をいいます。民事訴訟法は、当事者の権利義務に重大な影響を及ぼす事項や、手続きの大綱を定めるのみで、その他の細則を最高裁判所の規則で定めると規定しています。たとえば、口頭弁

論進行の手続きや、口頭弁論調書の具体的な記載事項等について規定しています。

■民事訴訟費用等に関する法律（みんじそしょうひようとうにかんするほうりつ）

民事訴訟の費用について規定した法律のことです。民事訴訟における手数料や、費用の納付の方法、証人の旅費の給付などについて定められています。

■民事訴訟法（みんじそしょうほう）

民事上のトラブルを訴訟によって解決するためのルールを定めた法律です。

たとえば、AがBを強迫してBが買う気もないものを買わせた場合には民法96条1項により取り消すことができるとされ、取り消した場合にはBがAに支払った金額は不当利得としてAに返還請求できることになります。しかし、実際にそれを実施するのは裁判所などの機関です。もっとも裁判所はAの「強迫された。民法規定に従って処理してくれ」という意見を一方的に聞き入れるのではなく、一定の手続きに沿って判断します。このようなトラブルを公的機関である裁判所が公平に解決するための手続法が民事訴訟法です。

■民事調停（みんじちょうてい）

私人間の争いに第三者が仲介して、双方が合意の上争いを解決する手続きです。民事調停法が定めています。

たとえば交通事故の加害者と被害者が当事者同士の示談交渉では失敗したものの、訴訟までふみ込む意思や費用もないという場合などに民事調停手続きによる解決をめざすことになります。家事調停を除く民事上の問題はほぼすべて民事調停の対象となります。

■民事調停法（みんじちょうていほう）

民事調停の手続きについて定めた法律のことです。民事調停は、互いに話し合って譲り合うことで紛争の解決をめざすものです。民事調停法には、調停委員を置くことなどが定められています。

■民事保全（みんじほぜん）

訴訟において判決が確定するまでの間、被告側の財産を一時的に差し押さえたり、差し迫った被害や危険を避けるためにとられる暫定的な措置のことです。

■民事保全法（みんじほぜんほう）

民事保全の手続きを定めた法律が民事保全法です。具体的には、仮差押の手続き、係争物（争いとなっている権利や物のこと）に関する仮処分の手続き、仮の地位を定める仮処分の手続きなどについて規定されています。

む

■無剰余差押えの禁止（むじょうよさしおさえのきんし）

強制執行をしたとしても配当が出ない差押えが禁止されていることをいいます（民事執行法129条）。差押えは強制執行をして債務者の財産から配当を受けるためになされるものです。しかし、配当がなされなければ差押えをする意味がないので、無剰余差押えが禁止されています。

め

■命令（めいれい）

訴訟において個別の裁判官が行う判断のことをいいます。裁判官が判断・意思を示すことを裁判といいますが、裁判には、判決、決定、命令という分類があります。訴訟についての終局的判断である判決に比べて、比較的重要ではない事項について、命令による判断がなされます。たとえば不備のある訴状が、補正されない場合に出される訴状却下命令等が挙げられます。なお、行政機関が定める規範のことを命令といいます。

も

■申立事項（もうしたてじこう）

原告が訴えによって求める判決の内容のことです。たとえば貸金返還請求訴訟などにおいては、「被告Aは原告に1000万円を返せ」と求めることになります。これが申立事項です。

■申立承継（もうしたてしょうけい）

当然に当事者としての地位を受け継ぐのではなく、申立てによって当事者としての地位を承継する場合のことです（民事訴訟法49～51条）。

たとえば貸主Aと借主Bが貸金返還請求訴訟を行っていた場合に、貸主Aが貸金債権についてCに対して債権譲渡を行った場合には、CがAの承継者として訴訟に参加することになります。この場合は当然承継の場合と異なってBもしくはCが申し立てることによって承継の効果が生じることになります。

や・ら・わ行

■役員解任の訴え（やくいんかいにんのうったえ）

株主総会において役員の解任が否決されたときに、株主がその役員の解任を求めて裁判所に訴えを提起することを役員解任の訴えといいます（会社法854条）。会社法上の役員とは、取締役、会計参与、監査役のことです（会社法329条）。役員解任の訴えは、総株主の議決権の100分の3など、一定の株主だけが行使できる少数株主権のひとつです。役員解任の訴えは、株式会社と解任したい役員の双方を被告として行われます（同法855条）。

■優先弁済（ゆうせんべんさい）

全財産または特定の財産から、他の債権者よりも、優先して弁済を受けることを優先弁済といいます。

強制執行がなされた場合、債権者平等の原則に基づいて、債務者の財産から債権額に応じて按分した額の弁済を受けることが原則になります。しかし、担保権には優先権があるので、他の債権者に優先して自分の債権を回収することができます。このように、債権の弁済が得られないときに債権者は目的物を金銭に換えた上で他の債権者に先立って弁済を受けることのできる効力のことを優先弁済的効力といいます。

たとえば、BがAに1000万円、CがAに500万円の債権を有しており、Aが有している財産が300万円の不動産しかない場合には、Bが200万円、Cが100万円の弁済を受けることが原則になります。

しかし、抵当権を設定していたような場合には、抵当権には優先弁済的効力が

あるため、抵当権者は不動産を競売にかけ、その売却代金から支払を受けることができます。そのため、抵当権には優先弁済的効力があるといえます。

先の例にDを加えて、Dが300万円の債権を有しており、Aの不動産に対して抵当権を有している場合には、抵当権を実行すればDのみが300万円を得ることができます。

■養育費（よういくひ）

子どもを扶養するための費用のことを養育費といいます。養育費を受け取る権利は子どものための権利です。離婚にあたっては、非監護親（義務者）から監護親（権利者）に対して、支払われるべき養育費の額が問題になります。話し合いでまとまらない場合には、裁判所の調停などで決定することになりますが、裁判所の判断の基準となるのが、養育費算定表です。養育費算定表は、離婚する個々の当事者の個別事情を考慮せずに、義務者と権利者の収入および子どもの年齢だけを考慮して養育費を算定しています。

なお、いったん合意した養育費の金額を変更することは原則として認められませんが、合意時に予想できなかった病気や失業といった事情が生じた場合は、支払額の減額などが認められる可能性があります。

■要証事実（ようしょうじじつ）

民事訴訟において事案の判断に必要な事実で、証明を必要とする事実のことを要証事実といいます。主要事実ともいいます。たとえば貸金返還請求訴訟で「貸主が借主に金を貸した」という事実は、貸主側が証明すべき要証事実となりま

す。逆に、「金を返した」という事実は、借主側が証明すべき要証事実になります。なお、刑事訴訟では、犯罪の構成要件に該当する事実のことを要証事実といいます。

■予納（よのう）

訴訟費用を事前に納めることです。たとえば訴訟を提起すると、訴状を被告に郵送するなどの費用が発生しますが、この郵送費用については訴え提起時に原告が予納しなければなりません。予納については、支払いの猶予を認める訴訟救助の制度があります。

■予備的併合（よびてきへいごう）

複数の請求に順位をつけて、先順位請求が認容されなかった場合にはじめて（後順位請求）審判を求める併合形態のことです。たとえば売買契約などにおいて、売主の側が訴訟を起こして「ⓐ売買代金を支払え、それが認められないなら契約を解除するから、ⓑ買った物を返せ」というような主張をする場合があります。このⓐとⓑの関係が予備的併合です。

■履行勧告（りこうかんこく）

家庭裁判所が、調停や審判の内容に従っているかどうかを調査した上で、内容に従っていない者に対し、義務を履行するように勧告することをいいます。

履行勧告は、当事者の申立てがあった場合に行われます。金銭の支払いを内容とする義務の不履行だけでなく、面会交流や子の引渡しなど、金銭の支払い以外の不履行についても、利用することが可能です。

ただし、履行勧告には、履行命令のよ

うな法的拘束力はないとされています。

■履行命令（りこうめいれい）
　家庭裁判所が、調停や審判の内容に従わない者に対して、内容に従うように命じることを履行命令といいます。相手方が、家庭裁判所からの履行勧告を受けているのにもかかわらず、義務の不履行を続けている場合に利用されます。
　履行命令は、当事者の申立てによって行われます。金銭の支払いを内容とする義務については利用できますが、面会交流や子の引渡しなどについては履行命令の対象となっておらず、利用することができません。正当な理由なく履行命令に従わない者に対しては、家庭裁判所は10万円以下の過料の支払いを命じます。

■離婚（りこん）
　婚姻後に生じた事由によって婚姻関係を解消することを離婚といいます。
　離婚の方法には、協議離婚、調停離婚、審判離婚、裁判離婚があります。
　協議離婚は、夫婦双方の離婚の意思を確認した上で離婚届を作成し、役所へ提出する方法で行われます。離婚の大半は協議離婚です。裁判離婚は、離婚原因がある場合にのみ認められます。
　離婚の際には、子の親権、慰謝料・養育費の金額といった問題について協議することになりますが、話し合いがまとまらない場合には、裁判所の手続きを利用することになります。もっとも、離婚など家庭に関する事件については、調停前置主義がとられているため、調停離婚、審判離婚を経ても解決しない場合に離婚訴訟を提起することになります。

■離婚原因（りこんげんいん）
　夫婦の一方が協議離婚を拒否している場合に、家庭裁判所に対して、離婚の訴えを提起するために必要な一定の理由をいいます。協議離婚の場合には、夫婦の合意さえあれば、離婚できますが、裁判離婚の場合には、民法で定められた離婚原因がなければ離婚は認められません。
　離婚原因としては、ⓐ不貞行為（浮気）、ⓑ悪意の遺棄（長期間にわたって生活費を渡さないなど）、ⓒ3年以上の生死不明（蒸発・行方不明）、ⓓ強度の精神病になり、回復の見込みがないとき、ⓔその他婚姻を継続しがたい重大な事由があるとき、の5つが定められています（民法770条）。離婚を望む者はこの中のいずれか、または複数を主張して離婚を求めることになります。

■離婚訴訟（りこんそしょう）
　離婚に関する争いについて、家庭裁判所の調停や審判によっても解決が図れなかった場合に、訴訟によって争うことを離婚訴訟といいます。離婚訴訟は、夫婦間のプライバシーが明らかにされることも多いため、本人尋問など一部の事項については非公開で行うこともあります。

■留置権（りゅうちけん）
　被担保債権の弁済があるまで目的物を留置しておくことができるという担保物権のことをいいます（民法295条）。物を留置することにより、間接的に支払いを強制するものです。たとえば、時計店に時計を修理に出した場合、時計店は修理代金を支払ってもらうまで時計を自分の手元においておくことができます。

■**類似必要的共同訴訟（るいじひつようてきょうどうそしょう）**

各人に当事者適格が認められているものの、矛盾のない判断をする必要（合一確定の必要性）があるため共同訴訟によるべきとされている訴訟形態をいいます。原告・被告が複数いる共同訴訟のうち、判決内容が合一的に確定する必要がある必要的共同訴訟の一形態です。共同訴訟の形態をとることが、絶対条件ではない点で、固有必要的共同訴訟とは異なります。たとえば、株主総会の決議取消しの訴えを複数人の株主が提起する場合を挙げることができます。株主は訴訟に参加することを強制されませんが、参加した場合は下された判決内容に従うことになります。

■**労働審判（ろうどうしんぱん）**

労働者と雇用者との間の紛争を解決する手続きをいいます。労働審判の申立てについては、申立人が、管轄の地方裁判所に労働審判申立書を提出する方法で行います。労働審判では、賃金未払いの問題や職場内でのセクハラなどから生じたトラブルの解決にあたります。労働審判は原則として3回以内の期日で審理を終えるというしくみをとっており、訴訟に比べて時間がかからないのが特徴です。また、申立ての際の手数料は、一般民事訴訟の半分と定められており、訴訟に比べて手数料が安く設定されている点も特徴のひとつです。

■**和解（わかい）**

当事者が、話し合いによって互いに譲歩し、紛争を解決する契約のことをいいます（民法695条）。和解は裁判上であっても裁判外であっても自由に行うことができ、また和解契約の内容も当事者が自由に決めることができます。

和解も示談も当事者が紛争を解決するためにする契約なので、基本的には同じ意味ですが、互いに譲歩するのが和解の特徴だといえます。

■**和解条項案受諾書面制度（わかいじょうこうあんじゅだくしょめんせいど）**

当事者が遠隔地に居住しているなどの事由により期日の出頭が困難だと認められる場合において、その当事者があらかじめ裁判所から提示された和解条項案を受諾する旨の書面を提出し、他の当事者が口頭弁論期日に出頭してその和解条項案を受諾したときは、当事者間に和解が整ったものとみなされる制度です（民事訴訟法264条）。

たとえばある会社に対して多数の当事者が訴えを起こした場合、代表取締役がすべての訴訟に出頭することは現実的に困難で、弁護士に毎回同行してもらうと費用的な負担が大きくなります。このような場合には当該会社は裁判所に出頭する代わりに和解条項受諾の書面を提出し、煩雑な手続きを避けることができます。

■**和解調書（わかいちょうしょ）**

和解の内容を記載した調書のことです。調書に記載すると、その記載は、確定判決と同一の効力を有します（民事訴訟法267条）。たとえば、傷害事件などで加害者が被害者に一定の金銭を支払うことをきっかけに、被害者は告訴を取り下げるなどの事項を記載したものが和解調書です。

【監修者紹介】
森　公任（もり　こうにん）
昭和 26 年新潟県出身。中央大学法学部卒業。1980 年弁護士登録（東京弁護士会）。1982 年森法律事務所設立。著作（監修書）に、『解除・解約・クーリングオフ・解雇の法律と解決文例 60』『図解で早わかり　最新版　借地借家法』『図解で早わかり　最新　相続・贈与の法律と税金』『図解で早わかり　倒産法のしくみ』『相続・遺言をめぐる法律と税金トラブル解決法 129』『図解　相続・贈与・財産管理の法律と税金がわかる事典』『不動産契約基本法律用語辞典』（小社刊）がある。

森元　みのり（もりもと　みのり）
弁護士。2003 年東京大学法学部卒業。2006 年弁護士登録（東京弁護士会）。同年森法律事務所 入所。著作（監修書）に、『図解で早わかり　最新　相続・贈与の法律と税金』『図解で早わかり　倒産法のしくみ』『相続・遺言をめぐる法律と税金トラブル解決法 129』『図解　相続・贈与・財産管理の法律と税金がわかる事典』『不動産契約基本法律用語辞典』（小社刊）がある。

森法律事務所
弁護士 16 人体制。家事事件、不動産事件等が中心業務。
〒 104-0033　東京都中央区新川２－ 15 － 3　森第二ビル
電話 03-3553-5916
http：//www.mori-law-office.com

重要事項＆用語　図解
トラブル解決に役立つ
最新　民事訴訟・執行・保全　基本法律用語辞典

2016年12月10日　第１刷発行

監修者	森公任　森元みのり
発行者	前田俊秀
発行所	株式会社三修社
	〒150-0001　東京都渋谷区神宮前2-2-22
	TEL　03-3405-4511　FAX　03-3405-4522
	振替　00190-9-72758
	http://www.sanshusha.co.jp
	編集担当　北村英治
印刷所	萩原印刷株式会社
製本所	牧製本印刷株式会社

©2016 K. Mori & M. Morimoto Printed in Japan
ISBN978-4-384-04736-3 C2032

R〈日本複製権センター委託出版物〉
本書を無断で複写複製（コピー）することは、著作権法上の例外を除き、禁じられています。本書をコピーされる場合は事前に日本複製権センター（JRRC）の許諾を受けてください。
JRRC（http://www.jrrc.or.jp　e-mail：jrrc_info@jrrc.or.jp　電話：03-3401-2382）